本书是国家社会科学基金重大项目"社会主义与市场经济深度融合研究"(2015YZD08)子课题、辽宁省马克思主义学院重大研究方向立项课题"习近平治国理政经济战略思想研究"(L15ZDA003)和东北财经大学"示范马克思主义学院"立项课题研究成果

中国市场经济体制变革的理论与实践

杨志平◎著

中国社会科学出版社

图书在版编目（CIP）数据

中国市场经济体制变革的理论与实践/杨志平著 . —北京：中国社会科学出版社，2017.4
ISBN 978 - 7 - 5203 - 0248 - 7

Ⅰ. ①中…　Ⅱ. ①杨…　Ⅲ. ①中国经济—社会主义市场经济—经济体制改革—研究　Ⅳ. ①F123.9

中国版本图书馆 CIP 数据核字（2017）第 089783 号

出 版 人	赵剑英
责任编辑	卢小生
责任校对	郝阳洋
责任印制	王　超

出　　　版	中国社会科学出版社
社　　　址	北京鼓楼西大街甲 158 号
邮　　　编	100720
网　　　址	http：//www.csspw.cn
发 行 部	010 - 84083685
门 市 部	010 - 84029450
经　　　销	新华书店及其他书店

印　　　刷	北京明恒达印务有限公司
装　　　订	廊坊市广阳区广增装订厂
版　　　次	2017 年 4 月第 1 版
印　　　次	2017 年 4 月第 1 次印刷

开　　　本	710×1000　1/16
印　　　张	17
插　　　页	2
字　　　数	242 千字
定　　　价	76.00 元

凡购买中国社会科学出版社图书，如有质量问题请与本社营销中心联系调换
电话：010 - 84083683

前　言

新中国成立以来，特别是党的十一届三中全会以来，中国共产党领导集体坚持马克思主义基本原理，依据我国社会主义初级阶段的基本国情，对社会主义市场经济体制变革与创新理论进行了深入的研究，确立了社会主义市场经济体制。这不仅是对马克思主义经济理论的继承，而且是对马克思主义政治经济学和科学社会主义的极大突破和创新。

首先，社会主义市场经济体制的确立极大地调动了我国被计划经济体制束缚已久的生产力，我国的社会主义物质文明建设呈现出无限的生机和活力。中国经济在过去 30 多年来一直保持着持续稳定的高增长速度，人民生活水平有了很大程度的改善，国家综合国力显著增强。

其次，市场经济资源配置的高效活力与社会主义公有制的制度优势交相辉映，最大限度地激发了社会主义建设者的劳动积极性、主动性、创造性，社会主义制度的优越性也日渐展现出来，社会主义生产力水平迅速提高。

最后，社会主义市场经济对我国经济政治文化的影响开始从点到线、从线到面，市场机制活跃在经济社会发展的方方面面，中国共产党领导的经济体制改革与社会发展实践为进一步探索社会主义与市场经济有机结合提供了现实依据。与此同时，在社会主义市场经济体制不断完善的过程中，社会主义市场经济理论与体制创新也日渐成为中国特色社会主义理论体系的重要组成部分。

中共十八大以来，以习近平为核心的党中央，对中国特色社会主义政治经济学做出了一系列新概况，提出了一系列新思想，总结了一系列新理论。比如，市场决定理论、经济新常态理论、五大发展理念、供给侧结构性改革理论等，这些新的概括和提炼，极大地丰富了马克思主义政治经济学的理论宝库，为我们研究中国社会主义市场经济体制提供了坚实而丰厚的理论支撑，激励着我们更加深入和扎实地学习马克思主义政治经济学基本原理和方法论，在此基础上，我们不断探索和研究中国市场经济变革的理论与实践，进而深刻认识中国特色社会主义的发展规律，具有十分重要的价值和意义。

本书在已有相关研究成果的基础上，从历代中国共产党人探索社会主义市场经济体制变革的历史过程出发，特别是从我国改革开放以来的社会实践出发，深入把握中国共产党领导集体关于社会主义市场经济体制变革的理论依据、时代背景、形成与发展历程、具体体制创新的基本内涵和特征、时代价值等，考察中国共产党认识社会主义市场经济发展规律的思考过程，通过分析中国共产党社会主义市场经济理论的历史性突破的丰富内涵，解读社会主义市场经济体制变革的历史经验和时代价值，认识中国共产党领导集体倡导的社会主义市场经济体制改革与马克思主义发展史的辩证关系。本书概括了中国共产党人对传统马克思主义政治经济学的历史性突破的基本要点，分析其市场经济理论与体制创新在马克思主义发展史上的历史贡献。

本书主体由四个部分构成：

第一章主要阐述中国共产党进行的社会主义市场经济体制变革深厚的理论基础和现实依据。马克思、恩格斯、列宁等有关计划与市场的思想是中国市场经济体制变革的理论基础，世界市场是中国市场经济体制变革的逻辑起点和历史起点，苏联社会主义计划经济体制的确立及经济体制改革的实践，我国传统的社会主义计划经济体制的形成及体制改革问题的提出。

第二章阐述中国市场经济体制变革的历史进程，包括理论创新和实践创新。中国共产党历代领导集体通过对经济体制的理论创新，引领体制创新经历萌芽阶段、形成阶段、攻坚阶段和完善阶段，并在实践中不断探索、建立、发展和完善社会主义市场经济体制。

第三章至第十章从农村经济体制改革、国有企业改革、非公有制经济发展、财税体制改革、金融体制改革、对外贸易体制改革、行政管理体制改革和社会保障制度改革八个方面阐述了我国社会主义市场经济具体体制变革的内涵。

第十一章至第十二章系统地总结了社会主义市场经济体制变革的主要经验和时代价值。依据中国共产党对社会主义市场经济理论的开创性贡献，研究它在马克思主义政治经济学和中国特色社会主义建设方面的时代价值，提高对中国经济体制改革的规律性认识，探索社会主义市场经济体制变革与创新对认识社会主义国家经济建设规律、促进中国经济发展和建立全球经济发展模式的历史性启示。

本书对中国共产党领导集体关于社会主义市场经济体制变革的总结与阐述有如下突出特点：

第一，本书选题的新意在于将对社会主义市场经济理论与体制变革的研究贯穿于新中国成立以后中国共产党领导集体对中国经济体制探索的全过程，以便继续坚持和完善社会主义市场经济理论提供思想基础为目标进行研究。

第二，本书试图以马克思主义历史唯物论为指导，实事求是地寻找从马克思主义经典作家到毛泽东、邓小平、江泽民、胡锦涛，以及到习近平为核心的中共新一代领导集体在思想理论体系和思维方式方面的一脉相承性，从而提高对中国经济体制改革的规律性认识，进一步明确中国社会主义市场经济体制变革与创新对中国经济发展乃至对社会主义国家经济体制改革探索的历史启示。

第三，本书主要从农村经济体制、国有企业管理体制、财税体制、金融体制、对外开放与外贸管理体制、社会保障制度等方面，全面阐述了中国共产党领导集体探索社会主义市场经济体制的艰辛历程、重要经验和时代价值，充分肯定了中国共产党人社会主义市场经济理论在科学社会主义理论与实践中的重要地位。

第四，在研究方法上，不仅综合运用了历史分析和逻辑分析、经济史和经济思想史、经济思想和政策思想相结合的方法，而且更加注重经验分析和规范分析。

与传统马克思主义的经济理论体系以及苏联东欧国家的社会主义经济体制改革探索不同，中国共产党历代领导集体从中国国情出发，在深刻总结社会主义探索正反两方面经验的基础上，依据全球经济政治发展的大趋势，在社会主义经济建设过程中的经济运行体制、分配制度、所有制实现形式等方面进行了全方位的探索与实践，从高度集中的社会主义计划经济体制转变为独具特色的社会主义市场经济体制，标志着中国经济和社会发展的新跨越。同时，中共中央领导集体制定的党在社会主义初级阶段的路线、纲领、方针、政策为中国在社会主义条件下发展市场经济的指明了方向，为社会主义市场经济建设和发展描绘了蓝图。改革开放以来，以公有制为主体、多种所有制经济共同发展的基本经济制度已经确立，社会主义市场经济体制正逐步完善，改革步伐不断加快，国家的综合国力显著增强，人民生活水平大幅度提高。经济发展保持了年均9%以上的增长速度，已经成为世界第二大经济体。

中国共产党领导的社会主义市场经济实践正在对我国经济政治文化产生越来越深刻的影响，已经延伸到经济和社会发展的各个领域，我国社会主义经济体制改革与社会发展的实践为进一步探索社会主义与市场经济的有机结合提供了现实依据。社会主义公有制的制度优势，最大限度地提高了社会主义建设者的劳动积极性、主动性和创造性。与此同时，市场经济资源配置的高效活力，也使社会主义制度的优越性得到了释放，社会主义生产力发展迅速。研究中国社会主义市场经济体制变革不断发展、不断创新的伟大历史进程和深刻内涵，具有重大的理论与现实意义。

　　第一，对社会主义市场经济体制变革的研究有助于为我国经济体制改革和社会主义现代化建设提供理论支撑和决策建议。当前，对中国共产党人社会主义市场经济理论与体制变革思想的研究，还局限在一般性的评价中，没有进行更深刻的解读和规律性的分析。可见，如果我们不作更深入的分析与研究，那么，关于中国经济体制变革的理论总结便是片面的，我们就不能真正破解中国经济体制改革成功之谜，也就不能真正在科学的基础上构建以中国为分析范本的转轨经济学。

　　第二，在社会主义市场经济体制变革与政治体制改革的关系方面，需要我们进行深入研究和总结，形成规律性的认识。而加强对中国特色社会主义市场经济理论和市场经济体制变革实践的研究，有利于指导我国的社会主义经济和政治体制改革的实践，促进社会主义现代化建设事业健康发展。

　　第三，中国共产党领导的社会主义市场经济体制变革具有划时代的意义，它在中国的成功运用，有着方法论上的诸多启示，同时，社会主义市场经济体制变革引起的观念革命对中国现代思维方式的变革产生了深远影响，这是 21 世纪以来我国哲学和社会科学研究应遵循的重要轨迹，但对此进行的研究同样是非常欠缺的，需要我们理论工作者长期不懈的努力。

　　第四，关于中国共产党市场经济体制变革理论与实践的研究，有利于推动现代马克思主义社会主义理论在中国的普及与发展，也有利于推动社会主义市场经济理论创新与体制变革，标志着在理论和实践上都实现了对原有经济运行理论、经济运行方式的根本性变革与创新，回答了长期困扰人们社会主义运动与实践的重大理论和实践难题，是马克思主义经典作家社会主义经济理论在中国的继承与发展。

目　录

第一章　中国市场经济体制变革的
理论依据与实践基础

马克思主义认为，理论的源泉是社会实践，又反过来作用于实践并指导实践。作为我国社会主义市场经济变革的科学理论来源和思想理论武器，马克思主义政治经济学理论必将加快我国社会主义市场经济体制改革和促进社会主义经济建设进程。现阶段中国和其他社会主义国家市场经济体制改革和社会主义经济建设的实践，同样也提供了马克思主义政治经济学理论的发展的广阔土壤。

第一节　中国市场经济体制变革的
理论依据

一　马克思主义经典作家关于计划与市场的思想是市场经济体制变革的理论基础

（一）马克思和恩格斯关于计划与市场关系的基本思想

在马克思和恩格斯的著作中，他们虽然没有提及资源配置的范畴，但他们都很重视资源的合理配置问题。马克思关于个别资本循环与周转理论、社会资本再生产理论，从本质上说，都是论述社会资源如何合理有效配置的问题。他们关于商品经济、价值规律的概括和阐述，不仅提出并解决了在资本主义商品经济条件下资源配置的市场调节问题，而且提出并解决了在未来的社会主义、共产主义社会，即产品经济条件下资源配置的计划调节问题。马克思和恩格斯关于资源配置、计划与市场问题的基本思想有如下内容。

1. 在所有社会生产方式下均要根据一定的比例关系分配社会劳动，但在不同的社会生产方式下配置社会劳动的方式不同

正如马克思所论述的那样，有计划按比例分配社会劳动，实际上就是公平合理地配置社会资源，而一切社会资源都是可以还原为活劳动和物化劳动的。马克思指出："按一定比例分配社会劳动的必要性，决不可能被社会生产的一定形式所取消，而可能改变的只是它的表现方式，这是不言而喻的。"① 这里有计划按比例分配社会劳动，实质上就是根据社会需求配置社会资源，社会生产的一定形式指的是社会生产经济形式，包括自然经济、商品经济、产品经济等，而这里所说的表现形式，意即配置社会资源的方式。在《资本论》第二卷中，马克思耗费了大量篇幅来论述个别资本循环与周转的内涵和社会资本再生产理论，归根结底，阐述的都是社会资源合理并有效配置的问题。

2. 发挥价值规律的自发调节作用就是在商品经济相对发达的社会生产方式形式下实现社会资源合理有效配置的方式

马克思明确指出："只有当全部产品是按必要的比例进行生产时，它们才能卖出去。社会劳动时间可分别用在各个特殊生产领域的份额的这个数量界限，不过是整个价值规律进一步发展的表现，为了满足社会需要，只有这样多的劳动时间才是必要的。"② 恩格斯也指出："供应总是紧跟着需求，然而从来没有刚好满足过需求；供应不是太多，就是太少，它和需求是永远不相适应的，因为在人类这种不自觉的状态下，谁也不知道需求和供应究竟有多大。如果求过于供，价格就会上涨，因而就会刺激供应；只要市场上供应一增加，价格又会下跌，而如果供过于求，价格就会急剧下降，因而需求又增加。"③ 马克思、恩格斯的上述阐述，揭示了市场上由于商

---

① 《马克思恩格斯选集》第 4 卷，人民出版社 1995 年版，第 368 页。

② 马克思：《资本论》第 3 卷，人民出版社 2004 年版，第 717 页。

③ 《马克思恩格斯全集》第 1 卷，人民出版社 2002 年版，第 460 页。

品供求关系变化而导致价格涨落，从而造成资本在各部门之间自发地转移，从而实现资源的合理配置。

3. 由于社会主义社会的生产社会化程度很高，因此必须实行单一的由全体社会成员占有生产资料的所有制

那么，在社会主义社会，商品货币关系、价值规律都已消失并失去了作用，也就是说社会处于产品经济时代，这时资源的合理有效配置，由计划手段进行调节。马克思说："在一个集体的、以生产资料公有为基础的社会中，生产者不交换自己的产品；用在产品上的劳动，在这里也不表现为这些产品的价值，不表现为这些产品所具有的某种物的属性，因为这时，同资本主义社会相反，个人的劳动不再经过迂回曲折的道路，而是直接作为总劳动的组成部分存在着。"[1] 既然社会主义社会不存在商品货币关系，市场也没有了，价值规律退出经济生活的舞台了，自然也就无所谓市场调节了。这时，劳动时间的社会的有计划的分配调节着各种劳动职能同各种需要的适当的比例。[2] 恩格斯也认为："一旦社会占有了生产资料，商品生产就将被消除，而产品对生产者的统治也将随之消除。社会生产内部的无政府状态将为有计划的自觉的组织所代替。"[3] 正像马克思、恩格斯阐述的那样，资源配置方式并不是代表社会基本制度的范畴，而是被认为是同一定的社会生产力相联系的范畴。马克思、恩格斯认为，资源配置方式是在商品经济的条件下依靠价值规律的作用来影响经济活动的。也就是说，在资本主义制度下资源配置是由价值规律来调节的。而在未来的共产主义社会中，即在无产阶级取得政权之后，经过一个短暂的转变时期，就进入到共产主义初级阶段，也就是社会主义阶段，社会实现了单一的全体社会成员所有制，而商品货币的作用就不复存在了，市场和价值规律也失去了作用，随即进入产品经济时代，社会也只能通过计划机制来进行调节

---

[1] 《马克思恩格斯选集》第 3 卷，人民出版社 1995 年版，第 303 页。
[2] 《马克思恩格斯全集》第 23 卷，人民出版社 1980 年版，第 96 页。
[3] 《马克思恩格斯选集》第 3 卷，人民出版社 1995 年版，第 630 页。

资源的配置。

(二) 列宁和斯大林关于计划与市场的基本思想

同马克思和恩格斯的观点一样，列宁在对商品经济的认识上，也认为社会主义社会要消灭商品货币关系，实行产品交换。在他于十月革命前夕的著作《国家与革命》中把社会主义经济比拟为一家"国家辛迪加"，即一家由国家垄断经营的大公司。他说，在共产主义社会的第一阶段即社会主义社会里，"全体公民都变成了国家的（武装工人）的职员，全体公民都成了一个全民的、国家的'辛迪加'的职员和工人"，"整个社会将成为一个管理处，成为一个劳动平等、报酬平等的工厂"。① 列宁和他的继任者把国家的作用提升到极高的地位，把国家所有制看作社会主义的唯一经济基础。

而在苏联击溃了十四个帝国主义国家的干预后，因为取消商品货币关系而导致出现劳动生产率下降，经济效益不好，因此被迫作了战略上的调整，转而实行新经济政策，在这种条件下列宁提出了要利用市场调节的经济形式，然而他把这种调节经济的形式称为是采用资本主义的形式。在所有马克思主义经典作家中列宁是使用"计划经济"和"市场经济"范畴的第一人，并且认为它们是同社会基本制度相联系的两个概念。他认为："只要还存在市场经济……世界上任何法律也无力消灭不平等和剥削。只有实行巨大的社会化的计划经济制度，才能消灭一切剥削。"② 他又指出，社会主义"这种制度将实行计划经济"。可见，在马克思主义经典作家中，列宁是首次提出市场经济姓"资"、计划经济姓"社"的人。

列宁去世后，斯大林带领苏联人民开展了数十年的社会主义建设，经过长期的社会主义实践，晚年的斯大林认为在社会主义社会还存在着商品货币关系，并认为价值规律对经济活动具有一定调节作用。但他又不承认在社会主义社会商品不包括生产资料，否认国

---

① 《列宁选集》第31卷，人民出版社1987年版，第97页。
② 《列宁全集》第13卷，人民出版社1987年版，第124页。

有企业之间存在商品货币关系，只承认在国有企业和集体所有制之间存在商品交换，把消费资料看作是商品的"外壳"。在斯大林的著作中，他认为，计划经济是姓"社"的，市场经济是姓"资"的。在《苏联社会主义经济问题》一书中，他首次指出仅仅在社会主义制度条件下还存在"国民经济有计划按比例发展规律"，并把这个规律看作是社会主义社会特有的经济规律。在斯大林的指导下，苏联社会科学院组织编写了《苏联政治经济学教科书》，在这本书中，计划经济被看作是社会主义的基本经济特征。斯大林多次在理论上强调了计划经济姓"社"，市场经济姓"资"的思想，正是在他的这一思想指导下，在苏联的社会主义建设中，苏联共产党矢志不渝地坚持推行高度集中的计划经济模式，形成了社会主义即是同计划经济相联系的传统观念。

（三）毛泽东对中国社会主义经济体制改革的探索

被誉为中国社会主义建设道路的探索者和开拓者，同时又是我国社会主义经济体制改革的奠基人的毛泽东，针对苏联高度集中的计划经济模式不断出现的一系列问题，带领党和人民开始了经济体制改革的探索，力求寻找到一条适合中国国情的社会主义建设道路。在1956—1965年的10年中，在总结"大跃进"以来我国社会主义建设的经验教训的基础上，毛泽东提出了一系列新思想：一是在所有制方面，面对"三大改造"即将完成时出现的新问题，毛泽东制定了"可以消灭了资本主义，又搞一点资本主义"的"新经济政策"；他又提出了实行"三级所有、队为基础"的农村新型集体所有制形式，以解决人民公社运动中出现的问题。二是在经济管理体制方面，他提出要正确处理中央和地方的关系，适当给地方一点自主权；正确处理国家、生产单位和生产者个人三者的关系，强调企业的主体地位；加强企业内部管理体制改革，提出了"两参一改三结合"的改革构想；并提出利用西方发达国家经验设立托拉斯、努力依据经济办法管理经济的思想。三是在经济运行机制方面，毛泽东继承并发展了马克思主义创始人马克思恩格斯的思想、列宁和斯大林社会主义建设探索的成果，发展了许多关于商品经济改革方面新的认识，提出"价值法则是一所大学校"，要尊重和利用价值规律。四是在分配制度方面，关于社会主义分配制度，毛泽东指出要兼顾国家、生产单位和生产者个人三者的利益，实行各尽所能、按劳分配，处理好积累与消费的关系等。总之，毛泽东及其老一辈无产阶级革命家的上述思想的提出，带来了社会主义新中国经济史上经济体制改革的第一个高潮，促进了社会主义经济建设的发展，为中国特色社会主义的体制改革和完善奠定了良好的思想基础。

二　世界市场是市场经济体制变革的逻辑起点

绝大多数学者在社会主义市场经济和世界市场二者的关系上，普遍认为，世界市场是发展社会主义市场经济的必要前提，而市场经济的质的属性又决定了我们一定要实行对外开放，面向世界市场。如果我们仔细研读马克思的社会主义理论体系特别是世界市场理论，就不难找到答案，即刚刚建立社会主义制度的新生国家政权必须采取市场经济模式，唯有此才能促进社会生产力的提高。因此，社会主义市场经济体制变革的逻辑起点只能是世界市场。

（一）世界市场理论——社会主义基本制度与市场经济兼容的理论源泉

马克思始终把世界市场看作是社会主义存在与发展的必要条件，认为它是空想社会主义发展到成为科学社会主义，并进而成为制度形态社会主义的"现实的基础"。马克思曾经指出，"市场已经可能扩大为而且规模愈来愈大地扩大为世界市场"。[①] 因而市场的这一进步具备了其发展的物质基础；而它的物质基础就是"由于竞争的关系而以世界市场的存在为前提"的。[②] 通过研究，我们发现，马克思一直认为，东方落后国家和西方发达国家所走的社会主义发展道路是不同的；在历史已经发展到21世纪经济全球化的条件下，研究

---

① 《马克思恩格斯文集》第1卷，人民出版社2009年版，第562页。
② 《马克思恩格斯选集》第1卷，人民出版社1995年版，第89页。

与讨论社会主义必然胜利的历史必然性，既要探讨西方发达资本主义国家向社会主义转变的道路，同时还要分析东方落后国家如何进入社会主义社会。正如马克思在《不列颠在印度统治的未来结果》一文中所阐述的那样，世界市场和现代生产力是资产阶级为新的社会形态创造的物质基础。所以，上述观点发展的最后结论促使马克思放弃了恩格斯早期提出的"文明国家的社会主义革命会大大影响世界上其他国家，会完全改变并特别加速它们原来的发展进程"这个所有国家发展社会主义的经典结论①，而又构建了一种全新的社会主义由理论形态变为制度形态的发展模式，即由于"和控制着世界市场的西方生产同时存在"②，"和资本主义生产所统治的世界市场联系在一起"③，经济落后国家首先夺取政权摧毁旧的剥削制度并进入社会主义已经成为一种必然趋势。换言之，世界市场已经成为各国向社会主义转变的具体方式，正是在这个现实基础上，马克思认为，东方社会早于西方发达资本主义国家完成向理想社会的过渡，这成为马克思社会主义理论的重要内容。与此同时，在揭示落后国家走向社会主义的历史必然性的同时，马克思的世界市场理论还向我们表明，正因为经济落后国家未经过资本主义的充分发展阶段，商品经济还很不发达，经济文化还十分落后，很多国家还停留在以"人的依赖关系"为基本特征的自然经济发展阶段，所以，这些国家与西方发达国家进行社会主义建设的最大不同，就在于如何利用商品经济这种属于"在他们以前已经存在，不是由他们创立而是由前一代人创立的社会形式"④，需要实现向以"物的依赖性为基础的人的独立性"为特征的商品经济的过渡，接着，以此为基础，建设"保证社会生产力高度发展的同时又保证人的全面自由发展"的共产主义社会经济形态。也正因为市场经济是商品经济发展的发

---

① 《马克思恩格斯选集》第 1 卷，人民出版社 1995 年版，第 241 页。
② 同上书，第 461 页。
③ 同上书，第 241 页。
④ 《马克思恩格斯文集》第 10 卷，人民出版社 2009 年版，第 43 页。

达阶段和题中应有之义，所以社会主义国家实行商品经济的必然趋势，就只能是确立社会主义市场经济体制。这就是马克思关于世界市场理论和社会主义发展观在目前社会主义初级阶段发展的必然选择。作为落后国家选择社会主义制度的理论根据与现实基础，世界市场是包括我国在内的这些国家实行社会主义市场经济体制的必然结论。

（二）世界市场作用机制决定我国选择社会主义市场经济体制

人流、物流、信息流是在世界市场的形成与发展过程中的基本作用机制。在世界经济全球化和信息化不断发展的今天，我们更要看到信息流在人类生存与发展中的重要地位和作用，它已经影响到人类社会生活的诸多方面，从整体上渗透到世界经济与人类社会发展的全过程。根据美国经济学家克里斯托弗·弗里德曼提出的"长波论"，当前，人类社会已处在世界经济发展的"第五个长周期"，21世纪前30—40年，人类社会将全面步入信息化时代，信息技术和信息产业将发展为影响一个国家或一个民族生死攸关的前沿产业。毫无疑问，中国政府已经充分知晓了信息产业对经济发展的无与伦比的拉动作用，特别是在世界市场竞争中的特殊作用。对此，邓小平曾经指出："重要的是，切不要把中国搞成一个关闭性的国家。实行关闭政策的做法对我们极为不利，连信息都不灵通。现在不是讲信息重要吗？确实很重要。"[1] 信息化的发展不仅给发展中国家带来了机遇，而且使其面临着更加严峻的挑战。如何应对这一挑战，是我们面临的一个十分棘手的迫切任务。由于信息化已经发展为世界市场条件下制约世界经济的主要因素。又根据我国当前经济信息化程度还不高的尴尬情况，加快发展我国国民经济信息化无疑是十分紧迫的举措。那么，怎样加快信息化进程呢？我们认为，深化改革开放，努力开拓世界市场是一个明智的决策。信息流这一世界市场的作用机制能否发挥其功能？能否迅速提升我国社会生产力

---

① 《邓小平文选》第三卷，人民出版社1993年版，第306—307页。

水平？关键就在于能否使市场经济机制发育更加完善。西方发达国家的信息产业之所以比较发达，而且成为它们经济、社会发展的重要决定因素，其根本原因是这些国家运用了市场经济这种发展生产力的独特社会形式。总结世界和中国的历史发展经验，我们深知，作为国民经济信息化的宏观基础，只有我国的市场经济体制发展得完善，才能增加对信息的需求量，才能加快信息产业的发展速度。同时，信息化的发展也会促进市场经济的完善，促进整个社会的发展与进步。我国低水平的国民经济信息化程度，同市场经济体制的发展与完善很不适应。正是在这种认识的基础上，邓小平一方面强调，"我们最大的经验就是不要脱离世界，否则就会信息不灵"①；另一方面则明确指出："不搞市场，连世界上的信息都不知道，是自甘落后。"② 依据邓小平的观点，只有构建一个健全的社会主义市场经济体系，才能加快中国经济发展步伐，也才能真正按照马克思的思路立足世界市场建设和发展社会主义。思考邓小平在深入分析世界市场作用机制的基础上得出的这样一个科学结论，真是发人深省啊！

（三）世界市场与市场经济的有机统一要求我国必须创新社会主义市场经济体制

首先，作为在各国国内市场基础上产生的各国国内市场的有机统一体，世界市场是指世界各国在处理经济合作和对外贸易关系中逐渐形成的从事商品交换的地点，它是商品交换超越民族国家界限延伸到全球范围的结果。然而，世界市场的发展既包括技术、资金、商品等物质流通的全球化过程，而且它还是市场经济原则的世界化过程。也就是说，世界市场的发展过程也即是在全球范围内逐步构成统一的、规范的市场经济的过程。因为只有市场经济充分发展了，一个真正意义的无所不包的世界市场体系才能最终形成。由

---

① 《邓小平文选》第三卷，人民出版社 1993 年版，第 290 页。
② 同上书，第 364 页。

于社会主义与资本主义两大阵营的消失，还由于在此基础上原有世界市场界限的消失，更因为通过以中国为代表的社会主义国家对计划经济体制的思考，一个不断改革经济体制并向市场经济转轨的浪潮，已经成为世界市场发展的一个主要特征。

其次，现代市场经济本身拥有两个互相不可分割的组成部分：一是经济市场化，市场机制是社会资源配置的主要方式；二是市场国际化，市场经济的发展决定了它要超越民族国家的界限，扩大资本、商品、资金、技术等生产要素在世界市场转移的范围，在更高的层面上体现各种生产要素在全世界的优化组合，显示其自身的比较优势。这将极大地推动世界市场的形成与发展。"世界市场不仅是同存在于国内市场以外的一切外国市场相联系的国内市场，而且同时也是作为本国市场的构成部分的一切外国市场的国内市场。"①世界市场与市场经济在本质属性上的这种共性特征，使这些在世界市场作用下终于步入社会主义发展道路的东方国家，在逐步赢得其世界市场发展地位的过程中充分认识到，建立符合规范的、与世界市场接轨的市场经济体制是它们的必然选择和发展趋势。为什么过去很多国家对社会主义建设的探索实践都没有成功，并最终导致东欧剧变、苏联解体，正是因为它们未正确区分和解决世界市场和社会主义的相互关系问题：更具体地说，第一，这些国家长期以来坚持以"两个平行的世界市场理论"运用于社会主义建设实践；第二，未正确区分和处理世界市场与社会主义特别是对市场经济与社会主义基本制度的相互关系。然而，为什么中国特色社会主义市场经济体制会取得如此巨大成功，关键就在于中国共产党人始终把马克思的世界市场理论看作是中国改革开放事业的重要方针，并开创性地回答了中国为什么参与世界市场和怎样参与世界市场等问题。因此，社会主义正反两方面的实践经验已经告诉我们，市场经济与社会主义基本制度的兼容，不但是中国融入世界经济循环的必要条

---

① 《马克思恩格斯全集》第30卷，人民出版社1995年版，第239页。

件，而且是世界市场和市场经济有机统一的内在要求，同时还是马克思主义社会主义经济理论在当代中国的发展和世界社会主义事业发展的决定性因素所在。

第二节　苏联社会主义计划经济体制的确立及经济体制改革的实践

一　苏联社会主义计划经济体制的确立

1924 年，苏联的工农业生产大体得到恢复。同年，列宁逝世。斯大林担任了苏共主要领导人，他首先批判了"迷信市场自发力量"的"右"倾机会主义，否定了新经济政策。在反"右"的基础上，他在 1929 年掀起了集体化运动，建立起集中计划经济体制。

斯大林确立的社会主义经济等于占统治地位的"国有制＋计划经济"的模式，影响了社会主义国家半个多世纪。在斯大林的亲自指导下，由苏联科学院经济研究所编写的《政治经济学教科书》把国家所有制和由国家机关组织实施的计划经济列为社会主义最基本的经济特征。其中，国家所有制更被看作是整个社会主义制度的基础。虽然斯大林的社会主义定义带有明显地被马克思主义经典作家强烈批评过的"国家迷信"的色彩，但是，它在相当长的时期仍被某些社会主义国家的领导人视为马克思主义的天经地义。

斯大林在晚年对社会主义商品经济的认识有了一定的变化。他在 1952 年发表的《苏联社会主义经济问题》一书中，批评了在社会主义制度下应当消除商品生产的观点，提出了全民和集体两种所有制经济是社会主义社会还存在商品经济的决定性因素，而两种公有制形式又是由生产力发展水平决定的，所以，在社会主义社会是不可能消灭商品经济的。他认为："在有商品和商品生产的地方，是不能没有价值规律的。""价值规律发生作用的范围，首先是包括商品流通，包括通过买卖的商品交换，主要是个人消费的商品的交换。在这里，这个领域中，价值规律保持着调节者的作用，当然，是在一定的范围内保持着调节者的作用。""但是，价值规律的作用，并不限于商品流通范围内，同时也扩大到生产方面。""因此，在我们的企业中，这样一些问题，如经济核算和赢利问题、成本问题、价格问题等，就具有现实的意义。所以，我们的企业是不能不，而且不应该不考虑到价值规律的。"[①] 他还否定了长期在苏联流行的"改造过"的价值规律的观点。但是，由于受长期形成的传统马克思主义政治经济学观点的影响，斯大林在总体上始终未能突破高度集中的计划经济框架，他不承认生产资料是商品，不承认全民所有制内部存在商品交换，价格、成本和利润被说成是核算的工具。所以人们称斯大林的社会主义商品论为"外壳论"。

二 苏联社会主义经济体制改革的实践

早在 1950 年以后，苏联高度集中的计划经济体制的不足和缺陷就逐步暴露出来。到了 20 世纪 60 年代，苏联、东欧社会主义国家的工农业经济发展水平有所降低，增长率下滑、技术进步放缓，其经济发展水平与西方发达国家之间的差距明显拉大，并且这种增长率下降的趋势一直没有改变。因此，对原有经济体制的改革问题被提了出来。

我们知道，利用行政手段来动员资源并把它们运用于国家需要的用途上是计划经济体制的长处；而信息成本过高和缺乏激励机制则是它的致命缺陷，因而导致其经济效率降低。在经济恢复时期资源相对充足、粗放发展余地较大的情况下，或是在资源配置较宽裕的经济发展初期，抑或是在面临战争威胁以及在战争时期的紧急状态下，实行社会主义制度的国家一般是利用计划经济制度的作用，发挥其能够动员强有力的资源能力和人民群众对个人物质福利要求较易满足的优势，能够保持国民经济有一个比较快的增长速度。但是，度过了经济恢复时期以后，经济发展条件发生了根本性变化

---

① 《斯大林选集》（下），人民出版社 1979 年版，第 552—553 页。

后，计划经济体制的固有不足就会很快表现出来。

苏联在战前时期和战后恢复时期的确保持了比资本主义国家高得多的增长率。根据美国经济学家伯格森估计，1928—1955 年，苏联国民收入的年均增长率为 4.4%—6.3%。1929—1932 年，"一五"计划期间苏联工业年增长率达 19.2%，1933—1937 年，"二五"期间为 17.8%，1938—1942 年，"三五"期间为 13.2%。1950年，苏联社会总产值比 1913 年增加了 17.2 倍，其中工业产值增加了 12 倍，社会国民收入总额也增加了 7.8 倍。计划经济体制对苏联的工业化和取得反法西斯战争的胜利做出了一定的贡献，但苏联也为此付出了沉重代价。

斯大林逝世以后，苏共领导人付出了极大的努力想使苏联经济有所进步。1957 年，以赫鲁晓夫为核心的苏共中央实行了经济管理体制改革，即成立了"地区国民经济委员会"。主旨是对地方政府放权让利，也就是将国民经济管理的中央和部门行政机关调整为地区行政管理。其具体措施是：撤销 25 个联盟共和国部和 113 个加盟共和国部，成立 105 个经济行政区委员会行使经济管理职能，由地方政府管理企业；这样做的结果是：原来隶属于联盟和加盟共和国的企业的工业产值从 45% 下降至 6%。苏联的计划经济管理体制改革收效不大，没有能克服用行政命令配置资源的固有弊端，特别是因为推翻了原有的经济格局，导致了地方行政权力分割而使经济一片混乱。赫鲁晓夫领导的分权改革最终失败，直接酿成了 1964 年苏联国家领导层的"宫廷政变"和赫鲁晓夫的下台。

以柯西金为核心的苏共中央上台以后，重新采用了以加强各级行政管理责任制为特征的集权管理体制。随之，在柯西金的具体指导下，苏联实行了以扩大企业自主权、向企业转让利润和实行"完全经济核算制"为基本内容的改革。这次改革在初始阶段取得了较好的效果，劳动生产率迅速回升，但因为财政状况出现恶化和激励效应衰减等原因，苏联经济又再次陷入衰退，所以，20 世纪 60 年代末柯西金主导的改革也夭折了。

在柯西金主导的放权让利改革失败后，苏共中央停止了对苏联的经济体制的改革，转而寻求在计划经济体制不变的情况下作某些不彻底的调整。当时采取的主要措施是：

（一）实行经济增长方式的转变

自从1928年开始第一个五年计划以来，苏联的经济增长率一直远远高于西方各主要国家。但是，苏联的经济状况却又落后于西方国家，当时苏联的经济学家们认为，这主要是源于苏联的"经济增长方式"，即苏联过去的高速度增长，主要是靠外延式的增长方式。也就是说，不计成本，靠大量增加要素投入，特别是资本投入取得的。由于资源是有限的，随着资源的日益短缺，这种很少实惠的高速度增长也很难维持下去，为了克服这种缺陷，苏联经济学家提出，应当实现"由外延式增长方式向内涵式增长方式的转变"。苏联领导人接受了这种意见，把发展科学、增强研究开发工作、加快科技引进和企业的更新改造确定为第九个五年计划（1971—1975年）的重点，并要求在这个五年计划中实现"由粗放型增长方式到集约型增长方式的转变"。由于没有抓住问题的本质，他们忽略了外延式增长方式是计划经济体制的产物这个最重要的事实，把工作重点放在技术问题上，企图用行政命令和大量投资加快"技术进步"，在体制方面只做一些小的调整。这样，苏联经济的劳动生产率虽然有所提高，资本生产率却大大下降了，因此，直到苏联解体，苏联经济也没有达到主要靠提高效率（内涵式增长）实现高速增长的要求，相反，全要素生产率逐年下降。

（二）计划工作"科学化"

苏联改善计划经济的另一项举措，是企图运用现代计算技术来提高计划决策的科学性，加强和改善计划管理。直到戈尔巴乔夫于1985年接任苏共中央总书记，苏共领导都坚持"计划化过去是，现在仍然是管理社会主义经济的主要杠杆"；同时，他们也允诺改进计划方法。应当说，苏联计划机关在运用现代技术方面的水平是不低的。他们早就不限于用实物平衡表来编制计划，而是广泛运用了各种数学模型。从 1969 年起，根据苏联计划委员会的决定，在计划工作中采用了包括原材料消耗定额、材料储备定额、设备储备定额在内的完备的定额体系，加强对企业经济活动的定额管理。从 1976 年开始了第十个五年计划期间，又增加了对劳动消耗、工资、资金及其利用等定额的管理，还采用了国家计委和各科研机构共同制定的社会生产经济效率计划指标体系。特别重要的是，1971 年苏共二十四大决定在已有的国家计算中心网和全国统一的自动化通讯网的基础上建立"自动化计划计算系统"。这个由苏联计委领导、140 多个科研机构和设计机构参加建立的系统，其第一期工程在 1976 年交付使用，第二期工程也在 1980 年交付使用。至此，苏联计划编制程序从技术上说，已经尽善尽美，但是，由于计划经济体制本身本质性的缺陷，苏联经济从 20 世纪 70 年代初开始进入长达 15 年的"停滞时期"。

苏联经济的增长停滞，既呈现出增长率的持续不景气，也呈现出效率的持续下滑。根据苏联学者阿甘别疆的计算，1961—1984 年，苏联的全要素生产率，除柯西金改革阶段获得提高 1.2% 的较好成绩外，一直在 -0.9%——0.5% 之间。

戈尔巴乔夫在 1985 年上台后，采取的第一项重振经济的措施，是提出所谓的"加速战略"。可是回避改革谋求"加速"的实际结果是，经济发展非但没有加速，反倒使经济增长率下降为零。这种情况迫使苏联领导人戈尔巴乔夫于 1987 年提出"改革"，但对改革的目标是什么以及如何改，一直没有说清楚。直到 1989 年下半年，才明确了要向某种市场经济体制过渡，但此时苏联领导对大局已经失去控制，领导人陷入政治上的斗争，虽然制定了一个又一个改革"计划""方案"和"纲领"，经济体制基本上原封不动，而经济增长与人民生活却一步步滑入深渊，导致了最后的剧烈波动和苏维埃政权的崩溃。

苏联所走过的改革历程，可以为我们提供一些重要的经验教训：（1）苏联等国家经济体制的效率不高是由于计划经济体制的内在制度先天不足造成的，不彻底医治旧体制顽疾，就不可能从根本上改变低效率的状态。（2）各国经济体制改革的实践证明：大多数经济体制改革比较成功的国家所采取均是市场化取向的改革，它们改革成功的关键因素就是建立了完善的市场体系和竞争性的现代企业制度。（3）改革之前需要对改革的总体框架进行较详细的规划和设计，以促进社会主义市场经济体制为目标的改革有步骤、有领导地进行，辅之以各项改革措施配套进行。（4）在经济体制改革进程中一定要培育较为稳定的政治环境和社会环境，并且争取各阶层民众的参与和支持。

第三节　中国计划经济体制的形成和改革问题的提出

一　计划经济体制在中国的形成

中国共产党在取得民主革命胜利以前的纲领，是根据毛泽东1940年提出的中国革命分"两步走"的思想，在民主革命取得胜利后，建立"中国各革命经济联合专政的新民主主义社会"；新民主主义社会的经济基础是新民主主义经济。所谓新民主主义经济，就是在"节制资本"的原则指导下，允许"不能操纵国计民生"的私人资本主义经济的存在，大银行、大工业、大商业归新民主主义国家所有的混合经济。[①]

毛泽东在1945年党的七大的政治报告《论联合政府》中指出，在新民主主义社会里，要使资本主义有一个广大的发展。他说："有些人不了解共产党人为什么不但不怕资本主义，反而在一定条件下提倡它的发展，我们的回答是这样的简单：拿资本主义的某种发展去代替外国帝国主义和本国封建主义的压迫，不但是一个进

---

① 《毛泽东选集》第二卷，人民出版社1991年版，第678页。

步，而且是一个不可避免的过程，它不但有利于资产阶级，同时也有利于无产阶级，或者说更有利于无产阶级。"他又说："现在的中国是多了一个外国的帝国主义和一个本国的封建主义，而不是多了一个本国的资本主义，相反的，我们的资本主义是太少了。"①

中华人民共和国成立前夕的中共中央政治局 1948 年 9 月扩大会议和 1949 年 3 月的中共七届二中全会重申了中国建设新民主主义政治制度和新民主主义经济制度的纲领。虽然随着胜利的临近毛泽东根据自己对新中国成立后与资产阶级关系的新估计提醒党的领导干部，"现在点明一句话，资产阶级民主革命完成之后，中国内部的主要矛盾就是无产阶级与资产阶级之间的矛盾"②，那时他对何时才开始向资产阶级全面进攻估计得比较长远。在刘少奇讲到民主革命胜利后不应过早地采取社会主义政策，为了建设新民主主义经济，共产党至少可以与资产阶级"搭伙 10—15 年"时，毛泽东特别补充说："到底何时全线进攻，也许全国胜利后还要 15 年。"③

在新中国成立初期土地改革尚未完成、朝鲜战争还在进行的情况下，不但刘少奇等领导人根据《新民主主义论》和中共七届二中全会决议，不选择"过早的限制私人资本主义的办法"，毛泽东本人也告诫各级党政领导干部绝不可以"四面出击"，"树敌太多"。1949—1952 年，中共中央按照"三年准备，十年建设"，然后才可以采取步骤进入社会主义的设想部署工作。甚至 1949 年 9 月中国人民政治协商会议讨论具有代行宪法职能的《共同纲领》时，有的民主人士建议在文件中要提到社会主义，共产党的领导人也没有接受这个意见。

当 1952 年土地改革和抗美援朝结束时，中共中央领导层的指导思想发生了重大变化。1952 年 6 月 6 日，毛泽东在对中共中央统战

---

① 《毛泽东选集》第三卷，人民出版社 1991 年版，第 1060—1061 页。
② 《毛泽东文集》第五卷，人民出版社 1996 年版，第 145 页。
③ 薄一波：《若干重大决策与事件的回顾》上卷，中共中央党校出版社 1991 年版，第 47—68 页。

部的一份批示中重提"中国内部的主要矛盾是工人阶级与民族资产阶级的矛盾",并且指出,"不应再将民族资产阶级称为中间阶级。"① 9 月 24 日,他在中共中央书记处的一次会议上提出:我们现在就要开始用 10 年到 15 年的时间基本上完成到社会主义的过渡,而不是 10 年或者以后才开始过渡。1953 年 11 月,他在中共中央书记处的会议上说:要消灭资产阶级,消灭资本主义工商业。1953 年 6 月 15 日,他在中央政治局会议上正式提出"过渡时期总路线",同时批评了刘少奇"确立新民主主义社会秩序"的方针,说那是一种"右倾机会主义的观点"。②

1953 年 12 月,经毛泽东修改审定的,《中共中央宣传部关于过渡时期总路线的学习宣传提纲》形成了完整准确的表述。即"从中华人民共和国成立到社会主义改造基本完成,这是一个过渡时期。党在这个过渡时期的总路线和总任务,是要在一个相当长的时期内,基本上实现国家的工业化和对农业、手工业、资本主义工商业的改造。这条总路线,应是照耀我们各项工作的灯塔,各项工作离开了它,就要犯右倾或'左'倾的错误"。③ 中宣部的宣传提纲还指出:"这条总路线的实质,就是使生产资料的社会主义所有制成为我们国家和社会的唯一的经济基础。"④

毛泽东在 1955 年组织领导了"中国农村的社会主义合作化高潮"。到 1955 年春,全国已建立初级社达 67 万个。随后不久,在围绕着农业合作化运动的发展速度问题,党内发生了争论。1955 年 7 月,毛泽东在《关于农业合作化问题》的报告中批评有些同志像小脚女人,对合作化运动过多地评头论足,犯了右的错误。因此,农业合作化的进程大大加快了。只用了大约一年的时间,便废除了

---

① 《毛泽东文集》第六卷,人民出版社 1999 年版,第 231 页。
② 《毛泽东选集》第五卷,人民出版社 1977 年版,第 81—82 页。
③ 《毛泽东文集》第六卷,人民出版社 1999 年版,第 316 页。
④ 《社会主义教育课程的阅读文件汇编》(第 1 编)上册,人民出版社 1957 年版,第 341—374 页。

农民家庭农场制度，实现了合作化。接着发动"并大社"，1958 年实现了人民公社化。

随着农业合作化运动高潮的兴起，中共中央决定加快对资本主义工商业的改造。1955 年 10 月底，毛泽东等中共中央领导邀请全国工商联执委会成员座谈私营工商业的社会主义改造问题。毛泽东要求工商业者认清社会发展的规律，掌握自己的命运，并指出，资本家只要接受社会主义改造就有前途。接着，中共中央统战部又邀请有关人员座谈，陈云在会上作了关于资本主义工商业社会主义改造的报告，对实行全行业公私合营，实行定股定息，贯彻赎买政策作了详细说明。随后，工商联发表《告全国工商业书》，号召工商界认清自己的前途和命运，接受社会主义改造。此后，对资本主义工商业的社会主义改造进入高潮。到 1956 年年底，已实现全行业公私合营的，在全国私营工业中占 99%，在私营商业中占 82%。至此，对资本主义工商业的社会主义改造基本完成。

这样，从 1953 年提出"过渡时期总路线"，计划用 15 年甚至更长一点时间实现的对个体农业和私人资本主义工商业的社会主义改造任务，结果仅仅用了不到 3 年的时间便实现了以国有制和准国有的集体所有制为主要形式的公有制，并成为我国国民经济的唯一基础。在这一所有制基础上，全面建立了苏联式的集中计划经济体制。

我们知道，苏联在斯大林社会主义经济思想理论指导下，确立了高度集中的计划经济体制模式。新中国成立以后借鉴和仿效了这种经济体制。计划经济体制的特征：一是实行生产资料完全公有制，全民所有制经济居主导和支配地位；二是实行经济决策权高度集中在各级国家行政管理机关的管理模式，各级企业进行以纵向联系为主的生产经营活动，国家行政管理机关采取以指令性计划为主的行政手段管理经济；三是资源配置都由计划调节，企业的供、产、销、人、财、物均由国家行政管理部门提供，企业的任务就是依照国家下达的计划指标从事生产和经营活动，国家的整体经济运行完全按照计划进行调节。新中国成立以后一直到国民经济恢复时期，这种经济体制发挥过积极作用，但是50年代中期以后，我国社会生产力水平有了较大提高，国民经济体系日益完善，这种计划经济体制的固有缺陷就逐渐显露出来，极大地阻碍了社会生产力的提高。故此，从20世纪50年代末开始，中共中央做出决策对原有的经济体制实行改革与调整。在党的十四大会议上，中共中央决定建立社会主义市场经济体制，从此，实行社会主义市场经济体制成为我们党和全国各族人民的唯一正确的抉择。

二 中国经济体制改革问题的提出

20世纪50年代中期，计划经济体制刚刚在中国全面建立，就遭到经济学界众多的质疑。在新民主主义经济条件下具有比较大的自主权的企业，这时变成了上级行政管理机关的附属物，人、财、物、供、产、销全都由上级决定，失去了生机与活力。同时，企业工商业的经营积极性和服务质量下降，消费者对此很不满意。

经过一个时期计划经济体制的运作，党和政府的领导人也看到了其中的一些问题。主管党的经济工作的陈云同志提出，要对经济政策作出若干调整，形成了"三个主体、三个补充"的社会主义经济运行布局思想：（1）在工商经营方面，国家经营和集体经营是工商业经营的主体，但是附有一定数量的个体经营，是国家经营和集体经营的补充；（2）在生产计划方面，计划生产是工农业生产的主体，按照市场变化而在计划许可范围内的自由生产是计划生产的补充；（3）在社会主义统一市场里，国家市场是它的主体，但是附有一定范围内国家领导的自由市场，这种自由市场是在国家领导下，作为国家市场的补充。同时，一些学者也提出了自己的观点。比如，孙冶方提出，在国家计划的范围内通过价值规律的作用，激励企业改善经营，降低成本，提高效益。但是，当时，思想禁锢是十分严重的，这些非常精辟的意见只不过是在占主体地位的计划经济旁边给市场发挥辅助作用留下一点余地罢了。

更加重要的是，毛泽东对改革苏联式集中计划经济体制提出了指导性意见。1956 年年初，中共中央政治局为准备预定在 1956 年 8 月举行的党的八大，对"一五"计划前几年的工作进行了总结。在总结中发现，50 年代中期建立起来的一整套经济体制，虽然能够发挥行政命令式经济的优越性，高强度地动员资源，集中用于政府所关注的重点建设，使以重工业和军事工业的增长为核心的工业化能够较快地进行，但也有不少缺陷需要消除。当时，对传统体制弊端的认识和反思，集中体现在 1956 年 4 月毛泽东在中央政治局的讲话——《论十大关系》中。毛泽东认为，这一体制的弊端主要在于"权力过分集中于中央"，管得过多，统得过死。从而损害了地方政府、生产单位和劳动者个人的积极性，是中国经济在实现社会主义改造后出现种种弊病的根源。必须加以改革。毛泽东给改革指出的方向是：第一，在国家、工厂、合作社和生产者个人的关系上，要兼顾国家、集体和个人三方面的利益；同时要赋予工厂和其他生产单位都有一个与统一性相联系的独立性，以便发展得更加生动活泼。第二，在中央政府和地方政府之间的关系上，"应当在巩固中央统一领导的前提下，扩大一点地方的权力，给地方更多的独立性，让地方办更多的事情"，即发挥中央和地方两个积极性。因此，改革现有体制的根本措施在于向下级政府和企业下放权力。根据毛泽东提出的方针，中国在 1958 年开始了社会主义经济制度确立后的第一次经济改革。在这次改革的实际执行中，对 1956 年提出的方针作了一些调整，而把重点放在了在各级行政机关之间的权力划分和利益调整上，形成了"行政性分权"的改革思路。按照这种思路，我国在 1958 年开始了经济改革。

第二章 中国市场经济体制变革的
　　　　主要历程

中国共产党人关于社会主义经济体制变革的认识，是从 1958 年进行经济体制第一轮改革时才开始的。中国的改革不仅起步晚，而且起点低，改革是在没有系统理论的基础上展开的。然而在短短的60 多年，中国的社会主义市场经济理论和市场化改革，跨越了其他国家数百年所走过的路程，实现了从计划经济向市场经济的过渡。如今，中国正在探索国有企业建立现代企业制度的改革，初步找到了国有经济与市场兼容的具体形式。

中国市场化改革的最大特点就在于理论同实践的紧密结合，理论同实践的互相推动。没有系统周密的理论，没有固定不变的模式，注重在实践中探索，注重吸收各国的成功经验，这也许正是中国改革不断深入的秘诀所在。因此，如果我们沿着国有经济和市场经济结合这一脉络，仍能寻找到中国社会主义市场经济理论的发展过程。这个过程大致可以分成以下几个阶段。

第一节　市场经济体制变革的萌芽时期：
　　　　对商品经济的探索与争鸣

20 世纪五六十年代，理论界展开了关于社会主义商品经济的探索与争鸣，它对中国社会主义经济体制改革不论在广度还是在深度上都产生了相当大的影响，一大批老中青学者在讨论中形成的正确观点，为中国社会主义市场经济理论的产生准备了思想条件和方法论借鉴。在此期间，关于社会主义商品经济理论的讨论主要集中在社会主义商品生产和交换领域。

一　关于社会主义商品生产的探索

1956 年我国社会主义改造完成后，为适应单一公有制所有制结构，逐步形成了高度集中的计划经济体制，计划经济体制的弊端也逐步暴露出来了。国营企业和公私合营企业普遍出现了产品质量下降、品种减少、经济效益下降的情况。针对计划经济体制的上述缺陷，理论界对社会主义商品生产展开了大讨论，关于这方面问题的讨论集中表现在以下几个方面：

（一）探讨决定社会主义商品生产存在与发展的条件和原因

当时经济学界关于这个问题的主流观点，一般是根据斯大林的《苏联社会主义经济问题》一书的提法，即社会主义社会之所以还实行商品生产，其原因是全民所有制和集体所有制这两种社会主义公有制的同时并存。然而，在社会主义实践和理论研究过程中，很多学者认为，仅仅根据两种公有制并存来论证社会主义商品生产存在的原因，是不全面的。骆耕漠认为，在社会主义社会条件下，为什么在国内还要保留生产资料商品的"外壳"？第一，是因为如果将消费品看作商品，要计价销售的话，那么生产资料是消费品的成本之一，因而也必须相应作价抵扣。第二，社会主义社会之所以还实行商品生产，其原因是要对企业采取经济核算制度，以完成国家对企业业绩的考核。①

（二）关于社会主义商品生产的范围的问题

骆耕漠认为，全民所有制企业之间的产品调剂，是属于整个生产单位的内部周转，它们之间彼此的交换关系，不是两个独立占有生产资料及其产品的所有者之间的交换，也不是产品所有权人之间

---

① 骆耕漠：《论社会主义商品生产的必要性和它的"消亡"过程》，《经济研究》1956 年第 5 期。

的转移。① 不过，也有学者对此有不同观点。于光远就指出，全民所有制企业之间的商品交换也是一种商品经济关系，参与这种交换的产品就是商品。由于各企业间还存在一定程度的局部利益关系，因此，在各企业间进行交换时的条件也使各个企业的职工之间发生物质上的利害关系。②

（三）关于社会主义商品生产的本质属性

樊弘认为，社会主义商品生产是在人类发展史上商品生产的较高阶段的新型经济关系，这种新型的商品生产与交换关系决定于当时社会主义生产力水平。③ 朱剑农指出，作为一种新型的商品生产关系，社会主义社会的商品生产摒弃了所有私有制因素。④ 而有的学者反对这种观点。吴敬琏认为，商品生产和交换的存在与私有制及私有残余是密不可分的。⑤ 余霖认为，一些资本主义制度的残余在社会主义社会还不能不保留，如商品、货币、价格等类资本主义范畴。⑥

（四）关于社会主义商品关系的未来定位

朱剑农认为，产品分配要被商品生产和商品交换全面替代，就一定要使社会产品极大丰富以及建立在这种物质基础之上的国有经济的实现的经济运行的条件。⑦ 喻良新认为，纵然完成了全部生产资料归全体社会成员所有的任务，但如果社会生产力发展水平还不足以使社会成员实行按需分配的话，那么，商品生产和商品流通也

---

① 骆耕漠：《论商品和价值》，《经济研究》1959 年第 9—10 期。

② 于光远：《关于社会主义制度下商品生产问题的讨论》，《经济研究》1959 年第 7 期。

③ 樊弘：《关于在社会主义下商品生产的问题》，载中国科学院经济研究所《关于社会主义制度下商品生产和价值规律问题》，科学出版社 1959 年版，第 145—146 页。

④ 朱剑农：《论我国的商品生产及其性质问题》，《理论战线》1959 年第 1 期。

⑤ 吴敬琏：《社会主义制度下的两类交换》，《经济研究》1959 年第 1 期。

⑥ 余霖：《社会主义社会的商品》，《新建设》1965 年第 6 期。

⑦ 朱剑农：《论我国的商品生产及其性质问题》，《理论战线》1959 年第 1 期。

就会在社会主义社会长期存在。[①]

二 关于社会主义商品交换的探索

对于社会主义商品交换问题的讨论，主要有以下几个方面内容：

（一）如何处理价值规律与计划经济的关系问题

薛暮桥提出，有计划按比例发展的规律是支配社会主义经济发展的基本规律，国家利用计划机制来调节国民经济发展的经济活动，发挥价值规律的辅助作用。由于国家强化了计划管理的作用，价值规律的作用范围就进一步受到限制。[②] 顾准发表了反对意见，他指出，如果我们过多强调计划机制从而忽视价值规律所能发挥作用的程度的话，是不利于社会经济发展的，如果社会主义是社会化大生产的话，价值规律就一定会发挥作用，我们要运用价值规律为人民造福。[③] 孙冶方等提出了一种比较折中的看法。孙冶方指出，价值规律的作用，就是通过由社会平均必要劳动量决定价值，来推动社会生产力的发展，调节或分配社会生产力。这一作用在资本主义、社会主义以及将来的共产主义社会都是存在的。只是在私有制下的商品经济中它是通过市场竞争来起作用，带有破坏性。在社会主义的计划经济中，是通过计算来主动地去捉摸它。所以他强调要把计划放在价值规律的基础上。[④] 1956 年孙冶方的《把计划和统计放在价值规律的基础上》一文的发表，标志着中国社会主义经济思想史出现了转折点，是中国经济体制改革理论史的开端。

（二）关于价值规律发挥作用的机制

那时的理论界学者忽视价值规律的调节作用，也没有明确界定市场调节的范畴，更不重视价值规律在社会主义经济中的调节作用，而是强调计划机制的调节作用。王亚南提出，社会主义计划生

---

① 喻良新：《试论社会主义社会存在商品生产的原因》，《大公报》1957 年 1 月 27 日第 5 版。

② 薛暮桥：《论计划经济与价值规律》，《人民日报》1956 年 10 月 28 日第 3 版。

③ 顾准：《试论社会主义制度下的商品生产和价值规律》，《经济研究》1957 年第 3 期。

④ 孙冶方：《把计划和统计放在价值规律的基础上》，《经济研究》1956 年第 6 期。

产基本上没有必要适应市场供需而变化，因为社会主义生产是有计划按比例的，因此不会接受价值规律自发的支配。[1] 而当时也存在市场调节的观点。薛暮桥指出，如果过分强调国民经济计划管理范围的扩大，就极有可能给国民经济造成严重的后果。[2] 在调节生产和流通时，政府务必要制定正确的价格政策。国家既要考虑发挥价值规律的作用，不应违反等价交换原则，也不要任意利用价值规律去调节产品的生产和流通。[3]

（三）关于社会主义经济中价格的作用

孙冶方指出，唯有价格是最精确地计算社会劳动的消耗的工具。[4] 薛暮桥提出，在社会主义经济活动中要发挥价格的调节作用，它体现在影响某些产品的生产数量和消费品的销售数量，即依靠商品流通使各类消费品供需之间保持平衡。[5]

（四）关于生产资料价格制定的依据

骆耕漠指出，若要判断生产资料价格是否合理，应主要观察社会主义基本经济规律、国民经济有计划按比例发展规律在社会主义生产具体情况中的具体要求是怎样的。[6] 还有的学者认为，不宜把生产资料价格当作调节下游企业利润的工具。南冰、索真认为，不要用价格工具调节企业利润，要运用税收的方法。因为生产资料价格偏低的话，就不能加快国民经济各部门机械化的速度。[7]

---

[1]　王亚南：《充分发挥价值规律在我国社会主义经济中的积极作用》，《人民日报》1959 年 5 月 15 日第 3 版。

[2]　薛暮桥：《再论计划经济与价值规律》，《计划经济》1957 年第 2 期。

[3]　孙冶方：《把计划和统计放在价值规律的基础上》，《经济研究》1956 年第 6 期。

[4]　薛暮桥：《社会主义制度下的商品生产和价值规律》，《红旗》1959 年第 10 期。

[5]　同上。

[6]　骆耕漠：《关于生产资料的低价政策问题》，《经济研究》1957 年第 3 期。

[7]　南冰、索真：《论社会主义制度下生产资料的价值和价值规律的作用问题》，《经济研究》1957 年第 1 期。

第二节　市场经济体制的形成时期

虽然我们党对社会主义商品经济的摸索摆脱了苏联计划经济模式的干扰，然而，因为一直以来尚未形成较为宽松的理论研讨环境，又由于随之而来的十年"文化大革命"运动极大地冲击了正常的学术研究活动，很多富有意义的理论研究被迫停止。直到1978年党的十一届三中全会的召开，党中央制定了改革开放的英明决策，我们才迎来了经济学理论研究的真正春天，先后完成了从社会主义计划经济到商品经济再到市场经济的转变，完成了从"计划经济为主、市场调节为辅"到"有计划的商品经济"，再到"建立社会主义市场经济体制"的转变。

一　从"计划经济为主、市场调节为辅"到"有计划商品经济"阶段

（一）"计划经济为主、市场调节为辅"阶段

中国改革初期，首先把希望的目光投向了东欧，决心仿照它们进行市场化改革。但是，由于传统体制的影响根深蒂固，所以，人们十分谨慎地对待市场问题。1979年3月，陈云同志提出"以计划经济为主、市场调节为辅"的思想。他指出："整个社会主义时期经济必须有两个部分：（1）计划经济部分（有计划按比例的部分）；（2）市场调节部分（即不作计划，让它根据市场需求的变化进行生产，即带有'盲目'调节的部分）。第一部分是基本的、主要的；第二部分是从属的次要的，但又是必需的。"① 陈云同志的这一思想在当时产生了很大影响，几乎被引入这一时期的所有重要文献。

1982年9月，党的十二大报告更加明确地指出：我国在生产资

---

① 《陈云文选》第三卷，人民出版社1986年版，第245页。

料公有制基础上实行社会主义计划经济。有计划的生产和流通，是我国国民经济的主体。同时，允许对于部分产品的生产和流通不作计划，由市场来调节。也就是说，根据不同时期的具体情况，由国家统一计划出一定范围，由价值规律自发地起调节作用。这一部分是有计划生产和流通的补充，是从属的、次要的，但又是必需的、有益的。

1979 年 7 月，国务院先后出台了《关于扩大国有企业管理自主权的若干规定》《关于国有企业实行利润留成的规定》等文件，开启了"放权让利"的改革先河，即实行了国有企业利润留成和扩大国有企业自主权。文件指出，国有企业企业在计划、销售、劳动人事、工资奖金等方面具有较大的自主权，初步改变了企业单位按计划生产、不了解市场、不关心盈亏的局面。与此同时，在国有企业中普遍推行了以提高经济效益为目的，把"责、权、利"紧密结合起来的内部管理体制，极大地提高了企业劳动生产率，使国家、企业和个人的三者利益关系在根本利益一致的基础上更加协调。

总的来说，这一时期的改革仍是在传统体制中进行的，指令性计划依然被看作是社会主义制度的基本特征，计划与市场的兼容被解释为相互对立的"板块"式结合，国有企业的运行仍然在政府的严格控制下，当时还出现了"脑体倒挂"的问题。

（二）提出"有计划商品经济"阶段

1984 年 10 月，十二届三中全会通过的《中共中央关于经济体制改革的决定》（以下简称《决定》），首次阐述了社会主义有计划商品经济的理论，这是我国关于社会主义经济体制问题认识的重大突破的标志。《决定》指出：改革计划经济体制，首先要突破把计划经济与商品经济对立起来的传统观念，明确认识社会主义计划经济必须自觉依据和利用价值规律，是在公有制基础上的有计划的商品经济。商品经济的充分发展，是社会经济发展的不可逾越的阶段，是实现我国经济现代化的必要条件。我国社会主义有计划的商品经济的基本点可概括为：

首先，从全局来看，我国确立的是计划经济体制，也就是有计划的商品经济，但并非是完全由市场调节的市场经济体制。

其次，部分农副产品、日用小商品和服务修理行业的劳务活动等，是完全由市场调节的生产和交换的，因为它们在国民经济中起辅助的作用，但却是不可缺少的。

再次，我国实行有计划的商品经济，不等于以指令性计划为主，从某种意义上说，指令性计划和指导性计划都可以为计划经济服务。

最后，实现指导性计划主要依靠运用经济手段的作用，指令性计划是必须执行的，但也必须借助于价值规律。

中共中央关于有计划商品经济理论的提出，是关于社会主义经济理论的一次重大突破。它抛弃了把社会主义和商品经济对立起来的传统观念，对我国的市场化改革起到了巨大的推动作用。但是，这一理论还具有明显的不足：一是还停留在只认为社会主义经济体制是商品经济而不承认是市场经济，即将市场经济看作是资本主义特有的特征；二是把发展市场体系仅仅理解为发展商品市场，而未包括生产要素市场，对于市场机制的理解过于简单，过于狭窄。

同时，《决定》还明确指出：增强企业活力是经济体制改革的核心内容。要根据所有权与经营权适当分开的原则，进一步扩大国有企业的生产经营自主权。进而把企业真正看作是相对独立的主体，使之成为自主经营、自负盈亏的社会主义商品生产者和经营者，具有自我改造和自我发展能力，成为具有一定权利和义务的法人。这些规定，确定了我国国有企业改革的基本思路，即国有企业的改革，采取所有权与经营权"两权分离"的模式，而绝不搞私有化或各种形式的"企业所有制"。

二　从"国家调节市场、市场引导企业"到"建立社会主义市场经济体制"阶段

（一）"国家调节市场、市场引导企业"阶段

1987 年 10 月，党的十三大报告对社会主义市场机制问题做了

新的概括和阐述。报告指出：社会主义有计划商品经济体制，应该是计划与市场内在统一的体制。应明确几个基本观念：第一，社会主义商品经济和资本主义商品经济的本质区别在于所有制不同。第二，必须把计划工作建立在商品交换和价值规律的基础上，国家对企业的管理应逐步转向以间接管理为主。第三，计划和市场的作用范围都是覆盖全社会的。新的经济运行机制，总体来说，应当是"国家调节市场，市场引导企业"。报告还指出：社会主义市场体系，既包括消费品和生产资料等商品市场，又包括资金、劳务、技术、信息和房地产等生产要素市场；如果仅仅靠单一的商品市场，就不能很好地使市场机制发挥作用，要逐步形成少数重要商品和劳务价格归国家管理，其他大量商品和劳务价格依据市场调节的制度。

上述基本思想是对关于有计划商品经济理论的继承和发展。其意义在于：一是明确指出，市场与计划的多少不是社会主义商品经济与资本主义商品经济的本质区别，而所有制的不同才是社会主义商品经济与资本主义商品经济的本质区别，要将经济制度同经济体制区分开来；二是在"国家调节市场、市场引导企业"的体制下，指出计划与市场非"板块"式结合而是有机结合，计划和市场都是覆盖全社会的，计划应建立在市场机制基础上；三是市场的地位已大大提高了，明确提出社会主义市场体系应当包括生产要素市场，大量商品和劳务价格应由市场调节，逐步健全以间接管理为主的宏观经济调节体系。

在国有企业改革方面，报告强调继续按照两权分离的原则，搞活全民所有制企业，具体形式可以依企业的产业性质、企业规模、技术特点而有所不同。应当不断改进和完善现行的承包制和租赁制，继续试行股份制，一些小型国有企业可以有偿转让给集体和个人。

1989 年春夏之交的"政治风波"以后，我国社会主义建设步入"治理整顿"时期，为了维护经济和政治的稳定，国家强化了对经济运行走势的宏观调控，直接运用计划调节的作用有所增强，正是在这种特殊的政治经济环境下，提出了"计划经济与市场调节相结合"的经济运行机制。

（二）确定"建立社会主义市场经济体制"为改革目标阶段

1992 年春天，邓小平在南方谈话中对社会主义市场经济问题作了精辟的论述。他指出："计划多一点还是市场多一点，不是社会主义与资本主义的本质区别。计划经济不等于社会主义，资本主义也有计划；市场经济不等于资本主义，社会主义也有市场。计划与市场都是经济手段。"[①] 这个精辟论断，从根本上突破了将计划经济和市场经济当作属于社会基本制度范畴的传统思想束缚，使党和人民在社会主义基本制度与市场经济兼容问题上的认识有了又一次重大突破。过去，我们把市场经济等同于资本主义经济，把计划经济等同于社会主义经济，认为搞市场经济就是搞资本主义，其实，这是一种错误的认识。市场经济和计划经济指的是资源配置的两种方式，而不是从社会经济制度的角度来区分的。历史经验证明，市场经济有利于调动人们的生产积极性，有利于促进技术创新，有利于明晰产权关系和降低交易费用，最终是可以提高资源效率的。邓小平同志首先提出来的社会主义也要建立社会主义市场经济体制的思想，这是我党的第二次思想大解放，是对马克思主义的重大发展。

1992 年 10 月召开的党的十四大，明确指出，我国经济体制改革的目标是建立社会主义市场经济体制。我们要建立的这种经济体制，就是要在社会主义国家宏观调控下发挥市场对资源配置的基础性作用，在经济活动中遵循价值规律的要求，适应供求关系的变化；运用价格杠杆和竞争机制的功能，使资源配置到效益较好的环节中去，并将压力和动力给予企业，实现良性竞争；运用市场对各种经济信号反应比较灵敏的优点，促进生产和需求的及时协调。同时，又要有效抵御市场自身的弱点和缺陷，必须加强和改善国家对

---

① 《邓小平文选》第三卷，人民出版社 1993 年版，第 373 页。

经济的宏观调控，这标志着中国的经济改革进入了建立社会主义市场经济体制的现阶段。

1993 年 11 月，党的十四届三中全会做出了《关于建立社会主义市场经济体制的若干问题的决定》（以下简称《决定》），全面系统地阐明了社会主义经济体制的基本框架和大力推进市场化改革的具体部署。特别是《决定》对"转换国有企业经营机制，建立现代企业制度"的论述，更是引人注目。《决定》指出：以公有制为主的现代企业制度是社会主义市场经济体制的基础。……建立现代企业制度是发展社会化大生产和市场经济的必然要求，是我国国有企业改革的方向。《决定》还指出：国有企业实行公司制，是建立现代企业制度的有益尝试。规范的公司，能够有效地实现出资者所有权与企业法人财产权制度的分离，有利于政企分开，转换经营机制，企业摆脱对行政机关的依赖，国家解除对企业承担的无限责任，也有利于筹集资金，分散风险，这就确定了国有企业改革的正确方向。

第三节　市场经济体制变革的完善发展阶段

一　确定国有经济管理体制改革总体方案阶段

1997 年 9 月召开的党的十五大提出了我国今后社会经济发展的整体构想，指明了经济体制改革特别是国有经济改革的总体方案。江泽民同志在十五大报告中对社会主义公有制理论作了精辟的论述，在一些重要的理论与实践问题上做出了重大的发展和突破。主要包括：（1）坚持公有制为主体、多种所有制经济共同发展的基本经济制度，一切符合"三个有利于"的所有制形式都可以而且应该用来为社会主义服务。（2）要全面认识公有制的含义和主体地位，公有制占优势，既要有量的优势，更要重视质的提高。国有经济的主导作用，主要体现在控制力上。（3）公有制实现形式可以而且应当多样化，一切反映社会化大生产规律的经营方式和资本组织形式都可以大胆利用。股份制是现代企业的一种资本组织形式，"不能笼统地说股份制是公有还是私有，关键看控股权掌握在谁的手中"，要积极提倡劳动者的劳动和资本联合为主的股份合作制。（4）建立现代企业制度是国有企业改革的方向，要对国有大中型企业实行规范的公司制改革。培育和发展多元化投资主体，推动政企分开和企业转换的经营机制。（5）把国有企业改革同改组、改造、加强管理结合起来，"抓大放小"，对国有企业实行战略性改组。以资本为纽带，通过市场形成有较强竞争力的大型企业集团。（6）积极推进各项配套改革，建立有效的国有资产管理、监督和营运机制，保证国有资产的保值增值，防止国有资产流失。

这一阶段的改革仍然以国有企业为中心环节，依据现代企业制度的特点、内涵、指导原则，中央和地方选择1000多个有代表性的国有企业进行建立现代企业制度的试点，这些参加试点的国有大中型企业先后成立股份有限公司、有限责任公司或国有独资公司；许多全国性的行业总公司如中国石油天然气集团总公司被改组为控股公司，形成了一批以资本、技术为纽带跨地区、跨行业的大型企业集团；许多的小型全民所有制企业，通过改组、联合、兼并、租赁、承包经营和股份合作制、出售等形式进行了改革、改组。根据鼓励兼并、规范破产、下岗分流、减员增效和再就业工作的原则，积极推进企业转轨改制，促进了企业优胜劣汰的竞争机制的产生，使国有经济战略布局逐步形成，使国有资本逐渐控制关系国计民生和国民经济命脉的重要行业和关键领域。适应国有企业改制和国有经济布局及结构调整的需要，多种形式的国有资产监督管理体制探索在一些地方积极展开，取得了良好效果。

党的十五大以后，财政、税收、金融、外汇、计划和投融资体制改革继续向前推进。形成了以分税制为核心的新的财政税收体制框架，确立了以增值税为主体的流转税体系；加强了中央银行对货币供应的调控能力和对金融机构的监管职能，政策性金融与商业性金融开始分离；明确了以市场供求为基础，单一的、有管理的浮动汇率制度，实现了人民币在经常项目下可兑换；国家计划管理从总体上的指令性计划向总体上的指导性计划转变，推行项目法人制、资本金制度和招投标制度，加强投资风险约束。市场流通领域的改革向纵深发展。商品市场进一步发展，要素市场逐步形成；取消了生产资料价格双轨制，进一步放开了竞争性商品和服务的价格；在健全市场规则、整顿市场秩序方面取得了新的进展。这样，中国的经济改革经过十几年的艰苦跋涉，终于谱写出建立社会主义市场经济体制的新乐章。

二 完善社会主义市场经济体制阶段

2002 年，中共十六大报告指出，21 世纪前 20 年改革的主要任务是完善社会主义市场经济体制。即在 2020 年建成完善的社会主义市场经济体制和更具活力、更加开放的经济体系。中共十六届三中全会通过的《关于完善社会主义市场经济体制若干问题的决定》对形成完善的社会主义市场经济体制提出了全面的要求。同时，中共中央还阐述了科学发展观和构建社会主义和谐社会的重大战略思想，为完善社会主义市场经济体制提供了理论指导。按照"五个统筹"的要求，积极推进各个领域的改革。

这一阶段将行政管理体制改革作为重点工作积极推进，强调要打造行为规范、运转协调、公正透明、廉洁高效的政府，着力推进政府职能的转变。政府的经济管理职能逐渐向社会管理和公共服务职能转变；政府机构改革正有序进行，国务院新成立和组建了一些调节经济和监督管理机构，强化了一些监管部门的行政管理职能，健全了国有资产等部门的管理体制；加大了行政审批制度改革的力度，国务院有关部委分批取消和调整了约 1800 项审批项目；依法行政已蔚然成风，全国人大先后制定实施了《行政许可法》和《公务员法》等行政管理法律法规。

这一阶段农村体制改革继续推进。农村统分结合、双层经营经济体制进一步得到巩固，农村税费改革试点有序进行，2006 年全国彻底废除了长达 2600 年的农业税；深化粮食流通体制改革进展顺利，完全由市场调节的棉花流通体制已经形成。国有企业改革步伐加快，绝大部分国有大型企业股份制改革已经完成，均建立了比较完善的法人治理结构，政企分开、政资分开的现代企业制度和选人用人机制改革步伐加快，国有控股上市公司股权分置改革稳步推进；电力、电信、铁路、民航、烟草等垄断行业改革初见成效；国家设立了专门的国有资产监督管理局，加强了对国有企业特别是大型、特大型国有企业的资产运营状况的监督管理。国有资本进一步控制关系国民经济命脉和涉及国家安全的重要行业和关键领域，国有经济的控制力、影响力和竞争力进一步增强；非公有制经济发展的体制环境进一步完善。扩大了非公有制经济的市场准入门槛，非公有资本被许可在法律法规未禁止的行业和领域经营；限制非公有制经济发展的法规、规章和政策性规定得到清理和修订，对私有财产的保护被写入《宪法》，使非公有制经济的发展有了法律和制度保障。深化财税、金融、投资体制改革工作收效显著。公共财政体制得到加强，对增值税转型的试点和完善出口退税机制改革有序进行；加大了金融体制改革力度，加快推进了国有商业银行股份制改革；对汇率形成机制的改革正在按预定规划推进；进一步缩小了政府投资的范围，极大地激发了企业投资的积极性，规范了投资审批制度。社会主义市场体系进一步完善。既增加了商品市场的种类和数量，又促进了土地、劳动力、技术、产权、资本等生产要素市场的进一步改革与规范，水、电、石油和天然气等重要能源资源价格正逐步体现其稀缺性特点。社会保障制度改革的力度加大。社会保障覆盖面逐步由城市扩大到农村，城镇基本养老保险制度已见雏形，基本医疗保险制度改革取得实质性进展，失业保险制度建设初步形成。科学教育文化卫生体制改革步伐进一步加快。中央和地方所辖 1200 多家科学研究院所已经分两批转制结束；农村义务教育经费保障机制改革速度加快，形成鼓励和支持发展民办教育的良好氛围;公益性文化事业单位内部管理用人机制改革正稳步推进,经营性文化事业单位转企改制已初步完成;新型农村合作医疗制度改革试点取得成效。

中共十八大以来,习近平总书记围绕着在新形势下发展中国特色社会主义市场经济问题,提出了一系列新的重大战略思想和重要理论观点,包括坚持以人民为中心的发展思想、坚持党的领导并发挥党总揽全局领导核心作用的思想、坚持社会主义市场经济改革的正确方向和正确的方法论的思想、用新的五大发展理念引领发展行动的思想、认识新常态和引领新常态的思想、供给侧结构性改革的思想、坚持实现中国特色"四化同步"的思想、健全城乡发展一体化体制机制以实施精准扶贫思想,等等。正是由于上述思想的指引和以习近平为核心的党中央正确领导,我国的经济社会发展进入了一个新的时期。2016 年我国 GDP 达到 74.48 万亿元,合计约 11 万亿美元,继续位居世界第二位。从东部沿海部分发达省份看,某些省份的经济总量或人均 GDP 已接近或超过世界上一些中等发达国家的水平。根据联合国的统计,到 2015 年年底,我国的钢、煤、水泥、棉布等 200 多种工业品产量居世界第一位,我国已成为名副其实的世界经济大国。我国的社会主义市场经济体制改革已取得显著的成绩。

第三章 农村经济体制改革问题

农业是人类社会生存和发展的基础，农业在经济发展中具有十分重要的地位和作用。农村改革是中国经济改革的起点和推动力量。作为中国经济体制改革的先导，农村经济体制改革为改革的全面拓展积累了经验，创造了有利条件，取得了举世瞩目的成就。中国经济体制改革的出发点是农村，中国工业化发展的支持面在农村，中国实现现代化和全面建成小康社会的难点也在农村。本章回顾了中国 60 多年来农村经济体制改革的历程和经验，形成对农村经济体制改革的深层次评价，为完善农村经济体制改革和社会主义市场经济体制改革，以及经济发展和社会全面进步提供政策思路。

第一节 农村土地制度与粮食
流通体制改革

农村土地制度对农村经济和农业的发展发挥着十分重要的作用，新中国成立以来，我国农村土地制度经历了四次重大变革，其性质也发生了一系列的转变：1949—1952 年的土地革命，实现了农村土地制度从封建地主所有向农民所有的转变；1952—1956 年的初级合作化，实现了农民土地所有制向农民所有、集体统一经营土地制度的转变；1956—1978 年，高级合作社和人民公社阶段，实现向集体所有、集体统一经营土地制度的转变；1978 年后以"土地集体所有、集体家庭联产承包、统分结合的双层经营"为特征的家庭联产承包责任制的确立，调动了广大农民生产的积极性，促进了农业发展，并不断在发展中完善。

一 农村土地制度改革

（一）改革开放前的农村土地制度

1949 年中华人民共和国成立后，到改革开放前的近 30 年来，我国农村土地制度变革历经了三个阶段：土地改革阶段、初级合作化阶段、高级合作社和人民公社阶段，在这三个阶段中，农村土地制度分别实现了封建地主土地所有制向农民土地所有制的转变，进而向农民所有、集体统一经营土地制度的转变，并最终转变为集体所有、集体统一经营的土地制度。这一系列的土地制度变革，为改革开放后的农村土地制度的进一步变革打下了基础。

1. 1949—1952 年土地改革阶段

新中国成立之前的旧中国，实行的是封建土地制度，这样的土地制度将全国的大部分土地集中在地主手中，严重地制约了农民生产的积极性和热情，并不断残酷地剥削着农民的劳动果实。消灭封建土地制度，推进土地制度的改革成为解放农民、解放生产力的客观需求，这个重任落到了新中国的执政党和政府的肩上。1949 年上半年，东北、华北等老解放区就已经推行了旨在消灭封建土地制度的土地改革，并取得了成效。新中国成立之后，为了进一步消灭封建土地制度没收封建地主阶级的土地归农民所有，我国政府决定在尚未进行土地改革、约有 2.64 亿农业人口的广大新解放区开展新一轮的土地改革①，这次土地改革从 1949 年开始历时三年完成，到1953 年，农村土地制度实现了封建土地地主所有向农民所有的转变。

1949 年 9 月中国人民政治协商会议第一届全体会议通过的《中国人民政治协商会议共同纲领》指明了农村土地制度改革的方向："有步骤地将封建半封建的土地所有制改变为农民的土地所有制"，

---

① 《刘少奇选集》下卷，人民出版社 1985 年版，第 30 页。

"土地改革为发展生产力和国家工业化的必要条件……凡尚未实现土地改革的地区，必须发动农民群众，建立农民团体，经过消除恶霸，减租减息和分配土地等项步骤，实现耕者有其田"。1950 年 1 月 24 日，中共中央发出指示，开始了在新解放区实现土地改革的准备工作。1950 年 6 月 6 日，中共中央举行七届三中全会讨论了新区土地制度改革，确立了这次土地改革的总路线："依靠贫农雇农团结中农中立富农，有步骤地有分别地消灭封建剥削制度，发展农业生产。"同年 6 月 28 日，中央人民政府委员会第八次全体会议讨论并通过了《中华人民共和国土地改革法》，明确指出了这次土地改革的基本目的是：废除地主阶级封建剥削的土地所有制，实现农民的土地所有制，借以解放农村生产力，发展农业生产，为新中国的工业化开辟道路。

1950 年秋，中央根据新解放区的不同情况，决定从 1950 年冬季开始，用两年半或三年左右的时间，分期分批地完成土地改革。第一批从 1950 年冬到 1951 年春，在约 1.28 亿农业人口的地区进行土地改革，其中，中南区 6800 万人、华东区 1570 万人、西北区 730 万人、西南区 3700 万人；第二批开始于 1951 年冬到 1952 年春，在 1.1 亿农业人口的地区进行，其中，中南区 5000 万人、华东区 1000 万人、西北区 1500 万人、西南区 3500 万人；第三批从 1952 年冬到 1953 年春，在 3000 多万农业人口的地区进行。截至 1953 年年底，全国广大新解放区的土地改革，除约 700 万人口的一些少数民族地区（新疆、西藏等）中共中央决定暂不进行外，基本顺利完成。

土地改革使占全国农业人口总数 60%—70% 的无地或少地的农民，无偿地获得了约 7 亿亩土地和大量的农具、房屋等生产、生活资料，免去了过去每年向地主缴纳的 350 亿公斤粮食的超额地租[1]，在实现了土地农民所有后，农民生产积极性大大提高，农业生产很

---

[1]　参见国家统计局《伟大的十年》，人民出版社 1959 年版，第 29 页。

快得以恢复和发展，这为国民经济的恢复、发展和人民政权的巩固奠定了基础，也为工业化的顺利进行开辟了道路。

2. 1952—1956年初级合作化阶段

土地改革的进行，使农民获得了土地，虽然生产积极性大大提高了，但是，农民分散的家庭经营和生产资料的缺乏，一定程度上限制了农业经营规模的扩大和农业生产率的提高，这种现象的出现，引起了党中央的重视，为了更好地发展农业生产、扭转这种局面，党中央在坚持土地农民所有的基础上，首先引导农民走了一条变分散家庭经营为集体统一经营的初级合作化道路。自1951年开始试行合作化到1952年的大规模初级合作化，合作主要形式也由试行时期的劳动互助形式向农业初级合作社转变。

1951年12月，中共中央第一次互助合作会议通过了《关于农业生产互助合作的决议（草案）》（以下简称《决议》）。该《决议》鼓励农民在农业生产中进行合作劳动，并在各级党委的组织下试行。在农业生产中进行合作劳动，一般是通过10—20户农民组成的农业生产互助组来完成的，这种劳动互助在不改变土地和其他生产资料及产品个人所有的基础上，体现出了集体劳动、互助协作的优越性，吸引了越来越多的农民参加。因此，1952年，我国政府在互助合作的基础上开始大力发展农业生产合作社。农业生产合作社开始时是以初级合作社的形式出现的，即在承认土地农民所有的前提下，农民以土地、农具等生产资料入股，进行集体劳动、实行民主管理，并实行了按劳分配和按股分红相结合的分配政策，初级农业生产合作社一般由40—50户农民组成。用于初级合作社按照自愿和互利原则，使农民体会到了集体统一经营的优越性，克服了分散经营的弊端，因此，农民保持了较高的参与积极性。1953年12月，中共中央发布了《关于发展农业生产合作社的决议》，并向各地下发了发展农业生产合作社的任务指标。到1954年，全国共发展了约50万个初级农业生产合作社。到1955年夏季，初级社已发展到65

万个，入社农户 1690 万个，约占全国总农户数的 15%①；到 1956 年 4 月，农业生产的初级合作化已基本实现，入社农户 10668 万户，占全国农户总数的 90%。

农业生产初级合作社的建立和推广，虽然没有改变土地农民所有，但是已经将土地的使用权由农民个人使用变为集体共同使用，这是土地制度的重大变革，成为向土地"集体所有制的过渡形式"（《中华人民共和国宪法》第七条，1954 年 9 月）。

3. 1956—1978 年高级合作社和人民公社阶段

1955 年，农业生产初级合作社在全国范围内得到了广泛发展。与此同时，同年 10 月 4 日，中共七届六中全会通过了《关于农业合作化问题的决议》，进一步指出：发展高级合作社"在有些已经基本实现半社会主义合作化的地方，根据生产需要、群众觉悟和经济条件，从个别试办，由少到多，分批分期地由初级社转变为高级社"。随后，1956 年我国掀起了大力发展农业生产高级合作社的高潮，12 月底，高级社达到了 54 万个，入社农户已超过 1 亿，占农户总数的 87.8%。②

高级合作社虽然是初级合作社的延续，但是，合作社的性质发生了改变，在高级社阶段，农民除保留（占全部土地的 5%）自留地的使用权外，土地及其他生产工具等所有资产均实现了个人所有向集体所有的转变，在分配上取消土地报酬，取消初级合作社的土地与农具入社的分红制度。高级合作社的推广，实现了土地农民所有向农业合作社集体所有的转变，这种土地集体所有、集体统一经营为国家短期内积聚巨大资源，推进工业化及经济建设奠定了基础，但是，高级合作社过度强调了集体合作的作用，并在很大程度上违背了自愿互助的原则，挫伤了农民个体的生产积极性，导致了

---

① 张庆忠：《马克思主义的合作制理论与中国农业合作制的实践》，《中国农村经济》1991 年第 10 期。

② 国家统计局：《我国的国民经济建设和人民生活》，中国统计出版社 1958 年版，第 183—184 页。

部分农民退社现象的发生。

1958 年 4 月，中共中央发布了《关于小型农业社适当地合并为大社的意见》，随之，全国各地出现了合作社并社高潮，合并后的合作社被称为"共产主义公社""集体农庄"等。1958 年 7 月 1 日，《红旗》杂志第一次提出了"人民公社"的概念，这个概念和名称很快得到了中央的肯定。

1958 年 8 月中共中央召开了政治局扩大会议，通过了《关于在农村建立人民公社问题的决议》，指出，"人民公社是形势发展的必然趋势"。会议结束后，全国掀起了人民公社化运动高潮。人民公社运动首先把小型农业合作社合并为大型农业合作社，进而再转为人民公社，土地和生产资料均由公社统一计划、统一经营、统一核算、统一分配，到 1958 年 11 月初，全国共有人民公社 26572 个，参加农户占农户总数的 99.1%。① 至此，全国农村形成了"一大二公"的人民公社体制。所谓"大"，是指"规模大"，1958 年，全国 74 万多个农业生产合作社合并为 2.6 万个公社，平均 28 个合作社合并为 1 个公社。所谓"公"，是指公有化程度高。一是实行统一的公社所有制；二是没收社员的自留地和家庭副业；三是否定按劳分配，搞平均主义；四是政社合一，成为行政机关的附属物。

人民公社阶段，这种以"一大二公"为特征的农村土地制度代替了高级社条件下的农村土地制度，并且实行了分配上的平均主义，这种土地制度不能很好地激发农民生产的积极性，生产效率低下，1959 年的粮食产量仅为 1700 亿公斤，比 1958 年减少 300 亿公斤；1960 年粮食产量进一步降为 1435 亿公斤，比 1959 年又减少 265 亿公斤，跌落到 1951 年的水平。②

为了解决人民公社运动初期所暴露的问题，1958 年 12 月，中共八届六中全会通过了《关于人民公社若干问题的决议》，提出了

---

① 农业部计划局：《农业经济资料手册》，中国农业出版社 1959 年版，第 36 页。
② 胡绳：《中国共产党的七十年》，中共党史出版社 1991 年版，第 368 页。

人民公社体制的改进意见，主张实行分级管理。1960 年 11 月，中共中央《关于人民公社当前政策的紧急指示》首次明确指出，"以公社生产队生产小队三级所有以生产队为基本核算单位是现阶段人民公社的根本制度"。1962 年 2 月，中共中央又发出了《关于改变农村人民公社基本核算单位的指示》，将生产小队改为生产队，生产队改为生产大队，确定以生产队为人民公社的基本核算单位。至此，"三级所有，队为基础"成为建设人民公社的基本方针，"三级所有，队为基础"的土地制度把土地所有权、土地使用权和产品分配权由人民公社一级下放给了生产队一级，克服了人民公社初期"一大二公"的弊端，一定程度上实现了土地所有权与土地使用权的分离，调动了生产队的积极性。但是，土地收益分配权虽然由公社一级下放到了生产队，但并没完全杜绝分配中的平均主义，因为按劳动工分进行分配，看似是按劳分配，但实际上抹杀了劳动数量质量之间的差异，因此，人民公社化体制下"三级所有，队为基础"的土地制度，尽管从某种程度上掩盖了人民公社运动初期所出现的问题，然而并没有从实质上解决其矛盾。

人民公社化运动持续进行了 20 年，1978 年退出了历史舞台。人民公社实行的是土地集体所有，成为我国在资源短缺条件下实现资源调度、建设经济的重要保障，但是这种土地所有权经营权高度归为集体所有的方式，束缚了生产力的发展。改革开放初期，全国人均粮食拥有量等于 20 世纪 50 年代中期的水平，每人每天平均不到 0.5 公斤，全国仍有 1 亿多农民没有解决温饱问题，我国劳动力人均农业产值从 1957 年的 806.8 元下降至 1978 年的 508.2 元。[1]

（二）改革开放后的农村土地制度

自 1978 年改革开放以来，我国新一轮的农村土地制度改革拉开序幕，人民公社时期日益暴露弊端的土地制度被家庭联产承包责任

---

[1]　王琢、许滨：《中国农村土地产权制度论》，经济管理出版社 1993 年版，第 137 页。

制所取代，土地家庭联产承包责任制以土地集体所有、家庭联产承包、统分结合的双层经营为特征，打破了人民公社时期土地集体所有集体经营的局面，调动了农民生产的积极性，促进了农业发展。至今，土地家庭联产承包责任制经历了以下发展阶段：1978—1983年，土地家庭联产承包责任制逐步确立；1984—1993年，土地家庭承包经营制度在发展中进一步巩固；1993年至今，土地承包关系的进一步稳定与农村土地流转机制的建立。

1. 1978—1983年，土地家庭联产承包责任制逐步确立

土地家庭承包责任制的形成确立并不是一蹴而就的。1978年11月，安徽凤阳县小岗村的农民率先试行了"包产到户"的改革实践，这种农民自发的改革与当时中央的政策相左，《农村人民公社工作条例（试行草案）》（1978年12月）中明确规定了"不许包产到户、不许分田单干"，在改革中遇到了阻力，但是很快这种改革显露出来优越性，改革得到了政府的许可并从小范围开始向全国范围内推广。

1979年9月，十一届四中全会通过的《中共中央关于加快农业发展若干问题的决定》中对"包产到户"严格限定在"某些副业生产特殊需要和边远山区"，"交通不便的单家独户"的范围内。1980年5月31日，邓小平同志与中央负责人谈话，公开支持了农民"包产到户"的行为，为这种改革的进行铺平了道路。1980年9月，中共中央75号文件《关于进一步加强和完善农业生产责任制的几个问题》初次有限度地表示出对"包产到户"的支持态度，具体规定："在边远山区和贫困落后地区集体经济长期搞不好的生产队，群众要求包产到户的，应当支持，也可以包干到户。"1982年1月，中共中央转发的《全国农村工作会议纪要》，明确提出，"包产到户、包干到户"的生产责任制是合法的，"目前实行的各种责任制，包括小段包工定额计酬，专业承包联产计酬，联产到劳，包产到户、到组，包干到户、到组等，都是社会主义的生产责任制"。1983年1月，中国共产党中央委员会发布了《关于当前农村经济政

策若干问题通知》，对家庭联产承包责任制做出了高度评价，家庭联产承包责任制"采取了统一经营与分散经营相结合的原则，使集体优越性和个人积极性同时得到了发挥"。这标志着在土地集体所有的基础上实行的家庭和集体统分结合双层经营的农村土地制度即土地家庭联产承包责任制作为农村土地改革的一项政策正式确立起来。

农村家庭联产承包责任制的确立，再次实现了土地所有权和经营权的分离，将土地的经营权归为农民所有，重新确立了农民独立经营的主体地位，并且实行了联产计酬的分配方式，这样的土地制度再一次调动了农民生产的积极性，促进了农村经济的发展。

2. 1984—1993 年，土地家庭联产承包责任制的巩固

土地家庭联产承包责任制虽然使农民获得了土地经营权，对农业生产产生了积极作用，但是由于对土地经营使用期间规定得过短，在这种情况下，农民无法获得稳定的土地经营使用权，直接影响了农民对土地进行长期投入的积极性和农业长期的健康发展。因此，1984 年 1 月，中国共产党中央委员会出台了《关于 1984 年农村工作的通知》，决定将土地承包期从原定的三年延长到十五年，"土地承包期一般应在十五年以上，生产周期长的和开放性的项目，如果树、森林、荒山、荒地等承包期应当更长一些"。因此，以集体所有、家庭承包经营、稳定土地承包关系的农村土地制度得以确立。

稳定土地承包关系之后，农村土地的所有权和使用权在法律上进一步得以明确，1986 年 4 月通过的《中华人民共和国民法通则》规定："承包经营权受法律保护。承包双方的权利和义务，依照法律由承包合同规定。"6 月 25 日，第六届全国人大常委会第十六次会议审议通过的《中华人民共和国土地管理法》，从法律层面进一步明确了土地家庭联产承包责任制的地位和作用："集体所有的土地，全民所有制单位、集体所有制单位使用的国有土地，可以由集体或个人承包经营，从事农、林、牧、副、渔业生产。"

1993 年 3 月 29 日，全国人大八届一次会议审议通过的《中华人民共和国宪法修正案》，再一次确认了家庭联产承包责任制的性质和地位，指出："农村中的家庭联产承包为主的责任制，是社会主义劳动群众集体所有制经济。"至此，家庭联产承包责任制在我国的法律地位以根本大法的形式得以确立，土地家庭联产承包责任制得以巩固。

3. 1993 年至今，土地承包关系的进一步稳定与农村土地流转机制的建立

自 1993 年开始，农村土地承包关系不断地通过法律形式稳定下来，与此相适应，也需要更为灵活的农村土地流转机制的建立，以弥补家庭联产承包责任制的不足。

（1）农村土地承包经营关系通过法律形式得以确认。1993 年 11 月 5 日，中共中央、国务院联合发布的《关于当前农业和农村经济发展的若干政策措施》明确提出："在原定的耕地承包期到期之后，再延长 30 年不变。开垦荒地、营造林地、沿河改土等从事开发性生产的，承包期可以更长。"此外，文件还指出：鼓励农民在承包期内采取"增人不增地、减人不减地"的办法并被准许将土地使用权依法有偿转让，以避免因承包地的频繁调整而导致耕地规模不断被细化，1993 年全国各地区先后开始了第二轮土地承包工作。

1998 年 10 月，十五届三中全会制定了《中共中央关于农业和农村工作若干重大问题的决定》，首次明确指出，要"赋予农民长期而有保障的土地使用权"。还提出"稳定完善双层经营体制，关键是稳定完善土地承包关系"，"这是党的农村政策的基石决不能动摇"。"要坚定不移地贯彻土地承包期再延长 30 年的政策，同时要抓紧制定确保农村土地承包关系长期稳定的法律法规。"

在土地承包关系进一步稳定之后，农民对家庭联产承包责任制表示出了较高的热情，并积极参与其中，截至 1998 年年末，我国农村由家庭承包经营的土地面积超过总耕地面积的 97%，有 80% 多的农村村组签订了土地延期承包合同，在这中间，占承包总面积的

60%左右为承包期是 30 年的土地面积。农民普遍欢迎土地承包 30 年不变的政策。例如，关于河南农村土地承包状况的调查报告表明，对中央关于土地承包延包合同政策持赞成态度的农户占 86%，签订了土地延包合同的农户超过全省农户的 90%。①

2002 年 8 月 29 日，第九届全国人大常委会第二十九次会议审议通过的《农村土地承包法》，首次通过国家法律的形式，界定了农民土地承包经营权的长期性和稳定性。指出："国家依法保护农村土地承包关系的长期稳定。农村土地承包后，土地的所有权性质不变。"此外，《土地承包法》就家庭联产承包经营的具体运营方式及其发包方和承包方的权利和义务分别予以规范，至此，确保农民土地承包经营权的长期稳定的土地承包制度就以国家法律的形式被确定下来。

2007 年 3 月，十届全国人大五次会议通过了《物权法》，于 2007 年 10 月 1 日实施的《物权法》对稳定农村土地承包经营制度做出了进一步规定，指出土地承包期届满可继续承包，从而赋予农民长期而有保障的土地使用权，具体规定"耕地的承包期为 30 年。草地的承包期为 30 年至 50 年。林地的承包期为 30 年至 70 年；特殊林木的林地承包期，经国务院林业行政主管部门批准可以延长"；土地承包期届满，"由土地承包经营权人按照国家有关规定继续承包。""土地承包经营权人依法对其承包经营的耕地、林地、草地等享有占有、使用和收益的权利，有权从事种植业、林业、畜牧业等农业生产。"

（2）农村土地流转机制的建立与完善。农村土地承包关系不断通过法律形式得以稳定，能否在这种情况下，实现土地的流转也成为促进农业生产发展的重要因素，对此，中央政府采取了允许和鼓励承包期内土地使用权流转的态度。1984 年"中央 1 号文件"明确

---

① 农业部形势分析课题组：《1998 年主要农村政策运行分析与评价》，《经济工作者参考资料》1999 年第 17 期。

提出，鼓励土地使用权向种田能手集中，对转出土地使用权的农户应当给予适当经济补偿。1993 年，中央国务院联合出台的 11 号文件确认了农民在承包期内可以将土地使用权在自愿的基础上依法、有偿流转。1995 年，国务院批准了农业部《关于稳定和完善土地承包关系的意见》（以下简称《意见》），《意见》提出："在坚持土地集体所有和不改变农业用途的前提下，经对方同意，允许承包方在承包期内，对承包方的依法转包、转让、互换、入股。"这一规定成为确立农地使用权流转制度的基本依据。

2001 年 12 月 30 日，中共中央出台的《中共中央关于做好农户承包地使用权流转工作的通知》指出，为了使农村家庭承包经营制度能够长期稳定下来，实现我国农业的持续发展，允许农民在自愿的基础上将土地使用权合理流转。并又一次要求"农户承包地使用权流转要在长期稳定家庭承包经营制度的前提下进行"，"农户承包地使用权流转必须坚持依法、自愿、有偿的原则。"《通知》还规范了农民土地使用权的流转更具体的做法，如"规范企事业单位和城镇居民租赁农户承包地"，"农村土地流转应当主要在农户间进行"，"为稳定农业、稳定农村，中央不提倡工商企业长时间、大面积租赁和经营农户承包地"等。

2002 年 8 月，九届全国人大常委会第二十九次会议审议通过的《中华人民共和国农村土地承包法》就土地发包方和承包方的权利和义务、土地承包经营权流转、承包期限和承包合同文本等提出了严格要求。第二十六条规定："承包期内发包方不得收回承包地。"第二十七条规定："承包期内，发包方不得调整承包地。承包期内，因自然灾害严重毁损承包地等特殊情形对个别农户之间承包的耕地和草地需要适当调整的，必须经本集体经济组织成员的村民会议2/3以上成员或者2/3 以上村民代表的同意，并报乡（镇）人民政府和县级人民政府农业等行政主管部门批准。承包合同中约定不得调整的，按照其约定。"第三十三条规定："土地承包经营权流转应当遵循以下原则：1. 平等协商、自愿、有偿，任何组织和个人不得强迫或者阻碍承包方进行土地承包经营权流转；2. 不得改变土地所有权的性质和土地的农业用途。"但是，在土地流转形式上，土地抵押仍然受到限制。

2003 年 10 月，十六届三中全会通过了《中共中央关于完善社会主义市场经济体制若干问题的决定》（以下简称《决定》），提出要加强农村土地家庭承包经营制度和完善土地流转机制的稳定性和长期性，《决定》要求，"土地家庭承包经营是农村基本经营制度的核心，要长期稳定并不断完善以家庭承包经营为基础统分结合的双层经营体制，依法保障农民对土地承包经营的各项权利"，"农户在承包期内可依法、自愿、有偿流转土地承包经营权，完善流转办法，逐步发展适度规模经营"。

2006 年 2 月，《中共中央国务院关于推进社会主义新农村建设的若干意见》下发，再次重申了"坚决落实最严格的耕地保护制度，切实保护基本农田保护农民的土地承包经营权"，同时要求收足农村土地流转的相关税费，并保证将新增部分税费用于农村，"抓紧制定将土地出让金一部分收入用于农业土地开发的管理和监督办法，依法严格收缴土地出让金和新增建设用地有偿使用费，土地出让金用于农业土地开发的部分和新增建设用地有偿使用费安排的土地开发整理项目，都要将小型农田水利设施建设作为重要内容，建设标准农田"。

2007 年 3 月，十届全国人大五次会议通过了《中华人民共和国物权法》，进一步就土地承包经营权的转让问题做出了明确界定："土地承包经营权人依照农村土地承包法的规定，有权将土地承包经营权采取转包、互换、转让的方式流转。流转的期限不得超过承包期的剩余期限。未经依法批准不得将承包地用于非农建设。"

二　农村粮食流通体制改革

农村粮食流通体制的改革不仅关系到广大粮食生产者、消费者、经营者的利益，而且关系到国家的粮食安全，农村粮食流通体制一直是我国政府关注和改革的重点之一，自 1978 年改革开放以来，随着社会主义市场经济体制的逐步确立，农村粮食流通体制也逐步向市场化改革迈进，经历了一个由统到放、不断深化的过程，按其在市场化进程中所表现的阶段性特征，可以将我国农村粮食流通体制的演变划分为四个阶段：1978—1984 年，农村粮食流通市场调节初露端倪；1984—1993 年，"双轨制"实施和市场的逐步放开；1994—1997 年，粮食市场管理的加强；1998 年至今，粮食流通体制市场化改革的深化。

（一）1978—1984 年，农村粮食流通市场调节初露端倪

新中国成立初期，在实行短暂的市场化农村粮食流通政策之后，经济的发展和人口迅速增加导致了粮食供需的矛盾，为了缓解供需矛盾、稳定物价，1953 年党和政府实行了粮食国家计划收购计划供应的"统购统销"制度。但是，这种高度集中的"统购统销"制度使农民生产的积极性受到极大的挫伤，粮食生产的效率显著下降，不能改变粮食供给短缺的局面，因此，国家开始着手对农村粮食流通体制进行了改革。但是，在 1978—1984 年，我国政府主要是在不触动粮食统购统销制度的前提下对其进行了适度市场调节。

（1）对粮食收购价格进行了调整并提出了"减购提价"政策。1978 年《中共中央关于加快农业发展若干问题的决定（草案）》颁发，从 1979 年夏粮上市起，全国粮食收购指标在原来"一定五年不变"的基础上，调减 25 亿公斤，以供农民休养生息，而粮食的统购价格提高 20%，超购部分在此基础上再加价 50%。

（2）允许农民进行粮食议购议销活动，允许农村组建多种经营组织在粮食流通领域从事经营活动。一方面降低粮食订购基数，另一方面重新开放了农村粮食集市贸易。随之，恢复粮食集市贸易活动速度加快并使之迅速发展起来，使原来被取缔合并的农村集贸市场和传统农副产品专业市场得到了初步恢复和发展，这些市场的发展对调动农民生产商品粮的积极性、活跃市场服务人民生活都发挥了较好的作用，粮食流通体制迈出了向市场化转变的步伐。

（二）1984—1993 年，"双轨制"实施和市场的逐步放开

自农业粮食流通初步实现市场调节之后，带来了 1979—1984 年连续 6 年的粮食丰收，改变了粮食供应匮乏的状况，但是各地也陆续出现"卖粮难"的问题，此外，由于在提高粮食收购价格的同时，并未相应地提高销售价格，导致收购价格提高后，购销差价越来越小，而政府财政补贴越来越重，在这种背景下，1985 年，中共中央和国务院发布了《关于进一步活跃农村经济的十项政策》，规定："从 1985 年 4 月 1 日起，取消粮食统购，实行合同定购，并辅之以市场收购，粮食统销措施不变。"由此可见，上述规定取消了长达 31 年的农产品统购派购制度，实现了粮食流通与市场机制相结合的"双轨制"。这是真正意义上的第一次粮食流通体制改革。

"双轨制"的实行，在促进了粮食生产发展的同时，也暴露出一些体制上的问题，例如，产生了粮食购销价格倒挂、价格扭曲的现象，增加了财政负担；导致了产销区之间的不协调。面对上述情况，1991 年 9 月，国务院出台了《关于发展高产优质高效农业的决定》，明确了"粮食商品化、经营市场化"的改革思路。3 个月后，中国共产党中央委员会做出了《中共中央关于进一步加强农业和农村工作的决定》，指出："要加快粮食购销体制改革……在国家宏观调控下，逐步放开经营。"之后，对农村粮食购销体制的市场化改革在全国范围内展开，1992 年，经国务院批准，广东省率先放开了粮食经营和价格，其后辽宁、河北、河南等地也先后在全省或省内部分地区进行试点改革，到 1993 年，除少数省区外，全国绝大多数省区都放开了粮食经营和价格。

1993 年 2 月，国务院出台了《关于加快粮食流通体制改革的通知》，要求："粮食流通体制改革要把握有利时机……进一步向粮食商品化、经营市场化方向推进。"1993 年，国务院决定在全国范围内停止实行了 40 年的人均口粮定量办法，粮食价格逐步放开，这些政策措施的贯彻落实加快了各地粮食购销体制改革的脚步。1993 年

11月，中共中央、国务院出台的《关于当前农业和农村经济发展的若干政策措施》提出，经过10多年来的改革，粮食统购统销体制已经结束，适应市场经济要求的购销体制正式形成，我国粮食流通体制开始走向全面市场化阶段。

（三）1994—1997年，粮食市场管理的加强

1993年下半年，我国各省区粮价出现了大幅度上涨，引发了社会的恐慌，针对这种情况，国家一方面放开了粮食经营，另一方面开始强化了对粮食市场的管理。1994年5月，国务院出台了《关于深化粮食购销体制改革的通知》，指出必须重视国家对粮食市场的管理，市场粮源的70%—80%必须由国有粮食部门控制，要发挥国有粮食部门在安排市场、稳定粮价和保障有效供给等方面的主导作用。此外，国务院还批准了国务院六部局草拟的《粮食风险基金实施意见》，开始确立最低保护价格制度、粮食专项储备制度等调控机制，增强了政府对粮食流通的调控能力，促进农村粮食流通体制市场化改革的平稳进行。

1995年，国家进一步加强了对粮食的宏观调控和管理，再次恢复了国家定购，并实行了中央和地方两级责任、两级平衡、两级调控的"米袋子"省长负责制；1996年国务院要求国家粮食企业改革要做到"四个分开、一个并轨"，也就是政企职责分开、粮食经营与储备分开、中央政府与地方政府的职责分开、新旧财务账目分开、粮食定购价与市场价并轨。由于国家对粮食生产管理的加强，在一定程度上遏制了粮价上涨的趋势，但是，有些政策落实并不到位。

1997年7月，国务院出台了按保护价敞开收购农民余粮的措施即国家定购粮仍按1996年确定的定购价收购，而议购粮按保护价敞开收购，保护价就是国务院确定的定购基准价。政府要求全国粮食部门敞开收购、常年收购、不拒收、不限收、不停收，不压级压价、不打白条。

（四）1998 年至今，粮食流通体制市场化改革的深化

1998 年以来，各地区各部门按照党中央国务院的部署，积极稳妥地推进以市场为取向的粮食流通体制改革，保护广大农民利益，促进农业生产结构调整和粮食生产与流通。1998 年 5 月，国务院下发了《关于进一步深化粮食流通体制改革的决定》要求做到"四个分开、一个完善"，也就是实行政府与企业职责分开、粮食储备与经营分开、中央与地方政府的职责分开、新旧财务账目分开、完善粮食购销价格机制。

1998 年 6 月，全国粮食购销工作电视电话会议上，国务院明确提出，当前粮食购销工作重点是"三项政策、一项改革"，也就是坚决执行按保护价敞开收购农民的全部余粮、粮食收储企业必须按市场价进行销售、农业发展银行对收购资金实行独立运行三项政策，进一步促进国有粮食企业向现代企业制度转变。

1999 年，由于粮食的连年丰收，扭转了短期的局面，同时供求的结构性矛盾日益突出，为解决这一问题，国务院于 5 月 30 日下发了《关于进一步完善粮食流通体制改革政策措施的通知》，明确决定适当缩小保护价收购的范围；进一步完善粮食收购价格政策；改进和完善粮食的财政补贴办法等措施。此外，针对粮食流通体制改革进程中存在的不平衡现象及矛盾，国务院 1999 年 9 月下发了《关于进一步完善粮食流通体制改革政策措施的补充通知》，指出要坚定不移地贯彻落实"三项政策、一项改革"，不断完善相关改革政策和财政补贴措施，继续推进我国粮食流通体制改革，还要继续促进农业和粮食生产结构的调整，实现粮食总量平衡和结构的优化。

2000 年 6 月 10 日，国务院发出了《关于进一步完善粮食生产和流通有关政策的通知》，部署了加快粮食流通体制改革的新措施：继续调整粮食保护价收购范围；逐渐扩大粮食风险基金规模，使粮食保障资金迅速落实到位；扩大国家粮库建设规模增加有效仓容；进一步拓宽粮食购销渠道，搞活粮食流通。

2001 年 8 月，国务院发出了《关于进一步深化粮食流通体制改革的意见》，明确提出了粮食流通体制改革要进一步实现市场化，并提出了改革的总体目标："要发挥国家宏观调控的作用，使市场机制对粮食购销和粮食价格形成发挥更大的作用，形成粮食价格机制，提高粮食生产能力，建立健全国家粮食市场体系和粮食储备体系，逐步形成适应社会主义市场经济发展要求和我国国情的粮食流通体制。"

2003 年 8 月 15 日，国务院下发了《中央储备粮管理条例》，进一步完善了中央储备粮垂直管理体系，对中央储备粮收购、销售、年度轮换的计划、储存和动用等做出了目前的规定，规范了国家调节粮食市场供求和平抑粮食价格波动的宏观调控措施，有利于有效发挥中央储备粮在国家宏观调控中的作用，为进一步深化粮食流通体制改革打下了基础。

2004 年，国务院做出了积极稳妥促进粮食流通体制的改革、全面开放粮食收购市场和收购价格的决定，5 月又发布了《关于进一步深化粮食流通体制改革的意见》，提出了"开放收购市场，直接补贴落实到粮农，转换粮食企业机制，整顿市场秩序，促进宏观调控"的改革思路，明确了深化粮食流通体制改革的总体目标、原则、主要任务和步骤。与 2004 年"中央 1 号文件"相配合，初步构成了我国现行的粮食政策框架体系。

2006 年，国务院出台了《关于完善粮食流通体制改革政策措施的意见》，进一步指出，要加大改革力度，同时要加强国家对粮食流通体制改革的管理，提出"加快推进国有粮食购销企业改革，切实转化企业经营机制"；"积极培育和规范粮食市场，加快建立全国统一开放、竞争有序的粮食市场体系"；"加强粮食产销衔接，逐步建立产销区之间的利益协调机制"。此外，"进一步加强和完善粮食宏观调控，确保国家粮食安全"和"加强粮食流通的监督检查"。

第二节　农村财税体制改革与建设
社会主义新农村

农村财税体制包括农村财政体制和税费体制。在我国，县乡财政被习惯称为农村财政，我国农村财政体制的历史演变其实也就是县乡财政体制的历史演变过程。我国县乡财政体制以 1994 年分税制改革为分界点，经历了不同的体制变革。

我国历史上曾多次进行农村税费改革，这关乎农民利益和农村发展。进入 21 世纪以来，农村税费改革再一次启动，这次改革始于 2000 年，截至 2006 年，共经历了四个发展阶段：2000—2001 年，农村税费改革试点阶段；2002—2003 年，农村税费改革推行阶段；2004—2005 年，农村税费改革的深化阶段；2006 年，农业税的全面取消。

一　农村财政体制改革

县乡财政体制是我国财政体系中的基层财政，直接关系到基层政权的巩固、农村经济的发展和社会的稳定。新中国成立后，县乡财政于不同时期建立，并且在 1994 年分税制改革后，经历了不同的体制变革。

（一）分税制前县乡财政体制

1. 县级财政体制

新中国成立后，1951 年 3 月，政务院在《关于 1951 年财政收支系统划分的决定》中以"统一领导、分级负责"为方针，将全国财政分为中央、大行政区、省三级财政，当时，并没有设立县级财政。直到 1953 年，高度集中的财政管理体制与经济建设要求日渐不相适应，地方有不断扩大财政和财力的要求。此外，县一级政权也日渐健全，在这种形势下，大行政区一级财政被取消，建立了县级财政，全国财政划分为中央、省（市）和县三级财政，地方财政由省（市）、县两级财政组成。国家对县级财政的预算收支以及管理权限进行了相应的规定。

但是，县级财政建立后其可控制和支配的财力十分有限，1956年4月毛泽东在其《论十大关系》中提出了发挥地方积极性的论断，指出，"扩大一点地方的财力，给地方更多的独立性，让地方办更多的事情"。这成为1958年及以后我国财政管理体制放权改革的重要指导思想。

1958年，我国开始实施"以收定支、五年不变"的财政管理体制，这是中央向地方放权的第一次尝试。这次改革使得县级财政管理权限得到进一步扩大，县级财力收入有了明确的来源，增加了机动收入，这是对过去"以支定收、一年一变"的财政体制的重大变革，县级财力在保证上缴国家的同时有了一定程度的增加，再加上"一定五年不变"的制度，使县级财政收支相对稳定下来。

但是，1958年财政体制改革推行一年后，暴露出了许多问题，例如，"一定五年不变"财政制度与国民经济计划"一年一定"出现了矛盾；各地财政收入差距较大，苦乐不均，在这种形势下，1959年，中央开始对财政体制进行改革实行了"总额分成、一年一变"的财政管理体制，其主要是在继续下放收支的同时，适当收缩一部分地方机动财力，通过"一年一变"的办法，解决财政计划与国民经济计划不衔接的问题。这种财政体制一直持续到1970年左右。

1971年，财政部颁发《关于实行财政收支包干的通知》，决定从1972年起实行"定收定支、收支包干、保证上缴、节余留用"的体制，简称"财政收支包干"。财政收支包干，进一步下放了财权，扩大了县级财政的收支范围，调动了基层政府增收节支的积极性。但是此时的包干制度采用的是绝对数包干，这一方面加大了中央财政的困难，另一方面不能避免由于地区收入差距导致的苦乐不均，因此，存在进一步改革的要求。

1978年改革开放后，包干体制发挥的积极作用日渐削弱。1980

年 2 月，国务院颁发了《关于收支实行"划分收支、分级包干"财政体制的暂行规定》，确立了分级包干的财政体制。分级包干体制第一次承认了地方利益和地位的独立性，扩大了地方政府的权限，是走向分级财政体制的重要一环。在中央财政对省级财政实行包干财政体制后，省级对市级、市级对县级也先后实行了同一性质的财政体制。分级包干财政体制的实施，打破了统收的局面，但是并没有改变统支的局面，地方财政还不断向中央财政要钱，以解决支出问题，加重了中央的财政负担。因此，1983 年，建立了"划分税种、核定收支、分级包干"的财政体制，这种财政体制进一步划分了各级政府的事权，并以此作为核定收支范围和数量的依据。但是这种体制给地方财政的留成比例减小，不利于调动地方发展经济和组织收入的积极性，此外，中央财力增加比重与地方财力相比反而减少。

针对"划分税种、核定收支、分级包干"的财政体制所暴露出的问题，1988 年，全方位的财政包干体制开始在全国范围内实施。在全国 39 个省、自治区、直辖市和计划单列市，除广州、西安市的预算关系仍与广东、陕西两省联系外，对其余的 37 个省、自治区、直辖市和计划单列市分别实行了六种不同的财政包干制，包括收入递增包干、总额分成、总额分成加增长分成、上缴额递增包干、定额上缴、定额补助。这种分级包干体制一直延续到 1994 年，但是，这种财政体制不仅没有缓解中央收入比重过小的问题，反而进一步导致中央收入所占比重的下降。此外，片面强调了地方利益，造成地方重复建设、地方市场的保护主义，这种问题的出现，引发了后续财政体制的进一步变革。

2. 乡镇财政体制

乡镇财政是随着乡镇政府的成立而设立的，1983 年 10 月，中共中央、国务院发出《关于政社分开建立乡政府的通知》（以下简称《通知》），决定实行政社分开、建立乡政府，并要求随之建立乡一级财政，虽然人民公社时期，其财政有了一定基础，但是，不能够称为乡级财政体制，《通知》下发后，财政部在全国范围内逐步开展了乡镇财政的建设工作，建立了乡镇财政机构，扩大乡镇财政队伍。乡镇政权建立后，国家根据财政体制的要求，以地方各级政权、财权的划分为基础，划分了乡镇财政的收支范围和形式，建立了乡镇财政管理制度。

在乡镇财政建立的初期，各地曾采取多种收支形式进行探索，20 世纪 80 年代中后期，随着全国分级包干财政体制的推行，乡镇财政也建立包干制度。1985 年 4 月，财政部颁布了《乡镇财政管理试行办法》，标志着乡镇财政包干制度的建立。1991 年 12 月，财政部颁布了《乡镇财政管理办法》，对乡镇财政包干体制中的收入进行了规定：乡镇收入的税收收入包括农业税、农业特产税、耕地占用税、契税、营业税、所得税、屠宰税、产品税、增值税、城市维护建设税、印花税、车船使用牌照税等收入；乡镇财政收入的预算外收入包括乡镇所有资产收入、行政事业单位管理的预算外收入，以及乡镇财政按照国家规定征收的公用事业附加（主要是农业税附加和农村教育经费附加）。

由于各地经济情况比较复杂，乡镇财政出现了不同的收支财政管理体制，经济比较发达的地区，为了鼓励多收多支，多数采取了"定收定支、核定基数、分级包干、一定几年"的方式；经济比较落后的地区为了使乡镇财政有固定的收入来源满足本地发展所需支出，多数采取了"定收定支、收入上缴、超收分成或增收分成、支出下拨、超支不补、结余留用、一定一年"的形式；而其他多数地区采取了"核定收支、收支挂钩、总额分成、一年一定"的形式。到 20 世纪 90 年代，尤其是分税制改革之前，全国各地一般都形成了"核定基础、定收定支、收支挂钩、定额上缴或定额补贴、超收分成、一定三年"的乡镇财政管理体制。到 1992 年，我国建立乡镇财政所 46653 个，占我国乡镇总数的 96.1%，配备乡镇财政干部 24.7 万人，占全国财政系统职工总数的 56%。到 1996 年，全国建立乡镇财政所 43769 个（因乡镇合并，其总数较 1992 年有所减少），占建制乡镇的95%，其中乡镇财政所7558个；乡镇财政所总数已经达到264141人。

（二）分税制后县乡财政体制

1994年，我国实行了以分税制为基础的分级财政体制，是财政体制的最重大变革。这次分税制改革，划分了中央与地方的财权、事权，着眼于调整中央和省级之间的财政分配关系，对省以下各级政府之间的财政分配关系基本没有涉及，但是，分税制改革后，省以下各级政府比照中央对省级分税模式，把下级政府主要税种划归己有。这种分税制模式的各级效仿，导致地方财力对上集中，使县乡两级财政成为各级政府财力最薄弱的部分。

在财力不断向上集中的同时，地方各级政府把自身基本的事权向下转移，此外，规范的转移支付制度也没有建立起来，导致了县乡政府履行事权与所需财力的高度不一致，尤其是乡镇政府负债，不断增加县乡财政困难。1994年分税制的改革，对于调整中央与省级财政关系，取得了一定成效，但是，对省以下政府来说成效递减。

县乡两级政府在1994年分税制后，比照中央对省的分税模式，也出现了多种体制形式，但是县乡财政体制仍然没有突破包干体制的框架，总的来说，可以归并为财政包干老体制和分税制新体制相结合的双轨并行的财政体制。具体来说，这种双轨并行的财政体制是先按照分税制的要求划分两税，对剩下的财政收入按照老体制的要求在县乡两级政府间分配，如分税制和各种分成形式相结合的分税分成制、分税制和各种包干相结合的分税包干制等。[1]

随着县乡财政运转困难的日益突出，其财政管理体制需要进一步完善，2002年12月国务院批准财政部《关于完善省以下财政管理体制有关问题意见的通知》（以下简称《通知》），一方面"合理

---

[1] 朱钢、贾康：《中国农村财政理论与实践》，山西经济出版社2006年版，第60页。

界定了省以下各级政府的事权范围和财政支出责任，指出凡属省、市政府承担的财政支出不得以任何形式转接给县、乡财政"，并且"要保证基层财政有稳定的收入来源"；另一方面指出"要根据乡经济状况合理确定乡财政管理体制"，根据经济发达与否，乡财政管理体制可以采取分类改革，即"对经济欠发达、财政收入规模小的乡，其财政支出可由县财政统筹安排，以保证其合理的财政支出需要；对经济发达财政收入规模较大财政收入增长能够满足自身支出需要的乡，可实行相对规范的财政管理体制"，针对经济欠发达地区的"乡财县管"的改革，关键是处理好县和乡的财政关系，发挥县级财政的作用，切实监督管理乡镇财政收支，监督乡镇的财政收支行为，防范和化解乡镇债务风险，即所谓的"乡财县管"。

在确定了"乡财县管"的改革思路之后，2005 年中央政府进一步制定缓解县乡财政困难的总方针，即"明确责任、综合治理、激励约束、分类指导"。同年 9 月，财政部制定并颁发了《缓解县乡财政困难工作绩效评价暂行办法》指出，除了继续鼓励实行"乡财县管"，还提出了"推行在财政方面省直接管县"的改革思路。

其后，针对县乡财政体制改革，2006 年 2 月，中共中央、国务院《关于推进社会主义新农村建设的若干意见》中进一步指出："有条件的地方可加快推进'省直管县'财政管理体制和'乡财县管乡用'财政管理方式的改革。""省直管县"财政管理体制的推行，是因为省级政府能够更加有效地统筹地区之间的发展，更好地发挥协调能力；能够通过减少行政层级降低行政成本，提高财政资金运转效率和财政管理工作效率；能够增加财政管理透明度，调动县级财政发展经济的积极性。2006 年 9 月，国务院在北京召开全国农村综合改革工作会议，指出要"以增强基层财政保障能力为重点，推进县乡财政管理体制改革"，"继续推进'省直管县'财政管理体制和'乡财县管乡用'财政管理方式改革试点"。此次会议标志着我国"省直管县"财政管理体制改革试点将全面推进。

二　农村税费改革

改革开放以来，农村家庭联产承包责任制的普遍实施，使农民逐渐成为农村税费负担的主体，进入 20 世纪 80 年代，由于农民收入增长过缓，以及税费征收不规范等问题，缴纳税费日益加重了农民负担，尤其是进入 90 年代以后，农民税费负担过重的问题日益突出，影响了农村经济的持续稳定发展，因此，我国政府在 90 年代安徽部分地区探索农村税费改革取得成绩的基础上，开始推进了新一轮的农村税费改革。此次农村税费改革自 1998 年以党的决议形式提出后，以 2000 年为起点，一直进行到 2006 年，经历了四个发展阶段：2000—2001 年，农村税费改革试点阶段；2002—2003 年，农村税费改革推行阶段；2004—2005 年，农村税费改革的深化阶段；2006 年，农业税的全面取消。

（一）2000—2001 年，农村税费改革试点阶段

1998 年 10 月 14 日，十五届三中全会通过了《中共中央关于农业和农村工作若干重大问题的决定》（以下简称《决定》），《决定》提出，要按照中共中央关于农村民主法治建设和社会主义市场经济发展的部署，改革农村税费制度，从源头上彻底解决对农民的各种乱收费问题，千方百计增加农民的收入，进一步充实农村基层自治组织，实现农村社会长期稳定和农村经济的健康发展。农村税费改革以党的决议形式提了出来，这表明农村税费改革的序幕即将拉开。

2000 年 3 月 2 日，中共中央、国务院出台了《关于进行税费改革试点工作的通知》，决定在安徽省农村实行税费改革试点，试点所实施的改革方案吸收了安徽省部分地区改革的做法，它们的主要经验是"三个取消、一个逐步取消、两个调整和一项改革"，即取消乡统筹费、取消农村教育集资等专门向农民征收的行政事业性收费和政府性基金、集资，以及取消屠宰税；全省用三年时间逐步减少直至全部取消统一规定的劳动积累工和义务工；调整农业税和农业特产税政策；改革村提留征收使用办法，采用新的农业税附加或

农业特产税附加方式收取。

为了使农村税费制度能够更加规范化、更具可操作性、从源头上解决农民负担问题，从而为全国性税费改革积累经验，中共中央、国务院除在安徽省全省进行农村税费改革试点外，还要求其他省（区、市）也要在本省个别县（市）着手改革试点，2001年，江苏省依靠自身财力在全省自主进行了农村税费改革试点，但是农村税费改革试点工作暴露了一些新问题，例如基层财政困难，2001年4月下旬，国务院办公厅出台了《关于2001年农村税费改革试点工作有关问题的通知》要求暂时放缓实施扩大农村税费改革制度的改革试点，决定集中力量首先完成安徽省农村税费改革的试点，而且提出没有经过国务院的批准，各地区一律不得实施农村税费改革试点。

（二）2002—2003年，农村税费改革推行阶段

2001年农村税费改革试点工作经历了短暂的缓期推广后，2002年则进入大力推广阶段。2002年4月，在总结安徽省和江苏省农村税费改革试点经验的基础上，国务院办公厅出台了《关于做好2002年扩大农村税费改革试点工作的通知》（以下简称《通知》），要求进一步扩大农村税费改革试点地区，新增加的试点省区市有两批：第一批其分配农村税费改革的专项转移支付资金是由中央财政拨付的，这些地区包括河北、黑龙江、山东、内蒙古、陕西、湖南、吉林、江西、宁夏、四川、河南、青海、湖北、重庆、贵州、甘肃16个省区市；第二批是东南沿海经济发达地区，如广东省、浙江省、上海市，中央不拨付转移支付资金，自行出资开展扩大农村税费改革试点。由各省人民政府自行决定其试点地区，有的是实行全省试点，有的是实行局部试点。这样一来，农村税费改革试点工作在全国20个省份全面展开，试点地区的农业人口约6.2亿，占全国农业人口的3/4以上。此外，该《通知》根据安徽、江苏试点中农村税费改革出现的突出矛盾，第一次提出"三个确保"：确保明显减轻农民负担、不反弹；确保使农村乡镇机构和村级自治组织运转正

常；确保正常提供农村义务教育经费。上述"三个确保"被看作判断农村税费改革成功与否的基本标准。

2002 年，国务院决定增加中央财政拨付于农村税费改革试点的转移支付资金的比例，以便确保全国农村税费改革试点工作的顺利进行。为了体现适当向粮食主产区、民族地区和特殊困难地区倾斜的精神，国家决定本着统一和规范的原则，把中央财政中转移支付资金集中分配于新增加的扩大农村税费改革试点的省份，采用承包责任制的办法，集中使用。第一，中央财政按照既定的补助范围和数额对 2001 年经国务院批准的改革试点省及其试点县（市）继续给予转移支付补助。第二，中央要求试点地区省级财政和有条件的市、县财政，要继续支持农村税费改革的试点，减少本地区财政的其他支出，调整财政开支，加大对农村税费改革的支持力度，务必保证各级财政用于农村税费改革的资金落实到位、专款专用。

2003 年，中共中央进一步总结了农村税费改革的基本经验，完善了税费改革的各项政策，做出了全面推进农村税费改革试点工作的决定，以巩固改革成果。同年 3 月，国务院出台了《关于全面推进农村税费改革试点工作的意见》，指出：农村税费改革的整体工作安排是：贯彻"一条主线"，即扎实做好农村税费改革试点工作。切实做到"三个确保"：确保税费改革后解决农民的负担问题、防止其反弹；确保税费改革后乡镇行政机构和村级自治组织正常运行；确保正常提供农村的义务教育经费。实施税费改革"四项措施"，即进一步制定有关减轻农业税政策；做好农业税及其附加征收的规范工作；进一步调整农业税减免制度；切实管理好涉农收费。接着，在全国范围内农村税费改革试点工作如火如荼地开展起来，北京、山西、天津等新纳入全面试点省份改革工作顺利进行，截至 2003 年年末，全国农村税费改革全面试点各项工作基本完成。

全国各地的改革实践已经证明，我国农村税费改革是富有成效的，农村税费改革大大减轻了农民负担，从安徽省改革试点的经验看，通过税费改革农民每亩耕地税费改革负担由 101 元减少到 79.1

元，减负率为 21.7%；江苏省农民负担人均减轻 77 元，减负率达 50%；河南省农民负担减负率为 37.9%；自费实行农村税费改革的浙江省，农民人均负担在 2002 年减少了 63%。[①]

（三）2004—2005 年，农村税费改革的深化阶段

2004 年 3 月 5 日，在十届全国人大二次会议上，国务院总理温家宝作了《政府工作报告》，他指出："从今年起，中国逐步降低农业税税率，平均每年降低一个百分点以上，五年内取消农业税。"这标志着我国农村税费改革又迈出了决定性的一步，这次农村税费改革的重点转移到"降低农业税税率和免除农业税"上面来，而 2004 年以前的农村税费改革的基本目标是"减轻、规范、稳定"农民负担。

2004 年 7 月，国务院出台了《关于做好 2004 年深化农村税费改革试点工作的通知》，决定根据五年内全国取消农业税的总体安排，2004 年在黑龙江、吉林两省实行全面免除农业税的改革试点，同时，在北京、浙江、上海、福建、天津、西藏六省（直辖市、自治区）和其他省份的近 300 个县（市）也开展自主免征和基本免征农业税的试点；广东、河北、辽宁、内蒙古、河南等 10 余个省份将农业税税率比原税率降低了 3 个百分点；其余省份也将农业税税率降低了 1 个百分点。据不完全统计，2004 年，除烟叶税外，取消的农业特产税使农民减轻负担 68 亿元，在实施了减免农业税政策后使农民减轻负担 234 亿元，其中在免征农业税地区，受益农民达到 1.5 亿人，每个农民平均减轻负担 46 元。2004 年，国务院从中央财政中对各地因取消农业特产税和减免农业税带来的减收予以补助，补助金额达 219 亿元，总的来看，中央财政对农民税费改革转移支付补助总额已达到 524 亿元。

2005 年，从我国关于推进农村税费改革的工作来看，进一步扩

---

① 农业部信息中心：《谈农村税费改革两步走战略》，中国农业信息网（http://www.agri.cn/），2003 年 7 月 9 日。

大了农业税免征范围，加大了农业税减征力度。2005 年 7 月，国务院出台了《关于 2005 年深化农村税费改革试点工作的通知》，要求在国家扶贫开发重点县一律开展免征农业税试点，其他非试点地区进一步降低农业税税率，由中央财政安排专项转移支付资金，对于因减免农业税而减少的地方财政收入，给予适当补贴。有条件的经济发达地方，允许地方政府自主决定开展农业税免征试点。截至 2005 年 3 月，已经明确 2005 年免征农业税的有广东、山西、河南、内蒙古、重庆、辽宁、四川、江苏、海南、安徽、湖北、江西、陕西、湖南、贵州、青海、宁夏、新疆 18 个省份，再加上之前已经免征或基本免征农业税的黑龙江、福建、吉林、北京、浙江、上海、天津、西藏 8 省、市、自治区，全面免征农业税的省份已有 26 个，波及农业人口约 6.9 亿人。

2005 年 3 月，在十届全国人大三次会议上，温家宝总理指出："将原定的五年内取消农业税的计划，缩短为三年，2006 年全国取消农业税。"2005 年 6 月 6—7 日，在北京召开了全国农村税费改革试点工作会议，在会上国务院总理温家宝发表了重要讲话。他指出，农村税费改革将迈入新时期新阶段，要积极稳妥地开展以乡镇机构、农村义务教育和县乡财政体制为主要内容的综合财税体制改革试点，以便巩固农村税费改革成果。随后，农村财税体制试点工作在全国全面推开。

2005 年 12 月 29 日，十届全国人大常委会第十九次会议决定废止 1958 年通过的《中华人民共和国农业税条例》，宣布自 2006 年 1 月 1 日起，我国全面取消农业税，实行了长达 50 年的农业税条例正式废止，原定五年取消农业税的目标将在 2006 年提前实现。

（四）2006 年，农业税的全面取消

2006 年 3 月 14 日，全国人大十届四次会议通过表决同意了国务院总理温家宝的《政府工作报告》，温家宝总理宣布：2006 年在全国彻底取消农业税。这标志着，中国结束了长达 2600 多年的"皇粮国税"的历史。首先，它是从源头上减轻农民负担、全面建设小康社会的一项重大举措；其次，它使中国彻底结束了延续数千年的农民上缴"皇粮国税"的历史，是中国农业发展史上的一个重要标志。国家税务总局的数据资料记载，由于 2006 年全面停止了征收农业税，全国农民比农村税费改革前共减轻负担 1265 亿元，这就为全面推进农村综合改革提供了一定的物质基础。正是由于全面取消农业税，使农村税费改革进入到巩固税费改革成果、进一步深化以乡镇机构、农村义务教育和县乡财政体制等综合配套改革的关键阶段。

三 建设社会主义新农村

2005 年 10 月，党的十六届五中全会通过的《中共中央关于制定国民经济和社会发展第十一个五年规划的建议》中指出，建设社会主义新农村是我国现代化进程中的重大历史任务。虽然"建设社会主义新农村"的提法早已有之[1]，但是，这次"建设社会主义新农村"任务的再次提出，其背景和内涵已远远不同于以前，它是在我国经济总体发展进入"以工促农"、"以城带乡"的新阶段、全面建设小康社会的关键时期、构建和谐社会理念深入人心的新形势下，中央做出的重大决策，是统筹城乡发展，实行"工业反哺农业、城市支持农村"方针的具体化。[2] 2006 年，中共中央国务院《关于推进社会主义新农村建设的若干意见》的发布，成为我国建设社会主义新农村开局的指导性文件，标志着建设社会主义新农村的正式启动。社会主义新农村建设的推进，将给广大农民和农村带来多种实惠，推动"三农"问题的解决和城乡统筹的发展。

（一）2000—2005 年，为社会主义新农村建设铺路

进入 2000 年以来，我国政府在处理"三农"问题和城乡关系

---

[1] 建设社会主义新农村任务早在 20 世纪 50 年代《全国农业发展纲要（1956—1957）》中提出，改革开放以后 1984 年"中央 1 号文件"、1987 年"中央 5 号文件"和 1991 年"中央 21 号文件"中多次出现这一提法。

[2] 参见《建设社会主义新农村》，新华网（http://news. xinhuanet. com/politics/2005-12/09/content-3899750. htm），2005 年 12 月 9 日。

调整问题上，相继出台了多种文件和政策，其中，"统筹城乡经济社会发展"战略的提出，"两个趋向"重要论断，以及两个"中央1号文件"的出台，为"建设社会主义新农村"任务的提出奠定了基础，铺平了道路。

20世纪90年代末，农民收入增长缓慢问题日益突出，成为影响农村稳定和国民经济全局发展的不稳定因素，农民收入问题引起了党中央的高度重视，2000年，党的十五届五中全会通过了《中共中央关于制定国民经济和社会发展第十个五年计划的建议》，指出："当前突出的问题是农民增收困难，要把千方百计增加农民收入作为推进农业和农村经济结构调整的基本目标，作为新阶段农业和农村工作的根本任务，摆到整个经济工作的突出位置。"由农民增收问题引发的对"三农"问题的再度关注，成为日后"统筹城乡经济社会发展"战略提出的依据之一。

为了有效地解决"三农"问题，扭转二元经济结构下城乡差距扩大化的局面，党在总结几十年处理城乡关系的实践经验上，在十六大报告中明确提出了解决"三农"问题必须"统筹城乡经济社会发展"，并指出"统筹城乡经济社会发展、建设现代农业、发展农村经济、增加农民收入，是全面建设小康社会的重大任务"。2003年10月14日，中共十六届三中全会通过的《中共中央关于完善社会主义市场经济若干问题的决定》中，第一次正式提出了"统筹城乡发展、统筹区域发展、统筹经济社会发展、统筹人与自然发展、统筹国内发展和对外开放"即"五个统筹"的重要思想，并且将统筹城乡发展放在"五个统筹"之首。"统筹城乡经济社会发展"战略的提出，是将农村经济社会的发展纳入整个国民经济社会发展全局中，进行全盘筹划，以打破城乡界限，促进城乡协调发展的重大举措，是解决"三农"问题的制度创新。

如何"统筹城乡经济社会发展"，我国目前所处的经济发展阶段是否支持这一促进城乡协调发展战略的实施呢？这些都需要科学地解释。2004年9月，胡锦涛总书记在党的十六届四中全会上首次提出："纵观一些工业化国家的发展历程，在工业化初始阶段，农业支持工业、为工业提供积累是带有普遍性的趋向；但在工业化达到相当程度以后，工业反哺农业、城市支持农村，实现工业与农业、城市与农村协调发展，也是带有普遍性的趋向。"这被称作为"两个趋向"的论断，是对国际发展经验规律性的总结，进一步为我国通过"工业反哺农业、城市支持农村"的方式，促进统筹城乡经济社会发展提供了依据。2005年2月，中共中央国务院印发的《关于进一步加强农村工作，提高农业综合生产能力若干政策的意见》首次提出了"工业反哺农业、城市支持农村"的方针。此外，2005年中央经济工作会议上胡锦涛总书记对我国所处的经济发展阶段作了进一步阐述，"我国现在总体上已到了以工促农、以城带乡的发展阶段。我们应当顺应这一趋势，更加自觉地调整国民收入分配格局，更加积极地支持'三农'发展"。处在"以工促农、以城带乡"的发展阶段上，表明我国初步具备了加大力度扶持"三农"的能力和条件。

在"统筹城乡经济社会发展"战略提出后，我国政府又相继出台了两个"中央1号文件"进一步提供了支农、惠农政策，促进"三农"问题的解决。2004年2月8日，中央第六个"1号文件"《中共中央国务院关于促进农民增加收入若干政策的意见》（以下简称《意见》）下发，《意见》指出，要坚持"多予、少取、放活"的方针，调整农业结构，扩大农民就业，加快科技进步，深化农村改革，增加农业投入，强化对农业支持保护，力争实现农民收入较快增长，尽快扭转城乡居民收入差距不断扩大的趋势。2005年1月30日，中央第七个"1号文件"《中共中央国务院关于进一步加强农村工作提高农业综合生产能力若干政策的意见》下发，《意见》指出，要稳定、完善和强化各项支农政策，切实加强农业综合生产能力建设，继续调整农业和农村经济结构，进一步深化农村改革，努力实现粮食稳定增产、农民持续增收，促进农村经济社会全面发展。

2000—2005 年的五年时间里，我国政府不断在改革中兑现"重农"承诺，而"统筹城乡经济社会发展"战略的推进，"工业反哺农业、城市支持农村"方针的确立，以及一系列支农、惠农的重大政策，表明我国推进农村变革的步伐已经启动，并不断加快。

（二）2005—2008 年，开创社会主义新农村建设的新局面

"统筹城乡经济社会发展"战略的提出，支农惠农政策的制定，为我国政府审时度势地提出"建设社会主义新农村"任务打下了良好的基础，而"建设社会主义新农村"提法的提出，是与我国确立"城乡统筹"的指导思想，以及"三农"问题乃重中之重等思想一脉相承的。2005 年 10 月，党的十六届五中全会通过的《中共中央关于制定国民经济和社会发展第十一个五年规划的建议》中指出，"建设社会主义新农村是我国现代化进程中的重大历史任务"，"建设新农村，是缩小城乡差距、全面建设小康的重大举措"。

"建设社会主义新农村"任务提出之后，2006 年 2 月 21 日，《中共中央关于推进社会主义新农村建设的若干意见》下发，即中央第八个"1 号文件"，标志着社会主义新农村建设的正式启动。这份中央"1 号文件"从统筹城乡经济社会发展、推进现代化农业建设、促进农民增收、加强农村基础设施建设、加快发展农村社会事业、深化农村改革等八个方面，提出 32 条支农、惠农的具体措施，其中，尤其是着重指出了建设社会主义新农村的具体目标和要求。《意见》指出建设社会主义新农村要"按照'生产发展、生活宽裕、乡风文明、村容整洁、管理民主'的要求，协调推进农村经济建设、政治建设、文化建设、社会建设和党的建设"，"生产发展、生活宽裕、乡风文明、村容整洁、管理民主"这简短的 20 个字涵盖了建设社会主义新农村的目标，全面体现了对新形势下农村经济、政治、文化和社会发展的要求。2006 年，作为建设社会主义新农村的开局之年，仍需多方着手才能保证开局良好，因此《意见》指出，"当前，要完善强化支农政策，建设现代农业，稳定发展粮食生产，积极调整农业结构，加强基础设施建设，加强农村民主政治

建设精神文明建设，加快社会事业发展，推进农村综合改革，促进农民持续增收，确保社会主义新农村建设有良好开局。"

2006 年的中央 1 号文件的发布，标志着社会主义新农村建设的正式启动，并提出了建设目标和要求，以及确保新农村建设开局良好的着力点，社会主义新农村建设在我国范围内开展起来。经过近一年新农村建设实践经验，我国政府进一步出台了扎实推进社会主义新农村建设的指导意见，2007 年 1 月 29 日，《中共中央关于经济发展现代农业扎实推进社会主义新农村建设的若干意见》（以下简称《意见》）发布，即中央第九个"1 号文件"，《意见》指出："发展现代农业是社会主义新农村建设的首要任务，要用现代物质条件装备农业，用现代科学技术改造农业，用现代产业体系提升农业，用现代经营形式推进农业，用现代发展理念引领农业，用培养新型农民发展农业，提高农业水利化、机械化和信息化水平，提高土地产出率、资源利用率和农业劳动生产率，提高农业素质、效益和竞争力。""发展现代农业"作为建设社会主义新农村首要任务的确立，为我国推进社会主义新农村建设的发展进一步指明了方向。

（三）新农村建设给农民带来的实惠

2006 年，《中共中央国务院关于推进社会主义新农村建设的若干意见》的下发，在对建设社会主义新农村提出目标、要求的同时，也出台了多项惠农政策，惠农政策的逐步落实，为广大农民带来诸多实惠。

1. 财政支农力度大

《意见》指出："2006 年，国家财政支农资金增量要高于上年，国债和预算内资金用于农村建设的比重要高于上年。其中直接用于改善农村生产生活条件的资金要高于上年，并逐步形成新农村建设稳定的资金来源。"据财政部的统计数据，2005 年仅中央财政安排用于"三农"的支出就超过 3000 亿元，而在"十五"时期，中央财政安排用于"三农"的资金达到 11300 多亿元，年均递增 17%。2006 年，中央财政安排用于"三农"的支出达到 3397 亿元，2007

年中央财政用于"三农"的各项支出达到 3917 亿元，比 2006 年增加 520 亿元，增长 15.5%。由此可见，加大财政支农力度后，广大农民将会从财政支出中获得更多的实惠。

此外，中央财政还制定了多项财政政策来推进社会主义新农村建设，2006 年，在全国范围内彻底取消农业税；完善并加强"三补贴"政策；粮食生产区要将种粮直接补贴的资金规模提高到粮食风险基金的 50% 以上；积极推进农村综合改革试点；积极支持农业综合生产能力建设，农业综合开发资金重点用于粮食生产区中低产田改造和中型灌区建设；全面促进农村社会事业发展，继续加大对农村公共卫生、义务教育、科技发展、环境建设和文化设施建设项目的支持力度。

2. 想方设法促增收

农民收入问题不仅关系到农民自己的切身利益，而且关系到国家稳定与发展，因此，《意见》本着"减负开源"的思想，为农民增收创造条件、提供政策支持，《意见》指出，"积极发展品质优良、特色明显、附加值高的优势农产品，推进'一村一品'；2006年要完善全国鲜活农产品'绿色通道'网络，实现省际互通；继续执行对粮食生产县的奖励政策，增加中央财政的粮食生产县的奖励资金；要着力培育一批竞争力、带动力强的龙头企业和企业集群示范基地"。在这些促进农民增收政策的不断落实下，农民收入有了较大幅度的提高，据国家统计局发布的统计数据显示，2005 年，农民人均纯收入达到 3200 元，2006 年全国农民人均纯收入达到 3587元，比上年实际增长 7.4% 以上。

3. 农村教育新突破

农民教育负担过重已成为不争的事实，而农村教育水平低严重制约了农民素质的提高，如何减轻农民教育负担、使农民享受到受教育的权利，提高农民素质，成为我国政府亟待解决的问题。2006年《意见》的下发，提出了解决农民教育问题的新举措，使农民教育负担的减轻取得了新突破："着力普及和巩固农村九年制义务教育"；"2006 年对西部地区农村义务教育阶段学生全部免除学杂费，对其中的贫困家庭学生免费提供课本和补助寄宿生生活费，2007 年对全国农村普遍实行这一政策"；"继续实施国家西部地区'两基攻坚'工程和农村中小学现代远程教育工程"；"建立健全农村义务教育经费保障机制，进一步改善农村办学条件，逐步提高农村中小学公用经费的保障水平"；"加强农村教师队伍建设，加大城镇教师支援农村教育的力度，促进城乡义务教育均衡发展"；"加大力度监管和规范农村学校收费，进一步减轻农民的教育负担"。这些教育政策的落实无疑会大大减轻农民负担，改善农民的教育环境。

4. 农村合作医疗大发展

我国农村合作医疗制度在新中国成立初期取得了突出成绩，但是，改革开放以后，农村合作医疗制度逐渐受到破坏，广大农民成为无保障的自费医疗群体。而医疗保障是使农民安居乐业的重要因素之一，因此，2003 年我国开始推行新型农村合作医疗试点工作，而 2006 年的《意见》进一步关注了农村合作医疗和卫生事业的发展，指出，"从 2006 年起，中央和地方财政较大幅度提高补助标准，到 2008 年在全国农村基本普及新型农村合作医疗制度"；"各级政府要不断增加投入，加强以乡镇卫生院为重点的农村卫生基础设施建设，健全农村三级医疗卫生服务和医疗救助体系"。据卫生部统计资料显示，截至 2006 年年底，全国已有 1451 个县开展了新型农村合作医疗试点，占全国县（市、区）总数的 50.7%；参加农民逐年增加，已达 4.1 亿人，占全国农业人口的 47.2%；受益面逐步扩大，补偿农民 4.7 亿人次；补偿金逐年增长，累计补偿 243.9 亿元。开展试点工作的地区，农民医疗负担有所减轻，看病就诊率有所提高，因病致贫、因病返贫的状况有所缓解，广大农民得到了实实在在的好处。

第三节　进一步深化农村经济体制
改革与创新的展望

经过 30 多年的中国农业和农村经济改革，我国农业和农村经济获得巨大发展。但是必须看到，目前我国农业和农村发展仍然处在艰难的爬坡阶段，首先，农村经济社会发展长期落后的局面没有根本改变；其次，推动农业持续稳定增收的长效机制尚未确立；最后，制约农业和农村发展的深层次矛盾解决得较为缓慢。因此，要把十六大和十六届三中全会、五中全会、六中全会关于建设社会主义新农村建设、十七大和十七届三中全会、十八大和十八届三中全会关于推进农村改革发展等一系列重大决策贯彻落实好，推动"三农"问题的解决，必须继续推进中国农业和农村经济改革。

一　继续完善农村经济体制，促进农村经济发展

必须坚持执政党对农村的基本政策，积极推进农村各项改革。继续稳定和完善家庭承包制，推动农村经营体制创新。稳定与完善以家庭承包经营为基础、统分结合的双层经营体制，核心是稳定与完善土地承包关系。首先，要确保土地承包长期化，从法律上进一步明确了土地使用的内容。其次，发展适度规模经营，加快土地流转制度改革。家庭承包制虽然为中国农业的起飞创造了现实的组织基础，但它毕竟是一种小农生产形态，与现代化规模经营的要求相去甚远。中国农民是世界上规模最小的农户，户均承包耕地仅 8.35 亩，分为 9.7 块，而且每块地都按好坏、远近、水旱、山地、平地这种绝对平均主义的做法划分，很难提高规模效益和增加农民收入。因此，邓小平指出，农业发展必须有第二个飞跃，要"发展适度规模经营，发展集体经济"。要加快土地流转制度的改革，允许农民自由流转土地使用权。事实上，目前许多农村地区已经开始探索多种形式的土地流转制度，但还很不规范，需要政府制定政策，

使流转公开化、合理化、规范化。

二　深化农产品流通体制改革，完善农产品市场体系

根据各类农产品的不同特点和供求情况，采取相应的方式和步骤，改革农产品流通体制。首先，进一步深化改革粮食流通体制。推进主销区粮食购销市场化改革，在国家宏观调控下，放开粮食收购、粮食生产和粮食价格；保护主产区粮食生产能力和经济效益，特别是保护农民种粮积极性，在任何时候都不能动摇；增强国家对粮食调控的能力，健全调控机制，提高调控水平。政府对粮食实行保护价收购，建立粮食风险基金和储备制度。其次，进一步深化棉花流通体制改革。逐步建立在国家宏观调控下主要依靠市场机制实现棉花资源合理配置的新机制。最后，完善农产品市场体系。要逐步形成以广大城乡集贸市场为基础，以全国性批发市场为中心，以区域性批发市场和专业市场为骨干的农产品市场体系，使中央批发市场、区域批发市场、城乡农贸市场逐步配套。

三　建立健全农业社会化服务体系，大力发展农民专业经济合作组织

市场经济条件下的专业合作经济组织，是一种新型的合作组织，它既不同于 20 世纪五六十年代高度集中的人民公社体制，也不同于计划经济体制下形成的传统的有关涉农部门（如供销社、信用社）的合作经济组织。它们为农民所提供的（统一经营）是以家庭承包经营为前提、以市场为导向，通过实施各项专业化服务，把分散经营的小农户有机地联系起来，其服务的内容更具有针对性，也更为有效。比如，通过向农民提供种子、化肥、种畜禽、幼畜禽、饲料、燃料、运输工具等生产资料供应服务，不仅促进了农业生产内部的分工，而且加快了生产要素的市场化；通过向农民提供技术服务，可帮助农民树立自主提高科技水平的意识，提高农民引进新品种、新技术以及科技创新的能力；通过提供信息服务，积极参与农产品流通，帮助农民开拓市场，解决农产品买难卖难的问题，使农民降低了交易成本，增加了收入；通过开展资金融通服务，可增加

农业投资，扩大生产规模，促进农村经济发展。这种以保护农民财产独立性、经营自主性为前提条件的专业合作经济组织，不仅弥补了家庭分散经营的缺陷和不足，促进了土地、资金、技术等生产要素的重新流动组合，实现了农业资源的优化配置，而且进一步完善了统分结合的双层经营体制，推动了农村微观组织的制度发展。农村专业合作经济组织是广大农民在实践中的又一伟大创造，符合中国和世界现代农业经营制度的发展潮流。

四　按照发展现代农业的要求，加大对农业的投入，改善农业生产条件

推进新农村建设，首要的任务是发展现代农业，要用现代物质条件装备农业，用现代科学技术改造农业，用现代产业体系提升农业，用现代经营形式推进农业，用现代发展理念引领农业，用培育新型农民发展农业。目前，我们要切实提高农业综合生产能力，夯实农业基础，要按照"多予、少取、放活"的方针，加大财政支农的力度。一是加大农业科技投入。中国农业科技对农业发展的贡献率在42%以下，而美国、日本、欧盟等都在70%—80%，导致这一差距的主要原因是农业科技投入不足。为此，各级政府应切实增加对农业科技的投入，逐步建立农业科技发展基金，形成稳定、合理的农业科技资金积累机制，为提高农业劳动生产率，实现农业现代化提供科技支持。二是加大对农村教育的投入。提高农村劳动者素质、培育新型农民教育是振兴农业之本，也是加速农村居民进入城市就业的必备条件。为此，国家必须从根本上改变重城轻农的国民收入分配政策，加大对农村教育的投入，不仅要承担现在仍由农民自己掏腰包的教育集资，而且每年都要拨出一定比例的农民专项资金，通过多种途径，提高农民受教育程度，提高农民整体素质。三是加大对农业基础设施建设的投入。要广开投资渠道，提高农田水利基本建设投资比重，建设一批重点水利工程，继续做好原有水利设施的维护、更新和配套工作，要进一步加强生态环境建设，特别是在生态环境脆弱的西部地区，仍要继续实行退耕还林、还草、还湖的"一退三还"政策,通过以粮代赈、个体承包等办法,促进"一退三还",再造秀美山川,改善农业生产条件。要大力加强以农村的道路、饮水、通信、广播、电视、电网和农产品市场等为重点的农村公共设施建设,将其纳入公共财政领域,以改善农村的生产条件和农民的生活居住环境,推动农村经济社会的全面发展。同时,要加大农业补贴支出,建立比较完善的国家对农业的支持和保护体系等。

五　千方百计增加农民收入,调动广大农民生产积极性

改革开放以来,中国农民收入不断增长,生活水平不断提高。但自 1997 年以来,却出现了连年增幅下降的局面,到 2004 年才止跌回升。与此同时,城乡居民收入差距继续拉大。农民收入低、增长慢,农村消费不旺。2004 年,中央开始实行免征农业税、补贴粮食生产等政策,出现了粮食增产、农民增收的良好局面。但是,农业和农民的弱势地位没有根本改变,帮助农民增收仍然是一个长期而艰巨的任务。在建设社会主义新农村过程中,要继续把发展现代农业、增加农民收入作为基本思路,坚持以市场为导向,推进农业和农村经济结构的战略性调整;进一步巩固减轻农民负担等政策的成果,加快农村剩余劳动力转移;加快城镇化步伐。

第四章　国有企业管理体制改革问题

国有企业是国民经济的支柱。到 2008 年年底，在全部独立核算的工业企业中，国有企业和国家控股企业数量只占 13%，但资产总额为 162475 亿元，占规模以上工业企业总资产的 55.8%；实现营业收入 128283 亿元，占规模以上工业企业的 40.9%。在城镇就业人数中，就业人员的 1/4 和在岗职工的 63% 被国有企业及其他国有单位所接收。国有企业改革是中国经济改革的中心环节。国有企业建立现代企业制度的改革，是中国市场化改革的重心和难点。国有企业改革的成功与否，直接关系到中国经济的增长、市场经济体制的建立、人民生活的改善和社会生活的稳定。

第一节　国有企业改革的历程

1949 年新中国成立后，我国建立了高度集中的计划经济体制，国有企业成为我国企业制度的主导形式。在相当一段时间内，国有企业为中国经济增长起到过巨大的推动作用，但随着国民经济的发展，国有企业运行机制僵化、普遍缺乏活力、经济效益低下的弊端也逐渐显露出来。针对国有企业存在的诸多问题，从 1957 年开始，政府就着手对国有企业进行改革。但是，这一时期的改革都是在维持国有企业产权关系和集中计划经济体制不变的条件下进行的，本质上都是政府系统权力的一种调整，只是对计划经济体制的修补和完善。国有企业改革主要局限于"上收下放"的行政性分权上，不仅难以产生真正的制度创新，而且使国有企业改革陷入"一管就死，一死就叫，一叫就放，一放就乱，一乱就管，一管就死……转了两转，从哪儿开始到哪儿结束，没有解决什么问题"的恶性循环，周恩来总理将之比喻为"团团转"。[①] 针对国有企业的上述问题，党的十一届三中全会提出改革的历史任务，从一开始就明确了企业改革的不可或缺的地位，强调指出："现在我国经济管理体制的一个严重缺点是权力过于集中，应该有领导地大胆下放，让地方和工农业企业在国家统一计划的指导下有更多的经营管理自主权；应该着手大力精简各级经济行政机构，把它们的大部分职权交给企业性的专业公司或联合公司。"[②] 正是由于将企业改革作为整个经济改革的重要内容，使新时期的体制改革无论是在深度上还是在广度上，均是以往体制调整所不可比拟的。因此，总结企业改革，特别是国有企业改革的基本经验，对于总结整个经济改革的历史经验和深化改革，具有十分重要的意义。

一 国有企业改革的历程

自十一届三中全会以来，国有企业改革就成为我国经济体制改革的重要任务。30多年来，中国大力推进以国有企业改革为中心环节的经济体制改革，并积累了许多成功的经验。国有企业改革大体上经历了放权让利、两权分离、建立现代企业制度、国有经济布局战略调整四个阶段。

（一）扩大企业自主权阶段（1978—1984年）

1978—1984年，国有企业改革迈出了"放权让利"的第一步。这一阶段主要是通过扩大企业经营自主权、实行利润留成、利润包干等措施，调动企业完成计划和增产增收的积极性。但是，由于缺少有效的产权约束、市场竞争和市场化的价格体系，企业产值的增

---

① 杨启先：《国有企业改革与国有资产管理（序）》，参见杨淦、邓聿文《国有企业改革与国有资产管理》，中国言实出版社2003年版，第3页。

② 参见《中国共产党第十一届中央委员会第三次全体会议公报》，人民出版社1978年版，第17页。

加往往靠大量资金的投入来实现。

十一届三中全会公报指出，现在我国经济管理体制的一个严重缺点是权力过于集中，应该有领导地大胆下放，让地方和工农业企业在国家统一计划的指导下有更多的经营管理自主权。[①] 基于当时这种共识，国有企业改革从扩大企业自主权开始是很自然的事。

在以扩大企业自主权为国有企业改革的思想指导下，1984 年 5月，国务院出台了《关于进一步扩大国营工业企业自主权的暂行规定》，决定给予企业 10 项自主权。1985 年 9 月，国务院又委托国家经委、国家体改委出台了《关于增强大中型国营企业活力若干问题的暂行规定》（以下简称《规定》），《规定》要求继续扩大企业自主权。1981—1982 年在工业企业实行的经济责任制以及 1983 年开始试行的利改税试点也都是在上述文件指导下展开的。

经过这一阶段的改革，作为独立的利益主体，国有企业拥有了一定的生产经营自主权，提高了企业和职工的生产积极性，传统计划经济体制被打开了缺口。然而，因为扩大企业自主权的改革思路是在计划经济的模式下进行的，所以，这一阶段的改革仍是以产品生产者为国有企业改革的目标，而不是以商品生产者为国有企业改革的目标。而当时的实际情况是大部分企业组织生产经营活动仍然很难有企业自主权，企业仍然要面对很多负担，比如，行政管理方面"婆婆多"、干预多，摊派和罚款、指令性计划比重大，指标下的次数多、变化多，层层加码等。对扩大企业自主权的改革的任务仍然很艰巨。

（二）实行两权分离阶段（1985—1993 年）

1985—1993 年，国有企业改革迈出了"两权分离"的第二步。这一阶段的改革主要是通过推行企业承包经营责任制等措施，实行政企职责分开，国有企业所有权和经营权分开，国营企业从此成为

---

① 参见《中国共产党第十一届中央委员会第三次全体会议公报》，人民出版社 1978年版，第 16 页。

国有企业。

这一时期国有企业改革的思路是两权分离，即国家拥有生产资料所有权，企业享有其经营权。1984年10月召开的十二届三中全会指出我国的经济体制是要建立自觉运用价值规律的有计划的商品经济，根据发展社会主义有计划商品经济的要求，做出了全面开展以激发企业活力，特别是激发国有大中型企业活力为中心的、以城市为重心的经济体制改革的决定，并再一次明确了国有企业改革的目标定位，即将企业打造成为自主经营、自负盈亏、具有自我改造和自我发展能力的法人实体。到1984年年末，我国国有企业改革步入到一个加速发展的新时期，实现两权分离成为改革的指导思想，以便完成政府和企业职责分开与国有企业成为市场经济主体角色的转变。

如何使国有企业成为商品生产者和经营者，实现所有权和经营权的分离，国务院1987年决定在大中型企业普遍推行企业承包经营责任制企业。承包经营责任制是在保持国家所有制的前提下，实行两权分离、改善企业经营管理、转变企业经营机制的一种企业管理制度。它的基本原则是："包死基数、确保上缴、超收多留、歉收自补。"它的具体形式有五种：（1）两保一挂，即保上缴国家税利，完不成包干指标，要用企业自有资金补足；保技术改造项目的完成，工资总额与实现税利挂钩。（2）上缴利润递增包干，即上缴利润按一定比例逐年递增。（3）上缴利润基数包干，超收分成。（4）微利、亏损企业的利润包干或亏损包干。（5）行业投入产出包干，即把大企业和国家财政的分配关系以承包形式确定下来，促使行业多收多得，用于行业发展，国家不再投资。

截至1987年年末，全国预算内公有制企业的承包比例已占78%，大中型企业占80%。1990年在第一轮承包期结束的预算内公有制工业企业有3.3万多户，为承包企业总数的90%。此后，全国预算内公有制企业又进行了第二轮承包。截至1991年第一季度末，占预算内公有制企业90%以上的到期企业又开始了第二轮承包。

这一时期，国务院首先要求企业要自主经营、自负盈亏，接着又要求自我发展、自我约束，然而，那时实施承包责任制的企业难以做到完全自主经营、自负盈亏、自我发展和自我约束。普遍地存在企业乱发工资奖金、投资不计效益相等。以致后来出现了内部人控制失控现象，企业无法行使生产经营自主权。

与以往扩大企业自主权的改革思路相比，两权分离的改革思路是经济体制改革的一次重大突破。然而，因为两权分离理论只认为国有企业拥有生产经营权，而否认企业应该拥有法人财产权，认为国家拥有全部所有权，因此，国有企业不可能真正拥有自主经营、自负盈亏、自我发展、自我约束的能力，也就无法成为真正意义上的现代企业。

（三）建立现代企业制度阶段（1994—1999 年）

从 1994 年开始，国有企业改革进入了"建立现代企业制度"的第三阶段。1994 年通过的《公司法》的颁布施行，预示着国有企业改革步入了具有"产权清晰、权责明确、政企分开、管理科学"为特征的确立现代企业制度的新阶段。1995 年，全国选择了 100 户试点企业按《公司法》进行制度创新。

通过试点，初步建立起现代企业制度的基本框架，变国家对企业的无限责任为有限责任，形成了企业法人治理结构。然而，由于国有资产产权所有者的缺位，试点企业在政企分离、理顺产权关系等方面依然存在问题。

同期，国有企业股份制改造步伐加快。到 1997 年 8 月，全国由国有企业改造成为股份公司的达 9000 户左右。

1992 年 10 月，十四大明确提出，建立社会主义市场经济体制是我国经济体制改革的目标，并要求围绕建立社会主义市场经济体制的目标加快推进经济改革步伐。1993 年 11 月，十四届三中全会通过了《关于建立社会主义市场经济体制若干问题的决定》，提出建立现代企业制度是我国国有企业改革的方向，并界定了现代企业制度的概念，即适应市场经济和社会化大生产要求的"产权清晰、权责明确、政企分开、管理科学"的企业制度，要求借助建立现代企业制度的机遇促使企业成为自主经营、自负盈亏、自我发展、自我约束的法人实体和市场机制主体。因为国家不仅确认国有企业享有经营权，而且享有法人财产权，国有企业便步入更深层次的改革，我国国有企业改革又开始了一次新的发展阶段。

（四）国有经济布局战略调整阶段（1999 年至今）

1997 年十五大后，国有企业改革进入到一个新的发展阶段，因为我们党确立了社会主义初级阶段的基本经济制度和国有经济的主导地位及其含义，并根据国有经济的地位重新调整国有经济的战略布局，选择国有经济的改革方式，把国有经济的战略调整与制度创新结合起来。中国共产党中央委员会第十五届四中全会《关于国有企业改革和发展若干重大问题的决定》明确提出：要把产业结构的优化升级和所有制结构的调整与国有经济战略布局的调整有机统一起来，坚持有进有退，有所为有所不为。十六大报告指出，深化经济体制改革的重大任务，既包括继续调整国有经济的布局和结构，也包括改革国有资产管理体制。

这一阶段以提高国有经济的控制力、影响力和带动力为目标，在布局上将国有资本向关系国家安全和国民经济命脉的领域集中，在结构上通过股份制改造引入战略投资者、重组上市等方式实现国有企业产权多元化。

2003 年，国务院国资委成立，作为国有资产的出资人代表直接监管 196 户中央企业。国资委的成立使国有经济布局和结构调整进入由出资人统一规划、市场化运作的现阶段。出资人代表的逐步到位，也在一定程度上促进了国有大型企业法人治理结构的完善。

深化国有企业改革是 2005 年国有经济改革的基础部分。十届全国人大三次会议的《政府工作报告》提出，国有企业改革仍然是经济体制改革的中心环节，必须坚定不移地按照中央确定的方针政策继续推进。其具体任务包括：（1）加快国有大型企业股份制改革；（2）按照建立现代企业制度的要求，健全公司法人治理结构，转换企业经营机制；（3）实行企业年度经营业绩和任期业绩责任制，规范国有企业经营者薪酬制度；（4）加快解决企业办社会问题，继续做好国有企业政策性关闭破产工作，建立依法破产机制。在这一年间围绕上述四个方面国有企业改革有一些进展。

2006年12月，国资委首次明确了国有经济发挥控制力、影响力和带动力的具体行业和领域。根据部署，到2008年扭亏无望的国企基本退出，到2010年中央企业调整重组至80—100户，其中，30—50户发展成为具有国际竞争力的大公司、大企业。

中国社会主义经济体制改革实践证明，处于社会主义初级阶段的我国国有企业改革，其任务有两个方面内容：第一，是要在国有大中型企业中建立现代企业制度，使国有企业成为真正的企业；第二，是要明确把握国有经济在国民经济中的地位和作用，即明确界定国有经济在国民经济中的主导地位，调整国有经济的布局，改变国有企业包袱过重、范围过宽、比重过大而效益不佳的情况。第二个任务是关于国有经济如何定位的问题，关系着国有经济的经营管理，是国有企业改革的根本问题。通过对国有企业改革的历史回顾可以看出，我国国有企业的改革并没有一个事先设计好的所谓"一揽子"方案，已出台的改革措施是针对经济运行中出现的问题和社会的承受能力决定的。国有企业改革在逻辑顺序上是循着以增强企业活力为起点，进而调整国家与企业的分配关系，再推进到改革国家与企业的责任关系这样一条线索而展开。企业改革的目标也是日渐明确的：从放权让利，激活企业入手，到最终建立现代企业制度，把企业塑造成市场经济的真正主体。国有企业改革就是这样一步一步走到今天的，在改革逻辑上是不可逆的，在进程上是渐进的。

二　国有企业改革取得的成就与经验

改革开放以来，特别是十四大提出建立社会主义市场经济体制以来，国有企业在组织形态、治理结构和运行机制的改革方面都发生了深刻变化。

（一）国有企业改革的成就

1. 国有经济的比重大幅度下降，效益大幅度提高

竞争性领域的国有经济比重显著下降。以工业为例，在工业总产值构成中，1980 年国有工业占 80%，2006 年下降到 47%。通过拍卖、兼并、股份合作制等方式改制成了非国有企业的占全部国有小型企业 80% 以上。目前，国有工业主要集中在资本和技术密集型的重化工业和军事装备工业，其总产值约占这些行业总产值的 62%；在劳动密集型的轻纺工业中，国有经济占比在 30% 以下。

一方面，国有经济分布范围明显缩小、比重大幅度下降；另一方面，国有经济总量却不断扩大，即无论是在运行质量方面，还是在经济效益和竞争能力方面国有经济都有明显改善。1995 年十四届五中全会指出从战略上调整国有经济布局，经过十多年的努力，取得了一定成效。1998 年全国国有工商企业共有 23.8 万户，到 2006 年，减少到 11.9 万户，减少了一半，但国有企业的总利润却增长了 14 倍。尤其是党的十六大以来，随着经济体制改革的不断深入，国有企业改革和发展成效更为显著。2006 年年底，全国国有企业户数有 12.3 万户，比 2002 年减少 4.3 万户，但累计实现利润却达到 1.4 万亿元，比 2003 年增长 134.3%，年均增长 32.2%；上缴税金 1.6 万亿元，比 2003 年增长 63%，年均增长 18.6%。

2. 管理体制基本实现了政企分开、政资分开

按照中共十六大关于建立新的国有资产管理体制的部署，目前，中央、省（市、区）、地州市都组建了专门的国有资产监管局并开始履行监管职能，从制度上保证了政府的社会公共管理职能与国有资产所有者监管职能的分离。此外，其他部门和机构管辖的国有资产政企分开步伐也明显加快，中央党政机关与所管理的 530 个企业已经脱钩，军队、武警和政法机关所办的 6380 多个经营性企业已全部移交给地方，国家与企业、中央与地方的关系逐步理顺。

在新的国有资产管理体制下，国资委确立了国有资产监管体制，建立健全规章制度，落实监管责任制；坚持任人唯贤和党管干部的

原则，开展了对适应现代企业制度要求的选人用人机制的改革；把建立现代企业制度的重点放在国有大型企业股份制改革改组上，完善公司法人治理结构等。通过开展上述一系列较有成效的工作。国有资产监管得到加强，保值增值责任在一定程度上得到落实。

3. 加快推进公司制股份制改革，初步建立了现代企业制度的框架

在中共十四届三中全会提出建立现代企业制度作为国有企业改革的目标以后，国有企业公司制股份制改革步伐明显加快。目前，多数国有大中型企业进行了公司化改革，从国有独资的工厂制转变为国有控股的有限责任公司。到2005年年底，全国改制的国有及国有控股大型骨干企业已占国有公司制企业的50.4%，山西、辽宁、湖北、湖南、广东、四川、重庆、云南、陕西、宁夏等省（区、市）国有中小企业改制面已达80%以上；省、市（地）、县三级所属企业中，县属企业改制面达90%以上。大多数改制企业按《公司法》设立了股东大会、董事会、监事会三权分立的制衡机制；企业内部劳动、人事及分配制度改革也正在稳步前进。

（二）国有企业改革的主要经验

回顾30多年来的国有企业改革，我国国有企业体制之所以能够发生如此深刻的变化，国有企业改革之所以能够获得重大的进展，主要在于从以下几个方面展开了艰苦的理论与实践的探索。

1. 国有企业的改革必须与社会主义市场经济体制的建立和完善统一起来，建立现代企业制度

改革前，我们实行的是高度集中的计划经济体制。这种体制是排斥商品货币关系和市场机制的作用的，它的优点是可以集中使用资源，有利于完成某些国家规定的任务。在1949年新中国成立后的一段时间内，这种体制起过积极作用，但这种体制存在一些根本性的弊端，不利于发挥地区、部门、企业和劳动者积极性。经济改革就是要在体制上创造条件，让市场机制发挥作用，尤其是让市场机制在社会资源配置中起基础性作用，克服以上弊端。在改革开放以来的30年的国有企业改革中，我们先后采取了扩权让利、利改税、

经营承包责任制、利税分流等各项措施，对国有企业改革进行了有益探索。但是，由于这些改革都是遵循放权让利的思路，在不触及原有体制的前提下，从调整国家与企业的责、权、利关系入手，来增加企业的活力，而受制于传统体制，国家与企业之间无法建立起符合市场竞争的责、权、利关系，因而企业自主权远未落到实处，国有企业负盈不负亏的局面始终无法扭转。

随着经济体制改革的逐渐深入，人们认识到社会主义与市场经济并不是对立的。邓小平在 1992 年南方谈话中指出："计划多一点还是市场多一点，不是社会主义与资本主义的本质区别。计划经济不等于社会主义，资本主义也有计划；市场经济不等于资本主义，社会主义也有市场。计划和市场都是经济手段。"① 因此，党的十四大确立了我国经济体制改革的目标模式是社会主义市场经济体制，并据此进一步阐述企业改革、市场体系培育、宏观调控完善等市场经济体系的基本框架。这一目标的确立，不仅使整个经济体制改革的目标逐渐明确，而且使国有企业改革的目标导向也日益明确了，即选择与市场经济相适应的企业组织制度。党的十四届三中全会的决定明确指出"以公有制为主体的现代企业制度是市场经济体制的基础"，"建立现代企业制度，是发展社会化大生产和市场经济的必然要求，是我国国有企业改革的方向"。自此，以往在传统框架内左突右奔的国有企业改革第一次有了明确目标——建立现代企业制度，国有企业改革也从"放权让利，两权分离"进入了制度创新阶段。

现代企业制度，也即是适应社会化大生产和现代市场经济要求的公司法人制度。其核心内容是对法人财产权的承认，从而把企业的终极所有权和法人所有权分开，使公司法人作为一个独立的法人主体，享有相应的对法人财产的占有权、使用权、收益权以及处置权，同时承担相应的经济责任。这种产权制度要变国家对企业的无限责任为有限责任，保证企业在所有权和经营权分离的条件下，成

---

① 《邓小平文选》第三卷，人民出版社 1993 年版，第 373 页。

为具有自主经营、自负盈亏、自我约束、自我发展机制的市场竞争主体和法人实体。这是发展社会主义市场经济的本质要求。党的十五届四中全会就明确指出，国有企业改革"最重要的是使国有企业形成适应市场经济要求的管理体制和经营体制"。而现代企业制度的建立就在两者之间建立了一条联系的纽带，它"是公有制与市场经济相结合的有效途径，是国有企业改革的方向"。

国有企业改革是一项复杂的系统工程，不可能离开其他方面的配套改革孤立进行，两者相辅相成。如果经济体制改革只强调以国有企业改革为中心，而市场经济体制的其他环节如市场体系、社会保障体系的改革滞后，缺乏有效的市场机制，企业既不能摆脱计划机制的约束，又没有受到健全的市场机制的约束，那么企业的运行将是混乱的。同样，如果国有企业改革滞后，那么市场经济体制由于缺乏微观运行主体和现实基础，也是难以建立起来的。因此，正确处理国有企业改革和经济体制改革的关系，必须以建立社会主义市场经济体制为目标，以转换企业经营机制、建立现代企业制度为中心环节，同时依赖市场机制的培育、社会保障机制的健全、宏观调控机制的完善及外部环境的创造等，各项改革相互配合、相互促进，使市场机制培育与现代企业制度改造及相应的宏观调控机制等改革在理论上与实践中统一于社会主义市场经济体制目标，这是我国国有企业改革之所以能够逐步深入的重要原因，党的十四大以来的实践也证明了这一点。

2. 国有企业改革必须与所有制改革联系起来，建立现代产权制度

从我国经济体制改革的进程中可以看出，国有企业的改革与生产资料所有制的改革是结合进行的，这是我国国有企业改革以及整个经济改革之所以较为成功的重要原因。也就是说，国有企业的改革不仅应当涉及企业产权制度，而且应当与整个社会主义社会基本经济制度建设相统一，通过国有产权制度的创新实现国有企业改革与社会主义市场经济体制建立和完善的有机结合。

我国的国有企业改革是从企业管理方式开始的。先把政府行政

命令管理企业所包揽的生产经营权部分还给企业，放权让利，实行两权分离，通过利改税、承包制、租赁制等措施，使企业拥有一定的生产经营权和独立的经济利益。但这些改革的重点显然是分配关系的调整，并未触及企业产权制度，从而使企业行为缺乏资产责任约束，如国有资产过度耗用等掠夺性经营、追求眼前利益的行为、短期化甚至国有资产严重流失等，企业改革难以取得实质性的进展。实践告诉人们，要使企业真正拥有市场竞争的权利，在企业产权制度上就必须保证这种竞争权利，同时必须保证相应的资产责任对权利的约束。因而，以适应社会主义市场经济为目标导向的国有企业改革，不能不从管理方式、分配关系的调整深入到企业产权制度的改造。党的十四大明确提出社会主义市场经济目标，党的十四届三中全会提出企业产权关系改革要求，确立清晰、多元化的产权关系，建立现代企业制度。党的十五大又对社会主义初级阶段的基本经济制度，即所有制结构做出了崭新的概括。同时强调，公有制可以有多种实现形式，并非国有制一种；发展国有经济的主要目的在于使其对国民经济发展起主导作用，只要保证公有制为主体，保证国有经济起主导作用，国有经济的比重可以降低一些。党的十六大提出，积极推行股份制，发展混合所有制，实行投资主体多元化，进一步放开搞活国有中小企业。党的十六届三中全会进一步提出："大力发展国有资本、集体资本和非公有资本等参股的混合所有制经济，实现投资主体多元化，使股份制成为公有制的主要实现形式。"同时强调国有企业要"建立健全现代产权制度"，认为它"是完善基本经济制度的内在要求，是构建现代企业制度的重要基础"。这些指导思想的提出，无疑为国有企业的体制转换扫清了认识障碍。可以说，没有这种对于社会主义基本经济制度的深刻认识，国有企业的产权制度改革不可能深入，国有企业的战略性改组也不可能真正展开。将国有企业改革与所有制改革逐渐统一起来，这是我国经济改革之所以不断深化的根本原因，将国有企业产权制度改革与社会主义基本经济制度创新统一起来，这是我国经济体制改革极为重要的经验。

3. 国有企业改革必须以是否符合"三个有利于"为根本标准

这是我国经济改革，包括国有企业改革取得成就的最为根本的经验，也是党的十一届三中全会以来，解放思想、实事求是的思想路线最为集中的体现。国有企业改革，特别是国有企业产权制度的改革、公有制实现形式的创新、国有经济结构的调整等，都是以"三个有利于"为根本标准的。党的十五届三中全会就明确指出，"必须继续解放思想、实事求是，以有利于发展社会主义社会的生产力、有利于增强社会主义国家的综合国力、有利于提高人民的生活水平为根本标准，大胆利用一切反映现代社会化生产规律的经营方式组织形式，努力探索能够极大促进生产力发展的公有制多种实现形式，在深化国有企业的改革上迈出新步伐"。

"三个有利于"作为衡量和判断改革成败及一切工作是非的根本标准，这是马克思主义唯物史观在当代中国的进一步发展。改革，包括国有企业改革，必须有利于社会主义社会生产力的发展，有利于人民生活水平的提高，有利于综合国力的增强。这是不容动摇的根本标准，也是我国改革实践的根本追求。"三个有利于"标准本质上是解放生产力、发展生产力的标准，正如邓小平同志所强调的"发展才是硬道理"。我国的改革正是坚持了这一"硬道理"，才使改革与发展融为一体，使改革成为推动解放和发展生产力的极大动力。就国有企业改革而言，离开"三个有利于"标准，人们根本不可能将国有企业改革与所有制改革联系起来，根本不可能以社会主义市场经济作为国有企业改革的目标导向，根本不可能提出现代企业制度建设的历史任务，也根本不可能探索股份制、股份合作制等多种形式的企业制度改革，根本不可能展开公有制各种新的实现形式的实践。

4. 国有企业改革与非公有制经济的发展要结合起来，促进两者的共同发展

非公有制经济作为一种经济形式，它的客观存在总是同我国现

实生产力发展的水平相联系的。改革开放以来，中国的所有制结构
发生了由一元公有制结构向以国有制为主导、公有制为主体，促进
非公有制经济发展的多元所有制结构并存的革命性变革，特别是其
中非国家所有制经济的大量涌入和蓬勃发展，已成为中国经济增长
的巨大推动力。中国现有的所有制结构主要由五种经济成分即国有
经济、集体经济、个体经济、私营经济和外资经济组成。同改革前
相比，所有制结构发生的重大变化主要表现在公有制经济比重下
降，非公有制经济比重上升，但公有制经济仍占主体地位；在公有
制内部，国家所有制经济比重下降，集体所有制经济比重上升。这
种变化主要是由于非公有制经济增长速度快于公有制经济的增长速
度引起的。非公有制经济的快速增长，是我国经济结构战略性调整
的必然结果，对保持国民经济的持续稳定快速增长，起到了重要的
作用。但这并不是说，公有制经济与非公有制经济之间是相互否
定、相互取代的关系，而是按照生产力发展的要求合理分工、发挥
优势、相互促进、共同发展的关系。党的十六大报告就强调一定要
充分发挥个体、私营等非公有制经济在促进经济增长、扩大就业和
活跃市场等方面的重要作用，促进非公有制经济健康发展；同时批
评了那种把坚持公有制的主体地位和促进非公有制经济发展对立起
来的错误观念，要求全党一定要把"坚持公有制为主体，促进非公
有制经济发展，统一于社会主义现代化建设的进程中，不能把这两
者对立起来。各种所有制经济完全可以在市场竞争中发挥各自优
势，相互促进，共同发展"。党的十六届三中全会进一步强调，要
适应经济市场化不断发展的趋势，进一步增强公有制经济的活力，
就必须大力发展国有资本、集体资本和非公有资本等参股的混合所
有制经济，实现投资主体多元化，使股份制成为公有制的主要实现
形式。这些精神深刻地说明国有经济与非国有经济的发展是互为基
础、共同促进的。改革开放以来的事实也充分证明，非公有制经济
的发展不仅不会对公有制经济的主体地位造成冲击，反而有利于推
动国有企业的改革。由于社会主义市场经济的建立需要多元竞争主

体，非公有制经济的发展打破了原来国营企业一统天下的格局，优胜劣汰的竞争机制的引入，加快了国有企业与市场接轨的步伐。目前，国有企业改革已经进入攻坚阶段，不少企业在下岗分流之后，原有的从业人员大部分转入非国有企业，这在一定程度上缓解了政府和社会承受的就业压力。因此，不能将国有企业改革与非公有制经济对立起来，而应使它们发挥各自的优势，共同推动社会主义现代化建设，其指导思想就是十六届四中全会提出的"正确处理坚持公有制为主体和促进非公有制经济发展的关系，毫不动摇地巩固和发展公有制经济，发挥国有经济的主导作用，毫不动摇地鼓励、支持和引导个体、私营等非公有制经济发展，使两者在社会主义建设进程中相互促进，共同发展"。

5. 正确认识国有企业改革的巨大成就及改革的艰巨性，在现实中推进国有企业的改革

30多年来，我国在国有企业改革方面取得了巨大成就。这些成就主要表现在：一是现代企业制度初步建立，企业经营机制进一步转换；二是初步建立起中央与地方分级所有、政府公共管理职能与国有资产出资人职能分离的国有资产管理和监督体制，国有资产总量有所增加；三是国有企业总体实力不断增强，组织机构明显优化，技术装备水平大幅度提高，技术创新能力明显增强，在经济和社会发展中发挥着重要作用；四是国有经济布局得到优化，初步实现投资主体多元化，国有企业改制取得阶段性成效。

国有企业改革虽然取得了显著成绩，但改革的任务远远没有完成，目标还没有实现。我们面临的困难是不少的，挑战是严峻的，进一步深化国有企业改革的工作是艰巨的。具体而言，主要体现在：第一，国有经济布局和结构不合理的状况还不能说已经根本改变。目前国有资本仍然分布在众多的行业和领域，其中一般生产加工业、商贸和服务业大约占一半，战略性调整的任务仍然十分艰巨。第二，规范的现代企业制度还没有完全在国有企业中建立起来，法人治理结构并不完善。第三，现代企业产权制度尚未完全建

立，产权界定、产权配置、产权流转、产权保护四大产权制度尚未落实；相当一部分国有大型企业国有资本比重过大甚至是"一股独占"，企业内部治理结构还不完善。第四，国有资产管理体制尚未完善，政资分开、政企分开、中央与地方的产权划分等问题还没有解决。第五，一些国有企业改制不够规范，既损害了投资人和职工的利益，又给国有企业改革造成负面影响。第六，理顺劳动关系与追求社会稳定之间存在一定矛盾。在产权改革中，按市场规则有些企业需要解除劳动关系，但解除劳动关系涉及人的利益问题，考虑到社会稳定，推进有一定难度，有些单位已处于半停顿状态，解决此问题，颇为棘手。

总之，国有企业改革既取得了辉煌的成就，但也存在众多问题，困难重重，可以说国有企业改革是一项复杂的系统工程。所以，我们"既要充分认识推进国有企业改革和发展的重要性和紧迫性，又要清醒地看到这项工作的艰巨性和长期性，锲而不舍地努力，不断取得新的突破"。[1]

在正确认识国有企业改革的巨大成就及改革的艰巨性的同时，要认识到历史在发展、社会在前进。在国有企业的改革一步一步向前发展的同时，国际、国内的社会和经济环境也在不断变化。国有企业只有充分认清这种变化，并不断发现自身存在的问题，才能在改革不断深化的过程中继续前进。

第二节　国有企业的公司治理结构创新问题

1994 年以后，我国国有企业进入了建立现代企业制度的阶段。

---

[1] 《中共中央关于国有企业改革和发展若干重大问题的决定》，参见《国有企业改革重要法规汇编》，中央文献出版社 1999 年版，第 34 页。

伴随着经济体制改革和国有企业改革的不断深化，我国国有企业的治理模式也在逐步从计划经济体制下的行政型政府治理向市场经济体制下的规范公司治理转变。

一 国有资产监督管理体制的确立及外部共同治理结构

从利益相关者的角度来说，国有企业的外部治理结构指的是国有企业与社会的组织以及个人之间形成的权益关系。我国国有企业的外部治理机构主要包括股票市场、银行市场、公司所生产的产品的市场、经理人市场，以及政府的政策法规与干预。其中，最主要的外部治理者是证券市场、银行市场以及政府的干预。

（一）政企分开的国有资产管理体制

2003 年，国务院将国家经贸委指导国有企业改革和管理的职能、中央企业工委的职能，以及财政部有关国有资产管理的部分职能等整合起来，设立国务院国有资产监督和管理委员会（以下简称国资委）。国资委按照政企分开以及所有权和经营权分离的原则，代表国家履行出资人职能，依法对企业的国有资产进行监管，指导推进国有企业改革和重组，对中央企业负责人进行任免、考核和奖惩，并对地方国有资产管理进行指导和监督。

长期以来，在以搞好国有大中型企业为重点的经济体制改革过程中，如何在贯彻"政企分开"原则的同时，保障国有资产的保值增值，防止国有资产流失，维护全体劳动者和国家的合法权益，始终是一个困扰我国国有企业改革的重要难题。因此，组建既符合经济体制改革方向，又代表国家维护国有资产权益的国有资产生产经营机构即国有资产经营管理公司，不失为解决政企分开的一种有效的探索。

（二）证券市场的外部治理功能

对于已经上市的国有企业而言，公司治理的基本目的之一是在兼顾公司各利益相关者利益的基础上，实现股东的回报最大化。在外部监管机制上，随着早期上市公司任意的利润操纵、不规范的信息披露等问题的显现，证券市场已经建立了较为完善的会计准则、信息披露规范、章程指引等规范体系，日益透明的运作环境使上市公司难以继续粉饰业绩，这就要求经营业绩的改善更多地依赖于内部管理的改进或外部力量的介入。

以国有股、法人股协议转让为主要形式的公司重组，是我国证券市场对亏损公司进行外部治理的基本内容。从理论上讲，在现代企业公司治理中，外部治理机制的运行一般是通过企业并购方式撤换经营不力的管理者、改造经理层，进而改变公司业绩。公司重组作为一种快速、有效提升上市公司业绩的途径，无疑是一种较为理想的方法。实际上，随着证券公司的规范化，公司资产重组已成为公司扭亏为盈的主要手段。

（三）银行市场的外部治理

从企业的性质来看，我国当时的银行也是国有企业，也同样面临着从行政型公司治理到规范型公司治理的转变。然而，企业的融资方式决定了银行必然要在公司外部治理中发挥重要的作用，这也使银行与国有企业的关系成为国有企业外部治理的重要内容之一。

长期以来，中国国有企业的会计制度主要是从政府如何管理企业的角度来设计的，根本不存在向外部投资者提供决策信息的概念。20 世纪 50 年代以来，企业会计制度开始改革，力图与国际接轨，但由于监督、约束机制不健全，使现实中的信息披露机制难尽如人意，而企业通过银行进行间接融资可以弥补信息披露的缺陷。在间接融资的情况下，银行会根据一定的基准对企业进行严格审查，挑选优秀企业进行贷款。银行在审查企业时，除利用市场上的公开信息外，主要通过经办企业的日常往来结算账目、在企业董事会中占据重要席位等途径获得企业的内部信息。所以，发展银行在企业外部治理中的作用，可能在短期内更有现实性。

银行市场在国有企业的公司治理中发挥的积极作用主要体现在两个方面：一是银行通过资本结构调整，对资本金不足、经营不佳的内部人控制企业进行债转股的治理重组；二是对于那些经营尚佳的国有企业，银行能充分发挥其间接信息生产者的职能，对国有企业的重大经营决策权提出建议，并力争在企业公司治理健全过程中，以外部董事的身份进入董事会，强化国有企业的内部监督治理机制。

（四）股权分置改革

股权分置是指中国股市由于特殊的历史原因和特殊的发展演变中，中国 A 股市场的上市公司内部普遍形成了"两种不同性质的股票"，这两类股票形成了"不同股不同价不同权"的市场制度与结构。股权分置问题被认为是中国股市上的"头号难题"。我国股市上 2/3 的股权不能流通，导致股市先天不足，制度存在缺陷。不仅影响了证券市场预期的稳定，使公司治理缺乏共同的利益基础，同时也不利于国有资产管理体制改革的深化，成为完善证券资本市场基础制度的重大障碍。

股权分配改革是资本市场一项重要的制度改革，对国有上市企业具有重要的意义。首先，股权分配改革有利于完善资本市场定价机制，为资本市场功能的全面发挥创造条件；其次，充分发挥资本市场的功能和作用，强化了对上市公司的市场约束，改善了上市公司的外部治理结构；再次，有利于国有企业的改造重组和国有经济布局的战略调整，有利于维护投资者特别是公众投资者的合法权益；最后，通过股权分配改革，有利于实现利益相关者即期利益和长远利益相结合，关系到投资者的切身利益和资本市场的长远发展。

二　企业内部法人治理结构的建立和完善

2003 年国资委的成立改变了我国国有资产多头分散管理的状况，逐渐化解了国有资产管理体制改革比较滞后的体制性机制性障碍，标志着我国国有企业改革步入了由出资人依法推进的新阶段。在这个阶段，国有企业按照现代企业制度的要求，规范了公司股东会、董事会、监事会和经营管理者的权责，进一步完善了企业领导人的聘任制度。同时，企业党组织发挥了政治核心作用，并适应公司法人治理结构的要求，改进发挥作用的方式，参与企业重大问题的决策。要积极探索现代企业制度下职工民主管理的有效途径，维护职工的合法权益；继续推进企业转换经营机制，深化劳动用工、人事和收入分配制度改革，分流安置富余人员，分离企业办社会职能，创造企业改革发展的良好环境。

（一）国有企业的法人治理结构

国有企业的法人治理结构就是所有者与代理人之间的委托—代理关系，体现为明确界定股东大会、董事会、监事会和经理人员职责和功能的一种企业组织机构。从本质上讲，公司治理结构是企业所有权安排的具体化，核心问题是确保国有企业剩余控制权和剩余索取权。这种治理结构不仅决定了公司的目标和行为，还决定了公司的利益相关者在什么状态下由谁来实施控制、如何控制、风险和收益如何分配等有关公司生存和发展的一系列重大问题。

在现代产权制度下，我国国有企业已经初步建立了法人治理结构。我国的国有企业治理结构按照《公司法》的内容以及我国国有企业的特性，又可以具体分为三种类型：国有独资公司的法人治理结构、国有独资公司以外的其他有限责任公司治理结构、股份有限公司治理结构。三者的区别在于：国有独资公司中不设股东会，由董事会行使股东会的部分职权，对公司的监督主要由国家授权投资的机构或授权部门来执行，高层经理人员由国家有关部门或国家授权投资的机构来直接行政任命。而其他有限责任公司中要求董事会和监事会中必须有一定数量的职工代表。股份有限公司四个机构的设立中，职工不仅要通过法定程序选举代表进入董事会、监事会，而且还可以通过其他正常途径（比如职工持股会）选举代表参加股东大会和董事会。

在公司法人治理结构中，董事会处于十分重要的地位，发挥着重要作用。一方面，董事会体现了作为投资人股东的利益，其任务是保护股东合法权益、制定体现股东意志的制度，以便实现出资人的职责；另一方面，董事会负责企业的重大决策，对企业进行战略性监控，并负责选聘、评价、考核、激励经理人员，是企业内部深化改革、加强管理、提高效率的重要保证。董事会能否充分发挥作用，在很大程度上决定着公司治理结构的有效性，决定着现代企业制度建设的成败。一个强有力而规范的董事会可以促进国有企业的改革，而软弱的董事会将使国有企业笼罩于各种有害的政治干预中。

为了充分发挥董事会在国有企业尤其是大型国有独资企业中的作用，有必要引入外部董事，建立外部董事制度，防止公司管理层既当运动员，又做裁判员，自己考核自己、自己决定自己的薪酬，使企业重大决策更加理性，更符合股东利益和企业长远发展需要。外部董事是指非公司员工的外部人员担任的董事，外部董事不在公司担任除董事和董事会专门委员会有关职务以外的其他职务，与其担任董事的公司不存在任何可能影响其公正履行外部董事职务的关系。外部董事的范畴包括独立董事，两者的区别在于独立董事还独立于股东。通过建立健全外部董事制度，可以避免董事会成员与经理人员高度重合，实现决策权与执行权分开，从而保障董事会集体决策。

同时，为了提高董事和董事长的任职素质，避免"董事不懂事"情况的出现，可以积极探索职业董事制度，使得所聘请的董事是专职从事董事职业的人士。这种制度安排，不但会增加董事会的团队力量、增强董事会的独立程度，而且还会提高董事会的决策质量，提升董事会的监督水平。

（二）国有企业负责人的薪酬管理与绩效考核

由于国有企业出资人不到位，使我国国有企业普遍存在负责人薪酬自定的现象，缺乏必要的规范。另外，"内部人控制"问题的存在使职务消费现象仍然严重，而且缺乏严格有效的监督管理。针对这些问题，国资委 2003 年和 2004 年相继出台了《中央企业负责人经营业绩考核暂行办法》和《中央企业负责人薪酬管理暂行办法》，对中央企业负责人的薪酬等问题进行了相关规定。办法规定：中央企业负责人的薪酬由基薪、绩效薪金和中长期激励单元构成。

基薪是企业负责人年度的基本收入，主要根据企业经营规模、经营管理制度、所承担的战略责任和所在地区企业平均工资、所在行业平均工资、本企业平均工资等因素综合确定；基薪按月发放。绩效薪金与经营业绩考核结果挂钩，以基薪为基础，根据企业负责人的年度经营业绩考核级别及考核分数确定，考核结果出来后，兑现绩效薪金的60%，其余40%的绩效薪金延期到离任或连任的第二年兑现。

2003年，国资委出台了《中央企业负责人经营业绩考核暂行办法》，加大了对中央企业负责人业绩的考核力度；2005年，在继续实施"年度经营业绩考核"的同时，国资委正式启动"任期经营业绩考核"，将年度考核与任期考核相结合、结果考核与过程评价相统一、考核结果与奖惩相挂钩。

从基本指标内容看，《中央企业负责人经营业绩考核暂行办法》设计的年度考核包括了年度利润总额和净资产收益率，任期考核的基本指标包括国有资产保值增值率和三年主营业务收入平均增长率，虽然综合考虑了企业的可持续发展能力和核心竞争力等因素，但没有充分体现中央企业的行业特点。为了解决这个问题，推动中央企业年度考核工作上水平、更规范、更精确，2008年起，国资委出台了《中央企业负责人年度经营业绩考核补充规定》，首次引入了"行业对标"原则，引导企业以同行业先进企业的指标为标杆，通过持续改进，逐步达到标杆企业的先进水平。这些分类指标既体现了行业特点，又突出了企业管理的"短板"，使业绩考核工作"上水平"，促进企业向国内外优秀企业看齐。

第五章　中国非公有制经济发展问题

在计划经济时代，单一公有制经济覆盖所有的经济领域。所有制形式高度单一化的结果是国民经济整体活力不足。我国尚处于社会主义的初级阶段，这一发展阶段的一个突出特点是各地区、各产业领域的发展高度不平衡，因而单一的公有制经济无法适应多层次生产力发展的需要。不同的所有制形式分别适应不同水平的社会生产力，在一定的经济环境中分别具有各自的比较优势。为了调动一切积极因素大力发展社会生产力，必须在坚持公有制经济主导地位的同时，毫不动摇地发展多种形式的非公有制经济，鼓励和支持不同所有制形式的经济和谐共存，共同发展。

20 世纪 80 年代以来，着眼于发展社会主义市场经济的需要，从中央到地方逐步扩大了非公有制经济的发展空间。可以说，改革开放的 30 年同时也是我国非公有制经济从无到有、成长壮大的30 年。

第一节　非公有制经济发展的现状

从 1978 年的十一届三中全会到今天，中国的非公有制经济（本书特指内资个体私营企业）发展已有 30 年的历程。在这期间，非公有制经济不仅成了社会主义市场经济的有机组成部分，获得了比较完善的制度框架的支持，而且成了促进社会主义市场经济不断完善的一支重要力量。在中国改革开放的历史中，仅次于公有制经济改革取得进展的事实，就是非公有制经济的不断发展。在市场竞争中，各方相互促进，取长补短，共同发展，实现了中国经济的持续快速增长。

一　非公有制经济在国民经济中的地位不断上升

1978 年年底，十一届三中全会历史性地将党的工作中心转移到以经济建设为中心上来。而当时，全国的私营企业数是零，个体经济为 14 万人（户）。

1987 年 10 月，十三大报告在论述社会主义初级阶段的所有制结构时指出，全民所有制以外的其他经济成分不是发展得太多了，而是发展得很不够，对于城乡合作经济、个体经济和私营经济，都要继续鼓励它们发展。这是改革开放后党中央首次在政治决议中明确允许私营经济在中国的发展。同年的年底，全国个体工商户已有 1373 万户，从业人员 2158 万人，注册资本 236 亿元。这些个体工商户中，实际上已包含了部分私营企业。

1988 年 4 月召开的七届全国人大一次会议通过了宪法修正案。在《宪法》第十一条中增加了如下内容："国家允许私营经济在法律规定的范围内存在和发展。私营经济是社会主义公有制经济的补充。国家保护私营经济的合法权利和利益，对私营经济实行引导、监督和管理。"同年 6 月，国务院发布了《中华人民共和国私营企业暂行条例》等有关法规。该条例明确规定，私营企业是指企业资产属于私人所有、雇工 8 人以上的营利性经济组织。这就从法律上重新确认了私营经济在我国经济中的合法地位。1988 年，全国私营企业已经达到 90581 户，从业人员 164 万人，注册资本 84 亿元；个体工商户 1453 万户，从业人员 2305 万人，注册资本 312 亿元。需要说明的是，在 1988 年宪法修正案和私营企业暂行条例颁布之前，有关部门在私营经济统计上，只能用"专业大户""个体大户""雇工企业"以及"新经济联合体"等名称来表示私营企业和个体工商户。在私营企业的合法地位确立之后，国家才开始对私营企业进行正式的登记管理。从此才开始有了私营企业的正式统计数据。

1999 年 3 月，九届全国人大二次会议通过宪法修正案。该修正案对《宪法》第十一条再次做出重要修改，即明确肯定："在法律规定范围内的个体经济、私营经济等非公有制经济，是社会主义市场经济的主要组成部分"，"国家保护个体经济、私营经济的合法的权利和利益"。修正案删去了 1988 年宪法中非公有制经济是社会主义公有制经济"补充"的提法。

据统计，当时，全国私营企业数已达到 150.89 万户，个体工商户 3160.06 万户，两者从业人员合计达 1.3 亿人。非公有制企业注册资本金达到 1.35 万亿元，并成为国家税收的重要来源之一。自改革开放以来，我国国民经济年平均增长 9.5%，而个体、私营经济年平均增长速度超过 20%，且年均增加 600 万个工作岗位。

2004 年 3 月 14 日，十届全国人大二次会议又一次通过宪法修正案。这是我国宪法自 1982 年颁布以来的第四次修正。其中，第二十条规定："公民的合法的私有财产不受侵犯。"这一规定标志着我国公民的私有财产权开始从一般民事权利上升为宪法权利，受到国家根本大法的认可与保护。

2005 年 2 月 25 日，国务院颁布了《关于鼓励支持和引导个体私营等非公有制经济发展的若干意见》（以下简称"非公 36 条"）。该文件的新规定着重于放宽非公有制经济市场准入和加大对非公有制经济的财税金融支持方面，旨在"消除影响非公有制经济发展的体制性障碍，确立平等的市场主体地位"。它明确宣布，允许非公有制资本进入法律未禁止的行业和领域。

在国家一系列鼓励非公有制经济发展的政策引导下，我国非公有制经济在国民经济中的作用越来越大，日益成为中国经济增长的主要推动力之一。

二　个体工商户的发展

个体工商户是我国的非公有制经济成分之一。这类私有经济与私营企业的主要区别是规模较小，基本上是个人或家庭式经营。这类以小商贩、小作坊为基本形态的个体经济在满足大众多样化生活需要、活跃城乡市场、提供就业机会、增加财政收入等方面发挥着巨大的积极作用，至今仍是我国非公有制经济中的重要组成部分。

（一）20 世纪 70 年代末至 80 年代初的发展

1979—1981 年是我国个体经济高速恢复的阶段。这一阶段，政府积极鼓励个体工商户发展的主要着眼点是解决城镇待业青年和社会闲散人员的就业问题。20 世纪 70 年代末 80 年代初，"文化大革命"刚刚结束，中国经济百废待兴，其中很突出的一个问题是如何妥善、迅速地安置大批回城的知识青年和社会闲散人员就业。

1980—1985 年，全国城镇需要就业的人数达到 3700 万人，仅 1980 年一年就需要安排 1200 万人就业。而当时的在职职工已经超过了 1 亿人，不少部门的人员已经明显过剩。因此，城镇就业压力十分巨大。从农村来看，家庭联产承包责任制的实施极大地提高了农业的劳动生产率，从土地上解放出来了大量剩余劳动力，这一部分人也需要在农业之外寻找就业门路。如果继续固守过去的劳动就业制度，所有的城镇劳动力统统由国家负责安排到国营企事业单位或集体企业就业，根本无法消化如此庞大的待业人口。在此现实的压力下，国家开始允许个体经济发展，以便让众多待业人员在计划体制外自谋生路。因此，20 世纪 80 年代里，个体工商户的从业人员主要由城镇待业青年、社会闲散人员和退休职工构成。在这三类人员中，社会闲散人员占有绝对比重（60% 以上），这主要是因为在当时的社会舆论环境下，从事个体工商业还不是人们的就业首选，而社会闲散人员最不容易获得国有企业事业单位和集体企业中的"正式"就业机会，因而很自然地就从事个体户职业。个体经济的发展在解决就业和稳定社会方面发挥了极其重要的作用。全国城镇个体工商户从业人员从 1978 年的 14 万人发展到 1981 年的 105.6 万人，大致恢复到 1957 年的水平。

（二）20 世纪 80 年代个体工商户的发展

个体工商户在 1981—1990 年的 10 年间，户数年均增长 24.6%，1990 年时发展到 1328 万户。与此相应，这一期间里，个体工商户的从业人数年均增长 28%，1990 年时达到了 2093 万人。而个体工商户的注册资本金年均增长 62.6%，1990 年时达到了 397 亿元。

个体工商户在 20 世纪 80 年代的重新兴起和发展当然是与国家对个体私营经济的政策鼓励有关。然而还有一个很重要的因素是改革开放所带来的全国经济市场化获得了显著的进展，如价格的全面放开以及指令性计划的大幅度减少。价格市场化和经济市场化的改革创造出了大量的市场机会，这为个体工商户的发展提供了巨大的空间。

20 世纪 80 年代，个体工商户的发展主要集中在商业、饮食、服务和修理业等几大行业。尤其是，从户数、从业人数以及总产值（营业额）等几个指标来看，商业是个体工商户的最重要发展领域，其所占比重远远高于其他行业。这主要是因为，在计划经济时代，长期禁止非公有经济的存在，各种小型商业网点几乎消失殆尽，只留下一些较大的国营商业网点，不仅数量少，而且服务差，给居民的生活带来极大不便，因而社会上对各种小型、便利、灵活、多样的商业服务存在巨大的潜在需求。当时，据测算，全国平均每千户城市居民所需要商业网点面积以 700—800 平方米为宜，但实际上只有 320 平方米左右。由于网点严重不足，居民购物、吃饭、理发、洗澡以及修修补补等都非常不方便。因此，20 世纪 80 年代个体工商户的发展首先集中在这些方面。20 世纪 80 年代，个体户的发展在相当大程度上缓解了全国商业、服务业网点不足以及品种单调的局面，并在几年内逐渐形成了取代国有网点和集体网点的态势。

从 20 世纪 80 年代中期起，从事采掘、制造和建筑业的个体工商户开始增多。这是因为商业的兴旺必然对制造业、加工业提出需求，同时经过几年的资金积累，部分个体户已经有能力涉足这些开业资金要求相对较高的行业。工商业的发展又必然带动客货运输量的增加，从而也刺激了个体运输业的大发展（1985—1990 年运输业的年均户数增加比例最高）。

（三）20世纪90年代以来个体工商户的发展

从1990年开始，个体经济开始走出低谷，其户数和从业人数均开始回升。到1991年底，全国个体工商户的户数回升到1417万户，从业人数回升到2258万人，比1989年分别增长6.7%和7.9%，但仍未达到1988年的水平。1992年2月，邓小平南方谈话以及同年召开的中共十四大为个体私营经济的发展创造了良好的政治环境和社会环境，个体、私营经济进入了一个新的发展时期。到1992年年底，全国个体工商户发展到1534万户，从业人员增至2468万人，均超过了1988年的水平。1993—1995年是个体工商户发展速度较快的3年。

总的来看，在20世纪90年代，个体工商户的数量、从业人数和营业额在1999年达到了最高峰，分别为3160万户、6241万人和21328亿元。此后，从2000年开始，个体工商户的户数和从业人数连续5年负增长，营业额也没有达到1999年的水平。然而，全国个体户的注册资金、产值和商品零售额等指标却基本上是上升的。这表明个体户的户均规模在上升。从年均增长率来看，1990—2005年的15年间，全国个体工商户的户数和从业人数年均增长4.2%和5.8%，远远低于80年代的24.6%和28%。注册资金、产值、营业额和商品零售额的年均增长率基本维持在20%左右。

为什么个体工商户的发展速度在20世纪90年代放慢了呢？主要原因大致如下：其一，个体户在80年代的高增长有它特定的历史背景和发展阶段，当时个体工商户的发展基本上是从零起步，基数小，其增长速度就会比较高。其二，从工商统计来看，20世纪80年代，因政策性限制，大量私营企业被迫按照个体工商户来注册，而到了80年代末90年代初，国家正式允许私营企业的存在和发展，从而开始了私营企业的注册。这样，大量企业摆脱个体工商户的身份，转而注册为私营企业。这必然导致个体工商户的注册户数减少，从而使个体工商户的增长速度放慢。其三，随着市场化改革的继续推进，市场竞争开始变得越来越激烈，到 20 世纪 90 年代中期，国内市场逐步由卖方市场转为买方市场，经营竞争压力上升，这在一定程度上减弱了新增个体工商户的开业冲动。其四，个体工商户受资金和规模的限制，在很多行业，尤其是制造工业领域中，无法与规模较大、技术先进、治理结构合理的外资企业和私营企业相抗衡，使大量小型个体工商户被淘汰出局。其五，自 90 年代后期起，中国进入城市化加速发展时期，大量的农村居民离开农村进入城市，这导致农村个体工商户的数量大幅减少。所以，尽管 90 年代后期以来，个体工商户的户数增长较慢，但其资金和产值等方面的平均规模却保持了较高速度的增长。这说明，尽管个体工商户的数量有所减少，但个体工商户的平均经营规模却在逐年扩大。

总之，个体工商户在中国经济中具有不可替代的地位，保护和鼓励个体工商户的发展应该是发展非公有制经济的一个重要方面。今后，在这方面应该进一步采取措施，为发展和繁荣个体经济创造有利的体制和政策环境。

三　私营经济发展的新特点

自 20 世纪 90 年代后期以来，中国经济在整体上进入一个产业结构升级的发展阶段，即重化工业化阶段。与此相适应，中国私营企业也开始迈出了产业升级的步伐。在此之前，中国私营企业的行业分布主要集中于一般制造、建筑、运输、商贸和服务业等劳动密集型产业领域，而近几年来，中国的私营企业开始向资本密集型和技术密集型产业以及基础设施、公益事业等领域拓展。不少有实力的民营企业通过投资、兼并以及参与国企改制等方式进入了一些原来由国有资本占优势的行业，在大型化工、冶金、汽车制造、电力等行业中已经出现了投资规模达几亿元、几十亿元甚至上百亿元的民营企业。我国非公有制经济已经开始向规模化、重型化和资本集约化的方向发展了。

在组织结构方面，民营经济在规模结构上已经涌现出一批资本密集、技术密集的大企业、大集团。2001 年时的浙江私营企业的户均资产是 76 万元，现在已上升到 118 万元。全国非公有制企业中，注册资金在 100 万—500 万元区间的企业有 45 万户，500 万—1000 万元的企业有 9 万户，1000 万元以上的企业有 5.5 万户，1 亿元以上的企业有 1200 户。

在企业治理方面，不少私营企业已经开始从家族式经营向投资主体多元化的公司制企业治理转变。2003 年，我国 300 万户私营企业中有限责任公司达到 230 万户。目前，全国已有 200 多家由私人企业控股的上市公司，占全部上市公司总数的 20% 左右。

过去，民营经济在沿海地区发展较快，占全国的比重也较大。现在，民营经济在中西部地区的发展正在加速，其比重也在不断提高。近年来，中西部地区非公有制经济发展超过了全国非公有制经济的增长速度，在地方经济中的比重日益提高。多数地区非公有制经济占 GDP 的比重已达 1/3 左右。2003 年，河南省民营经济创造的 GDP 已占当地 GDP 的 40% 以上，民营经济提供的税收占当地总税收的 25% 以上。陕西、四川两省的民营经济均已占其所在地区总量的 40% 左右，云南、甘肃等省的非公有制经济在当地经济中的比重也已达到 1/4—1/3。

在产业布局上，民营经济早先以小规模的分散化经营为主，现在，部分地区已经形成了一批以专业化和规模经营为特征的民营经济产业集群。如在浙江等地出现了各种富有特色的民营经济产业集群，它们中有的被称为"专业镇"或"区块经济"。这些地方性民营经济产业集群的主要特征是，围绕龙头企业或名牌产品，千家万户分工合作形成了社会化的大型生产网络。人们称这类专业化产业集群为"小产品、大市场"、"小企业、大合作"。浙江省产值超过亿元的各种区块经济共有 500 多个，其中，产值超过 10 亿元的有 150 多个，产值超过 50 亿元的有 30 多个，有的还超过了 100 亿元。有一些产业集群已成为我国重要的制造业基地，其产品在全国占有很高的市场份额。如浙江温州的打火机和眼镜出口占全国总量的 90%，溧州的领带产量占全国的 80%，等等。

民营经济过去一直是以国内市场为主，近年来开始向国际市场迅速扩张和发展。随着外贸经营权的放开，私营企业外贸出口迅速增加。目前，"中国制造"的产品遍布全球，私营企业的产品在其中占有很大比重。江苏的纺织品和服装、浙江的各种轻工产品都占据着欧美的大量市场份额。此外，民营企业到海外上市和海外投资的步伐也大大加快。2000 年，以新浪、搜狐等代表新经济的创业型企业在海外资本市场成功募集。2004 年，国美电器、蒙牛乳业、盛大网络、慧聪国际等民营企业通过境外壳公司相继在境外成功间接上市。时至今日，已有百度等多家国内民企在海外挂牌上市。目前，正在准备海外上市的民企还有多家，包括顺驰地产、汇源果汁、奥克斯电器、汉王科技等数百家国内优秀民营企业。此外，海外投资也是民营企业拓展的一个方向。当前，民营企业的对外投资尚处于起步阶段，规模不大，多采用设立销售公司、建生产厂、设研发中心和工程承包等形式。

尽管国内的资本市场发展迅速，但融资机制单一，使大批民营企业仍面临融资难的束缚。对急需资金加速扩张的民营企业来说，通过海外资本市场实现上市往往能在上市前就通过私募获得一笔资金。同时，从中介进场到上市完成期间的时间是可预测的，公开招股资金到位也很快。而且，在海外上市还可以提高企业在海外上市的知名度。而引进海外战略投资者也有助于提高企业的管理水平。因此，民营企业海外上市的步伐在迅速加快。有数据显示①，2006 年，到海外上市的近百家企业中，民营企业占 87%。99 家在海外上市的民营企业中，有 75 家选择了中国香港或新加坡作为上市地。至 2006 年年底，在境外证券市场上市的中国民营企业共有 605 家。这 605 家企业的营业收入总额约为 7740 亿元人民币，平均每户约为 13.3 亿元。它们的营业收入平均增长率为 38%。全部民营上市企业产生的净利润为 552 亿元，平均每家企业为 1.26 亿元，平均总资产

---

① 《每日经济新闻》2007 年 7 月 16 日。

收益率为 4.97%。在平均绩效方面，2006 年，海外上市企业的平均净资产收益率为 24.1%，而内地上市企业的相应指标是 9.7%，显示出前者在盈利能力方面优于后者。

第二节　大力发展和积极引导非公有制经济

一　非公有制经济发展面临的问题

从目前的态势来看，尽管我国非公有制企业的发展环境已有很大改善，但阻碍和限制非公有制经济发展的体制、政策因素依然存在。自从 2005 年国务院颁布《关于鼓励支持和引导个体私营等非公有制经济发展的若干意见》以来，其落实情况仍然不能令人满意。这主要表现为以下几个方面：

第一，对民营企业的进入领域仍存在各种有形或无形的限制。有些领域尽管国家并未规定不允许民营企业进入，但由于地区和部门垄断的存在，使民营企业实际上无法自由进入，或者即使能够进入，也会面临诸多限制，无法与既有企业公平竞争。有许多领域早就对外资开放，但民营企业要想进入，仍会面临重重障碍。总的来看，在基础设施、大型装备制造业、金融业、能源、原材料、通信、科教文卫等领域，依然没有对民营经济充分开放。

第二，民营企业（尤其是中小型民营企业）在获取生产要素方面仍然面临种种不公平待遇。这在民营企业的融资渠道和投资用地上表现得较为突出。改革开放以来，除少数大型的著名民营企业外，绝大多数民营企业在融资上都是以内部融资为主，银行融资和证券融资对于民营企业来讲一直是较难获得的渠道。这种状况严重阻碍了民营企业上规模、上档次，不利于民营企业公平地参与市场竞争，也不利于民营企业提高创新能力。民营企业的投资用地受到限制，不少民营企业土地产权关系不明晰，难以办妥产权证和土地使用证，无法利用所占用土地进行贷款抵押等。这也成为许多民营企业发展中的苦恼。

第三，信用和法制建设滞后，企业间的契约执行得不到有效的保证，极大地提高了民营企业的交易成本，阻碍着民营企业的更快发展。另外，一些地方的政府机构在招商引资活动中缺乏诚信、行为短期化，对相关政策采取实用主义态度，于己有利的就执行，于己不利的就不执行，甚至签了合同却事后反悔，严重地挫伤了民营企业的投资积极性。

第四，一些民营企业在企业内部还存在以下问题，比如，它们多集中在劳动密集型产业，集中在产业链的低技术加工环节，依附性明显；企业平均规模偏小，管理和经营能力不足，投资盲目性大；企业生命周期短（3—5 年）、死亡率比较高；竞争力不足；缺乏现代企业组织制度及治理结构；人才、技术和创新能力不足；信用水平比较低；在依法经营和人权、环保、资源开发、职工权益、公共关系等方面体现的社会责任不足等。

二 非公有制经济未来的发展方向

（一）正确处理发展公有制经济和发展非公有制经济的关系

依据宪法，坚持十六届三中全会、四中全会决议和"十一五"规划中关于所有制结构的政策规定，特别是认真贯彻十七大报告关于坚持和完善基本经济制度的精神，正确处理好发展公有制经济和发展非公有制经济的关系，是一个重大问题。

中国改革开放以来，所有制结构调整已进行了 30 年时间，久经国内外风云变幻的历练，凝聚了比较丰富的国内、外正反两方面经验。现在，原来公有制经济一家独大的局面已经转变为公有制经济、混合所有制经济、非公有制经济三足鼎立的所有制新格局。这种所有制结构改革在实践中既区别于苏东等转轨国家的"休克疗法"和追求彻底私有化的"新古典主义"目标，避免了那种"变异"的市场经济版本和巨大的转轨成本；又区别于 20 世纪八九十年代一些传统市场经济国家主要在基础产业领域实行的全盘私有化。中国在改革进程中避免了新自由主义政策带来的生产性和消费性财富交融的两极分化加剧、社会矛盾发展、多民族国家解体、人口绝对量下降等各种社会弊病和灾难的聚集性发作。中国在进行所有制结构改革的同时基本实现了社会稳定，在国民经济中形成了广泛的竞争关系，促成了 GDP 的持续高速增长，并为积极调节已经出现的社会矛盾（包括收入分配问题）保留了必要的经济手段和行政手段，显示了中国社会主义市场经济的特色。

2003 年 10 月，在《中共中央关于完善社会主义市场经济体制若干问题的决定》中，将完善所有制结构的改革内容概括为：（1）坚持公有制的主体地位，发挥国有经济的主导作用，积极推行公有制的多种有效实现形式，加快调整国有经济布局和结构。（2）使股份制成为公有制的主要实现形式。大力发展国有资本、集体资本和非公有资本等参股的混合所有制经济，实现投资主体多元化。（3）进一步推动国有资本更多地投向关系国家安全和国民经济命脉的重要行业和关键领域，增强国有经济的控制力。其他行业和领域的国有企业，通过资产重组和结构调整，在市场公平竞争中优胜劣汰。发展多种形式的集体经济。（4）要大力发展非公有制经济。支持非公有制中小企业的发展，鼓励有条件的企业做强做大。非公有制企业要依法经营，照章纳税，保障职工合法权益。要改进对非公有制企业的服务和监督。

正是在这种改革思路的指导下，以及在中国已经进入世界贸易组织后过渡期的时候，2005 年 2 月下旬，国务院颁布了"非公经济36 条"，以进一步改善制度环境，促进平等竞争，应对世界贸易组织和全球化，引导内资非公有制经济健康发展。

2007 年 10 月，十七大报告在深刻总结改革开放经验的基础上，重申了坚持社会主义市场经济体制的改革方向不动摇。在这个前提下，以科学发展观为统领，坚持公有制经济为主体，国有经济为主导，鼓励、支持和引导非公有制经济健康发展，更加注意解决社会公正和公平问题，努力建设和谐社会，是处理好公有制经济和非公有制经济关系的基本原则。

（二）逐步落实"非公经济36条"，进一步完善政策环境和市场经济体制

近几年来，个体私营等非公有制经济的政策环境经历了一系列重大突破。国家促进非公有制经济发展的制度框架基本形成。最基本的标志是，非公有制经济已经是社会主义市场经济和"基本经济制度"的重要组成部分，宪法规定合法的私有财产不受侵犯，非公有制经济获得了完整的合法地位。同时，其他已经出台或正在制定中的各种法律法规和政策性文件，特别是"非公经济36条"的发布，已经或将陆续在各个具体环节上实现重点突破。非公有制经济发展的政策环境和体制环境已经并将继续发生重大变化。

当前和今后一段时期中，政府有关职能部门继续落实"非公经济36条"及其配套政策，将是重要的事情。因为，尽管中国在市场体制建设方面已经取得了更多的进步，非公有制经济的政策环境已经更加宽松和有保障，但其进程是不平衡的。另外，我国非公有制经济的发展虽然较快，但也还存在着整体素质有待提高，增长方式粗放，结构不合理和劳资矛盾比较突出等方面的问题，"与科学发展观的要求，还有较大的差距"。[①]

为了进一步解决这些问题，根据十七大精神，国务院2008年政府工作报告提出：要继续"认真落实鼓励、支持和引导个体私营经济等非公有制经济各项政策，尤其要解决市场准入和融资支持等方面的问题"。同时，报告有针对性地强调，要认真贯彻劳动合同法。

目前政府有关部门为落实"非公经济36条"正在积极采取的措施如下：

（1）完善法规，破除体制性障碍。继续修订限制非公有制经济发展的法律法规，消除非公有制经济发展的体制性障碍，不断完善

① 《国家发展和改革委员会副主任欧新黔在2007年中国重庆非公有制经济论坛上的演讲》，2007年11月15日，转引自国家发展和改革委员会网站（http：//www. sdpc. gov. cn/）。

非公有制经济在主体、产权、税收、融资等方面的法律法规，逐步将党和政府鼓励非公有制经济发展的政策，转变为法律。

（2）推进公平准入，改善融资条件。目前，非公有制企业在市场准入或投资领域仍然面临着一些限制，虽然目前已经出台了不少公平准入的政策，要进一步地落实狠抓督促检查，并在实践当中不断完善。重点是要把各个领域的市场准入工作做好，加紧出台具体办法。要尽快明确准入条件，公开准入程序，真正做到平等准入，公平待遇。融资难是制约非公有制经济发展的突出问题，对此，各有关部门已经采取了一系列的措施，融资条件目前有一定的改善，但要进一步采取措施，拓宽直接融资的渠道。

（3）推动非公有制经济产业升级。引导非公有制经济调整和优化产业结构，转变经济发展方式，通过行政、法律和市场调节等多种方式引导企业退出高消耗、高污染行业。自觉地节约资源，保护生态，促进"十一五"期间的节能减排目标的实现。引导非公有制企业走专、精、特、新的发展路子，鼓励和支持非公有制企业与大企业协作配套，支持非公有制企业继续发挥劳动密集型产业的竞争优势，鼓励非公有制企业进入服务领域，特别是高技术产业、现代服务业和新技术产业，鼓励沿海地区一般加工业按照比较优势的原则向西部地区、东北部地区的老工业基地和中部地区转移，形成各具特色、分工合理、优势互补、协调发展的区域经济格局。鼓励和支持中小企业和非公有资本在老少边穷地区投资兴业，充分发挥非公有制经济在增加农民收入上的骨干作用，发展农副产品加工，带动农业和农村经济结构的调整，加强规划引导，改善集聚条件，完善配套功能，培育区域品牌，发展产业集群，加快产业升级的步伐。

（4）引导非公有制企业加强节约资源，保护环境。我国人均资源短缺，生态环境脆弱，目前我国的非公有制经济和中小企业是互为主体的，非公有制经济当中90%以上是中小企业，中小企业当中90%以上是非公有制经济。当前有一些中小企业过度地拼价格、拼劳力、拼资源、拼环境，生产设备比较简陋，劳动保护措施缺乏，不仅浪费了大量资源，而且污染了周围环境，甚至发生安全事故，给人民群众的生命财产也带来了损失。任何企业追求利润都是正当的，而且应当依法得到保护，但是不能以损害公共利益为代价，不能以浪费资源和污染环境为代价，更不能削弱国家可持续发展能力。企业也必须履行应该承担的社会责任。

（5）加强企业管理，引导企业关爱职工，做强做大。积极引导非公有制企业深化改革，探索适合于非公有制企业的科学治理结构，引导企业加强内部管理，向管理要效益，不断地学习和采用国内外先进的管理理念、方法和手段，推进管理创新，做强做大。行政部门要坚持依法行政，引导和监督企业依法经营，诚实守信，认真履行社会责任，加强对企业安全生产、环保卫生、资源开采、土地使用等方面的监管，深入整顿和规范市场经济秩序，引导企业认真贯彻劳动合同法，关爱职工，自觉维护劳动者权益，加强安全保护，改善生产条件，完善员工工资正常增长的机制，按时足额缴纳社会保障资金，促进社会稳定和谐。

良好的市场体制是促进非公有制经济发展最重要的工具。政府的公共政策是市场体制正常运行的有机组成部分。国际经验和国内的改革实践表明，建设和完善这种体制（包括完善政府职能）是一个长期和充满挑战的复杂过程。当前，政府通过改善公共管理政策，激发制度潜力，优化非公有制经济的发展环境，是能够进一步促进其健康发展的。

另外，针对有关非公有制经济的数据存在"数出多门"、"底数不清"的问题，研究改进和完善现行统计制度，制定加强对非公有制经济发展动态进行监测和分析的方案，对于及时准确反映非公有制经济的发展状况，实行信息公开化，完善政策制定机制，加强政策和信息引导，是非常必要的一项基础性技术工作。

再者，要加快制定国有资产法，以保证法律体系中"私法"和"公法"的平衡性，完善保护各类产权的法律体系，全面落实基本经济制度，全面落实十七大报告要求的"平等保护物权"。因为，"公法"不完善，实际上也不利于保证"私法"的公正性和实施。这也是当前需要积极解决的（有关法律方面的）一项重要的技术性配套工作。

第六章 财税体制改革问题

　　财政是国家为满足社会公共需要，对一部分社会产品进行分配和再分配所形成的分配关系。它不属于一般的分配活动，而是以国家为主体的分配关系。随着政府在社会生活中的作用日益增强，各国都不同程度地发生了财政在 GDP 中所占比重逐渐上升、财政收支活动对整个经济影响越来越大的变化。中国在由计划经济向市场经济转轨的过程中，财税部门作为为政府理财的主要部门，经历了由政府的公共财政与企业财务合一、组成统一的国家财政系统逐渐向公共财政方向的转变。财税体制经历了深刻的变革。这种变革，至今仍在继续进行。

第一节　中国财税体制改革的历程

　　新中国成立以后，随着向社会主义过渡的完成，中国建立了符合计划经济特点的财政税收体系，并经历过多次变动。

一　1980—1993 年的财税改革

　　1976 年"文化大革命"结束后，百废待兴，为解决生产和生活上多年的"欠账"，公共财政出现多种增支减收因素；加之 20 世纪 70 年代末开始的国有企业"扩大企业自主权"改革，扩大企业财权，增加工资、发放奖金，更增加了财政平衡的困难。于是，在 1979 年出现了巨额的预算赤字。为了调动地方政府增收节支的积极性和保证中央的财政收入，从 1980 年起，中国的财政预算体制由单一制转向包干制，既给予地方政府增收节支的刺激，又维持中央政府的财政收入不再下降。

（一）"分灶吃饭"

1980 年，除北京、天津、上海三个直辖市仍实行接近于"统收统支"的办法外，其他省和自治区均实行"分灶吃饭"，即在中央与地方之间按预先规定的办法分配收入的财政管理体制。25 个省和自治区中，"分灶吃饭"有几种不同的形式：

（1）对江苏省继续实行固定比例包干办法。江苏省自 1977 年初就开始进行固定比例包干的财政管理体制的试点。也就是依据江苏省以往地方财政支出占总收入的比例，确定一个适当的上缴比例，五年不变。实际上，每年都有调整，上缴中央和地方留用的比例，1977 年为 58：42，1978—1980 年为 57：43，1981 年为 61：39。

（2）对广东、福建实行"划分收支、定额上缴或定额补助"的办法。以它们 1979 年财政收支决算数字为基数，确定一个数额，一定五年不变。广东每年固定上缴 10 亿元，福建每年固定补贴 10 亿元，执行中收入增加或支出结余全部留归地方使用。

（3）对四川、浙江、陕西、辽宁、甘肃、黑龙江、河南、河北、湖北、江西、湖南、安徽、山东、山西、吉林 15 个省，采取"划分收支、分级包干"的办法。"划分收支"是指根据纵向上下级关系，区分中央和地方的收入和支出范围。"分级包干"指根据划分的收入和支出范围，以某年收入预计数额为基准计算，地方收入高于支出的，剩余部分按比例上缴；支出高于收入的，差额部分由中央从工商税中确定一定比例进行补给。如仍不够，中央提供一定数额的调剂。上缴比例和补助数额确定后，四年不变。在包干的四年中，地方收入高于支出的可以多支，支出高于收入的就要少支，自行进行预算，努力寻求收入和支出的大体平衡。

（4）对内蒙古、新疆、西藏、宁夏、广西 5 个自治区和云南、青海、贵州 3 个少数民族较多的省，仍然实行民族自治地方财政体制，保留原来的特殊照顾，并做两条改进：首先是比照 15 省，也采取包干的办法，区分收入和支出范围，提出中央补给的额度，开始是一年一定，后修改为一定四年不变。其次是地方将保留地方收入增长部分，中央财政的补给额度每年递增8%。

1980年实行"分灶吃饭"体制时，决策者将其看作一种过渡性的财政体制，只准备实行5年，然后，在1985年改为按税种划分中央和地方的财政收入，重新核定各级财政的支出范围。然而这一设想没有成功，"分灶吃饭"非但没有被取消；相反，还从1988年起被固定为一种正式的制度——财政大包干。

（二）财政大包干

1988年实行的财政大包干，是1980年"分灶吃饭"制的继续和发展。其特点是将全国37个省、自治区和计划单列市都纳入包干体系，分别实行六类包干办法。

（1）"收入递增包干"。北京、河北、辽宁、浙江、河南、重庆市等地采用这种办法。也就是说，参照前一年地方财政决算收入和地方取得的支出标准，根据各地近几年的收入增长情况，核定地方收入递增率（环比）的比例、留成比例和上缴比例。属于递增率以内的收入，按核定的留成比例、上缴比例，进行中央与地方的分成；高于递增率的收入，均要划归地方；收入不及递增率的，则地方只有用自有资金补充。

（2）"总额分成"。山西、安徽、天津采用这种办法。具体做法是：参照前两年的平均财政收支情况，确定收入和支出基准额度，根据地方支出在总收入中的比重，明确地方的留成比例和上缴中央的比例。

（3）总额分成加增长分成。也就是以"总额分成"办法为样板，收入超过上年增长的部分，额外增加分成比例。实行这个办法的有大连、武汉和青岛。

（4）上缴额递增包干。广东、湖南采取这种办法。也就是根据前一年上缴中央的收入比例，每年按10%比例递增上缴。

（5）定额上缴。山东、黑龙江和上海采用这种办法。具体做法是：按原来核定的收支基数，收大于支的部分，确定固定的上缴数额。实行这个办法的有三个地区，其上缴数额分别为：上海市104亿元；山东省（不包括青岛市）5.68亿元；黑龙江省（不包括哈尔滨市）3.99亿元。

（6）定额补助。吉林、江西、福建、陕西、海南、内蒙古、广西、贵州、云南、西藏、青海、宁夏、新疆、湖北等地实行这种办法。也就是说，根据前一年核定的收支额度，支出超过收入的部分，采取按一定数额补给。

"分灶吃饭"和财政大包干本质上都属于财政承包制，确实起了促进各级地方政府努力增产增收的作用，但也带来了很多问题。首先，它造成各地区之间"苦乐不均、鞭打快牛"的状况。如到20世纪80年代中期，广东省的经济水平已与上海接近，上海每年上缴中央财政120亿元左右，而广东的上缴定额只有10亿元左右。其次，它强化了对市场割据的激励，妨碍了统一市场的形成。"分灶吃饭"和财政大包干按照行政隶属关系把国有企业的利润和企业所得税规定为所属财政预算的固定收入。各级政府为增加收入，一方面千方百计扩大基本建设规模，用政府投资兴办地方国有企业；另一方面广泛采用地区封锁、税费歧视、变相补贴等办法保护自己的企业免受外来企业的竞争，使地方保护主义行为在全国蔓延。

二　1994年开始的财税体制全面改革

（一）财政预算的分税制

分税制是实行"财政联邦主义"的市场经济国家通常采用的预算制度。其特点是按照各级政府预算的事权在各级政府间划分支出范围和按照各种税种的性质在各级预算之间划分收入来源，同时用中央政府对各下级政府的转移支付来平衡不同地区公共服务水平的一种财政体制。分税制标志着从旧财税体制向新财税体制的突破，它彻底改变了地方政府的融资方式，重建了中央政府和地方政府之间的收入分配关系。中国从1994年1月1日起在全国范围内实行分税制，分税制的主要内容有：

（1）在政企职责分离的基础上，明确省、县（市）、乡（镇）政府的职能，按职能划分各级政府的事权。

（2）根据事权与财权统一的原则，依照各级政府的事权，确定它们各自的支出范围。

（3）根据受益性质和征管有效性原则，科学区分各税种收入。把涉及维护国家安全和重大权益及进行宏观调控的税种划分为中央税，如关税、消费税、中央企业所得税，等等；把关系到地方经济和社会发展关系且联系紧密、税源较分散、需要由地方征管的税种划分为地方税，包括营业税、地方企业所得税等；将收入稳定、数额较大的主体税种分为中央与地方共享税，如增值税（中央76%，地方25%）、资源税（海洋石油资源税作为中央收入；陆地资源税作为地方收入；证券印花交易税，中央与地方各分享50%，2002年这一比例调整为97∶3）。并使中央财政收入占总收入的60%左右，中央支出占总支出的40%左右。

（4）逐步建立按公式计算的中央财政对地方财政的转移支付制度。将约占财政总收入20%的中央财政资源转交给收入水平较低的地方政府，以便逐步缩小地区间政府服务水平的差距。

在进行分税制改革的同时，还进行了一系列财政管理体制的配套改革。

一是进行税种的改革。把过去按所有制划分的税率不一的各种所得税，统一为按33%的税率征收企业所得税，并合并了一些税种。建立了以增值税为主体，消费税和营业税为补充，以公平、中性、透明和普遍征收为特征的现代流转税制度。

二是对税务机构进行了改革，分设国家税务局和地方税务局。前者主要负责征收中央税和中央与地方共享税，后者主要负责征收地方税。

三是进行预算体制改革。一方面实行和改善复式预算，复式预算把国家预算分为经常性预算和建设性预算两部分。经常性预算收支，是国家以社会管理者身份取得的各种税收和其他收入，并以此履行其相应的社会管理者职能的收支。建设性预算收支，是国家以国有资产所有者身份取得的收入，并以此履行这种所有者职能而进行的建设支出。另一方面，预算体制进一步完善。中国政府共分五级，相应的政府预算也设五级。第一级为中央预算，由中央各部门及直属单位的预算组成，包括地方向中央上缴的收入和中央返还或补贴给地方的数额；第二级为省（22 个）、直辖市（4 个）、自治区（5 个）预算；第三级为地区级单位（共 331 个）预算；第四级为县级单位（包括县、县级市、市辖区等，共 2109 个）预算；第五级为乡镇级单位（共 44741 个）预算。① 第二级到第五级预算是地方预算，每一级都由本级预算和汇总的下一级预算组成，包括向上一级上缴的收入和返还或补贴给下一级政府的数额。

（二）清理"预算外收入"

中国各级政府都有所谓"预算外收入"。在新中国成立之初，实行高度集中于中央政府的统收统支制度，允许地方政府作为"预算外收入"自收自支的只是农业税附加和机关生产收入。到 1957 年，预算外收入也不过相当于当年预算内收入的 8.5%。"大跃进"时期，由于经济体制改革和财权的下放，预算外资金的范围扩大。1978 年改革开放以后，在预算内财政收入趋向萎缩的同时，各级政府的预算外收入却日益增加。

政府预算外收入的膨胀，造成了政府机构和官员贪污浪费盛行，企业和居民不堪重负等一系列恶果，社会反应强烈。1998 年上任的朱镕基总理宣布实行"费改税"，对预算外收入项目进行清理和整顿。到世纪之交，清理规范预算外收入的工作取得了明显的成效。据财政部报告，中国政府预算外收入同预算内收入之比，最高年份是 1∶1，到 2000 年这个比例已经降到了 0.28∶1。2001 年，财政部对各预算单位进行"收支两条线"管理改革。这项改革的核心内容是：收支脱钩、收缴分离，逐步淡化和取消预算外资金，全部纳入

---

① 黄佩华等：《中国：国家发展与地方财政》，中信出版社 2003 年版，第 25 页。

预算管理。2002 年，财政部规定部门的预算外收入全部纳入预算管理或财政专户管理①，34 个中央部门实现了这一改革。从 2003 年开始，所有具有"执收执罚"政府职能部门的行政事业性收费和罚没收入都要缴入"财政专户"，它意味着"预算外收入"的终结。

三　1998 年后的公共财政体制改革

（一）公共财政体制改革的提出

在计划经济条件下，中国财政是一个由全能政府实施的囊括公共部门和私人部门的财务活动的系统。虽然经过了 20 多年的改革，财政系统依然保留了计划经济下财政体系的许多特征，引致一系列消极后果。一方面，政府将大量财政资源投入竞争性领域的国有企业中。由于国有企业不具有非国有企业那样的市场适应性和竞争力，因此，这样的配置实际上是社会资源的浪费。另一方面，政府缺乏足够的资源来支持在公共安全、义务教育、公共卫生等方面的公共服务。根据最近的调查统计，由于缺乏必要的资金支持，中国大部分农村没有普及法律所规定的九年义务教育。2003 年的一场 SARS，暴露了中国公共卫生体系的严重问题。这种情况说明，中国公共财政体系还没有完全建立。

公共财政作为新时期财政体制的新框架是随着市场化的推进而逐渐明确的。1998 年年底，在全国财政工作会议上，中国政府提出了开始实施构建公共财政基本框架的设想；党的十五届五中全会在《中共中央关于制定国民经济和社会发展第十个五年计划的建议》中明确将建立公共财政初步框架作为"十五"时期财政改革的重要目标；党的十六大报告中强调完善预算决策和管理制度，加强对于支出的监督；党的十六届三中全会《中共中央关于完善社会主义市场经济体制若干问题的决定》中进一步提出了健全公共财政体制的改革目标。中国政府提出的"建立适应社会主义市场经济要求的公

① 项怀诚：《关于 2001 年中央和地方预算执行情况及 2002 年中央和地方预算草案的报告》，《财经时报》2002 年 3 月 7 日第 3 版。

共财政框架"的目标。"建立公共财政的初步框架"的首要任务是："进一步调整和优化财政收支结构，逐步减少营利性、经营性领域投资，大力压缩行政事业经费，把经营性事业单位推向市场，将财力主要用于社会公共需要和社会保障方面。"为此，国家财政要顺应政府职能转变的需要，进一步调整和优化支出结构，逐步规范公共财政收支范围。要逐步退出一般竞争性领域，逐步减少对企业的经营性发展项目、应用性研究项目的资助，增加对教育、科技、卫生、公共安全、社会保障、基础设施建设等的保障力度。与优化财政收支相配合，中国政府还在扩大推行政府采购制度等方面进行了一系列改革。

（二）公共财政体制改革措施

伴随公共财政认识的加深，公共支出规模扩大和借鉴成熟市场经济国家相关理论与实践而提出的公共财政改革目标，推进了部门预算、"收支两条线"管理、国库集中支付、政府采购制度四项改革措施，这四项改革措施相辅相成，成为公共财政体制改革的核心内容。

1. 推行部门预算改革

2000 年以后，国家财政部着手实施中央部门预算体制改革，即每个部门均有自己的独立预算，由基层单位自行编制预算构成了各部门的预算，既有一般预算，也有基金预算，完成预算后逐级上报，一直到各部门将本部门的预算汇总后，由财政部给予最后的审核。接着，由财政部汇总各部门的预算后上报给国务院审定，再经全国人大审议批准。人大经过表决批准后，这个预算才具有了法律效力。在经财政部批复预算的基础上，各部门方可执行该预算，财政部履行监督的职责。通过这三方面改革，建立完善、透明、开放的公共财政管理体制。

2. 深化"收支两条线"改革

2001 年，国务院办公厅转发财政部《关于深化"收支两条线改革"进一步加强财政管理意见》的通知，以综合预算编制为出发点，以预算外资金管理为重点，强调收支脱钩为中心，以国库管理制度改革为保障，明确进一步深化收支两条线改革的步骤和措施。2002 年财政部进一步加大和深化"收支两条线"的管理工作。针对中央部门的不同情况，分别采取将预算外资金纳入预算管理和实施收支脱钩管理等办法。2004 年，中央纪委发布《中央和国家机关贯彻落实 2004 年党风廉政建设和反腐败工作部署的分工意见》，要求财政部会同监察部等有关部门进行财政体制改革，健全公共财政体制，逐步将政府的非税收入全部纳入"收支两条线"管理。

3. 全面实施政府采购

政府采购制度是以公开招标、投标为主要方式选择供货商（厂商），从国内外市场为政府部门或所属团体购买商品和劳务的一种制度。它具有公开性、公正性、竞争性的特征，公开竞争是政府采购制度的基石。这种制度能使政府有效地利用商业竞争机制，从市场上买到最佳性能和低廉价格的商品和劳务，节省费用，防止腐败，使税收和财政支出产生更大的效益。

2003 年 1 月 1 日，《政府采购法》正式实施，这对于规范政府的采购行为，加强财政支出管理，提高政府采购资金的使用效率，保护政府采购的合法权益，维护国家利益和社会公共利益，均起到了重要的促进作用。

4. 进行国库管理制度改革

2001 年 2 月 28 日，国务院第九十五次总理办公会议同意财政部会同中国人民银行报送的《财政国库管理制度改革方案》，确立了我国财政国库管理制度改革的目标、指导思想、原则以及各种配套措施的实施步骤。我国财政国库管理制度改革是建立以国库单一账户体系为基础、资金缴拨以国库集中支付为主要形式的财政国库管理制度。其主要内容是，建立国库单一账户体系基础上的国库集中收付运行机制，收入收缴的资金及时进入国库单一账户或财政专户，取消层层汇缴的中间环节，直接支付按照用款计划和规范程序，直接支付到供货商最终用款单位，取消层层支付的中间环节，使财政资金在未支付到收款人之前一直保存在国库。通过这样的改革，资金由中转变为直达，从根本上改变了传统的财政资金运行机制，并且资金的运行过程可通过电子化的监控程序实时监控，有效提高了预算执行的透明度，有效防止了财政资金筹集运用过程中"跑、冒、滴、漏"的现象。截至2007年年底，中央所有部门及所属9300多个基层预算单位实施了国库集中支付改革，地方36个省、自治区、直辖市和计划单列市，300多个地市，1300多个县（区），超过23万个基层预算单位实施了国库集中支付改革。

第二节　深化财税体制改革与创新的展望

一　实现公共财政体系从建设财政到服务财政转变

作为社会主义市场经济下的财政，公共财政与计划经济体制下的财政的最根本区别，也就是它的实质是公共服务型财政，而并非是生产建设型财政。所以，总结我国社会主义市场经济体制不断完善的实践经验，集中到一点，我们必须加快完成由计划经济体制下的生产建设型财政向市场经济体制下公共服务型财政的过渡，因为在社会主义市场经济体制下，政府公共服务职能与企业的市场职能是有着根本区别的。也就是说，企业的市场职能是借助市场手段对居民销售私人产品和服务，而政府则利用公共财政对居民提供公共产品和服务。政府的公共财政首要的和根本的任务是实现基本公共服务的均等化。

中共中央十七大报告明确指出要进一步完善公共财政体系，建立和完善公共财政体系和公共财政的相关制度应作为进一步改革的出发点，在改革财政收支管理的基础上，逐步转变财政资金的投入方向，加大对于教育、文化、社保、医疗等公共服务产品的投入力度，建立一套完善的社会保障和公共服务的制度，在下一步改革中，推进社会保障预算改革，建立完善的医疗保障体制和政府资金支持体系，全面落实九年制义务教育的经费保障机制，推进廉租房建设，实现十七大报告中提出的"学有所教、劳有所得、病有所医、老有所养、住有所居"的社会目标。要增加对文化领域的投入，特别是增加对群众文化的投入，以便提高文化产品的数量和质量，繁荣人民群众的文化生活，实现文化的大繁荣、大发展，提高我国的软实力。

二 建立中央与地方财权事权和财力相匹配的财政管理体系

财政体制改革的一个重要任务，就是一方面要科学地明确地划分中央政府与地方政府的事权，划分地方各级政府之间在提供义务教育、公共卫生、社会保障和生态环境等基本公共服务方面的事权，健全财力与事权相匹配的财政体制；另一方面要在认真分析各类公共服务具有不同的性质和特点的基础上，认清中央和地方政府应有的事权责任，摒弃以往那种传统的按行政隶属关系区分的办法，建立财力与事权相匹配的有活力的财政体制，并使之以法律形式稳定下来。

1994 年分税制改革的实施，更加理顺了中央与省级政府的财政关系，然而省级以下的各级政府的财政关系需要进一步明确，逐步完善省以下财政体制是下一阶段改革的重点。按照公共财政框架的要求，合理界定各级政府的事权范围，进一步明确省以下各级政府的财政支出责任，合理确定各级政府财政收入占全省财政收入的比重，省市财政要承担分级管理的职责，解决县乡财政困难。根据各类公共服务具有不同的性质和特点，确定各级政府承担的事权责任，改变过去传统的按事务隶属关系划分的办法，使财力与事权相匹配。

三 要推动预算制度改革，加强预算管理

首先，要注意区分中央和地方的事权及支出范围，逐步形成财力与事权相匹配的体制。要按照法律的规定，清晰各级政府的责任。

其次，要形成一整套项目评估制度和项目库制度，使部门预算管理更加科学化、规范化。

再次，进一步推进部门预算改革。形成部门预算、国库集中支付、收支两条线、政府采购等基本格局。

最后，要取消各种乱收费，整顿非税收入。制定公共财政支出的标准，提供划分中央和地方事权的科学依据。

四　要建立规范、公开、透明的转移支付制度

首先，主体功能区的因素要纳入转移支付考虑之中，要积极发挥公共财政保障承担生态环境保护地区的基本支出的功能。

其次，完善转移支付结构，增加一般性转移支付和转移支付的透明度，实现转移支付的公正、公开、透明等，要积极对全社会说明转移支付之所以设置的因素、设置的权重等。

再次，要确立转移支付评价体系，注意发挥转移支付资金的效益。

最后，要处理好省级以下各级政府间的财政关系，要形成省以下的规范的转移支付制度，逐步确立支持基层组织的财政机制，促进公共服务均等化。

现行的转移支付保留了维持既得利益的体制性转移支付，其中的两税返还与税收收入的增长挂钩，实际上起到了逆向调节的作用，不利于区域间差距的缩小，偏离了均等化目标。2005 年体制性转移支付 4143 亿元，占整个中央转移支付的 36%，既高于财力性转移支付，也高于专项转移支付。受制于经济发展水平，越是经济不发达的地区，体制性补助就越少。因此，改革税收返还制度，将其纳入一般转移支付，加强财政均等化等功能。

要做好纵向转移与横向转移相结合的试点工作。过去，我国长期以来一直采取单一的纵向转移支付模式，暴露出不少弊端与缺陷，如今，我们一方面要继续完成从纵向转移模式为主向横向转移支付的转变。另一方面由于我国东部发达地区的经济发展水平和收入水平已达到或接近西方发达国家，因此，这些地区有条件，也有

义务从财力上加大对不发达地区的支持力度，而且，还要实现东部发达省区对口支援西部不发达省区的常态化和制度化。

五 切实加强对财政收支的监督

为了实现我国财政由建设型财政向公共服务型财政的转变，我们一定要切实加强对财政收入和支出的监督。在财政收入方面，一定要准确调控纳税人的税负，科学明晰税收结构，不断提高税收质量，构筑以公平促进效率、兼顾公平和效率的税收结构体系，设计合理的政府债务规模，确定合理的国债负担率、偿债能力，增加对债务的预测和准备能力；合理确定其他收入，减轻作为微观经济行为主体的支出负担。在财政支出方面，构筑合理的财政支出结构，加强对财政支出方向实行结构性调整，强化对财政支出的预算管理，形成有效的激励和约束机制，对政府投资性支出和消费性支出进行有效的监管，严格规范财政转移支付和社会保障性支出。

（一）应加强对财政收入增长的社会监督，不能只监督少收入的问题，对于多收入和超多收入也要给予监督

审计部门在财政收入的审计方面也要发挥作用。全国人大审议财政年度报告时应对财政的超预算收入提出质疑，应要求财政部做出解释，要将超预算收入作为财政预算执行中的问题来对待。社会舆论也要对财政的超预算收入进行质询，财政部门必须对社会各界做出详细的说明，并且提出改进措施。

（二）应切实控制住政府投资企业的收益

目前，财政收入方面存在的主要漏洞不在税收方面，而是在政府投资企业的收益方面。由于市场经济转型不规范的影响，无论是中央财政投资的企业，还是地方财政投资的企业，几乎都已失去向财政上缴资产收益的意识。这是一种严重失控的状态，是必须要得到有效控制和转变的。国务院国有资产监督管理委员会和各个省区政府的国有资产监督管理委员会必须负起这方面的监管责任。各级国有资产监督管理委员会的主要职责之一就是保证财政投资的资产收益能够完整地进入财政预算收入中。

（三）坚决制止公务消费的奢侈浪费

当前，公务消费方面已有很大的改变，厉行节约已成为共识。但是，在某些地区和某些这项工作中，公务消费中的奢侈浪费情况并没有根除。山西省河曲县召开政协会议，一次用财政拨款 67500 元购买了 150 条中华牌香烟发给会议代表。其实，比山西省河曲县严重的情况还有很多，国家审计就发现了很多这方面的问题。这方面的浪费不仅违背财政纪律，违反财政支出的规定，而且造成很恶劣的社会影响。因此，政府公务消费支出的管理应是财政支出监督的重点，一定要下大力量管好。

（四）重点增加生态环境保护的支出

加强重视对生态环境的保护既是改革公共财政体制的需要，又是统筹人与自然和谐发展的必要条件。在这方面，过去的欠账较多，必须从全局出发考虑，突出重点给予经费拨款支持，并要切实加强对于生态环境保护财政支出的监督。对此，今后国家财政的支出要注意加强以下几个方面：

第一，重点是要增加对农村环境保护，特别是饮用水安全、土壤污染防治等涉及人民群众生命健康领域和环境保护薄弱环节的投入。

第二，要进一步增加在环境监察、环境执法、环境标准制定等方面的投入；建立排污权交易和有偿取得制度，形成环境保护长效机制和资金投入新机制。

第三，要尽快制定相关财税优惠政策措施，支持循环经济和低碳经济的发展，逐步淘汰过度消耗资源和损害环境的产业和企业，支持有利于节约资源和生态保护的产业和企业发展，鼓励有利于节约资源、减少污染的生产模式和消费模式，使我国尽快步入建设资源节约型和生态保护型社会。

六　继续推进深层次的税制改革

在加强宏观调控中，需要按照统一税法、公平税负、简化所制和合理分权的原则，改革和完善税收制度。正在进行的改革包括以下几个方面：推行以消费型增值税为主体的流转税制度，对少数商品征收消费税，对大部分非商品经营继续征收营业税，改革资源税和房地产税，准备开征燃油税等。在降低国有企业所得税税率，取消能源交通重点建设基金和预算调节基金的基础上，企业依法纳税，理顺国家和国有企业的利润分配关系。建立规范的政府非税收入体系。统一企业所得税和个人所得税，规范税率，扩大税基。开征和调整某些税种，清理税收减免，严格税收征管，堵塞税收流失。

对于完善国家宏观调控体系的要求来说，以上有关税制的诸多改革措施还不能达到全面规范税制的目的，还不能起到通过税收合理公平调节国民收入的作用。作为新兴市场经济国家，在以流转税为主向所得税为主的税制转化过程中，今后最重要的税制改革是必须尽快开征遗产税与赠与税。只有这样，国家财政所具有的宏观调控作用才能既保证社会分配的基本公平，又有力地促进社会经济发展。

第七章 金融体制改革问题

一个国家的经济发展程度，归根结底取决于它的储蓄水平和投资水平。因此，金融制度的发展通常成为一个国家经济发展水平的判断标准。中国金融体制经历了由计划经济向市场经济的转变，但迄今仍然是一个由国有银行主导、形成垄断控制的金融体制。这一体制正面临着加入世界贸易组织后的严峻挑战。

第一节 中国金融体制由计划向市场的转轨

改革开放以前，在以财政分配为主的国民收入分配体制下，投资主要是财政的行为，银行长期资金很少，不介入固定资产投资领域。改革开放以后，国民收入的初次分配向个人倾斜，个人和企业的资金增加，带来银行储蓄增加，财政的资金减少，银行在国民经济中的地位开始上升。

由于金融市场也像产品市场和其他生产要素市场一样，主要依赖自身的逐渐发展，所以实行金融深化政策或改变金融抑制政策，意味着对金融部门实行自由化政策。具体来说，就是银行商业化、金融组织的多元化和利率市场化。于是，随着改革的推进，改变金融政策，形成有效的和符合市场经济原则的中央银行体制，推进商业银行的商业化程度，形成金融业和银行业的竞争局面，就成为中国金融改革要达到的目标。

一　20 世纪 80 年代中国金融体系的演变

20 世纪 70 年代末期改革开放开始后，中国的经济生活有了如下三个重大变化：一是农业生产家庭联产承包经营取代了人民公社集体经营，这极大地活跃了商品货币经济活动；二是以自主独立经营、自负盈亏、自我约束为特征并几乎完全由市场调节的民营企业迅速成长壮大起来；三是国有企业在改革开放过程中获得了融资自主权。所有这些重大变化都使人们越来越认识到商业银行在经济活动中作为金融中介的重要性，中共中央和国务院迅速做出了恢复我国金融体系的决定。20 世纪 80 年代中期以后，金融体制改革的步伐越来越快。一直到 80 年代后期，我国逐渐形成了金融体系的雏形。这一时期我国金融体系的演变主要表现在以下几个方面：

（一）企业融资格局的变化

前面已经介绍过，在 1956 年实现向社会主义经济过渡以后的长时期中，中国经济中的金融资产只限于货币形式。企业的主要融资来源于国家预算拨款。企业投资的基本部分包括固定资产投资和流动资金常年占用部分（"定额流动资金"），都由预算拨付，只有企业临时性周转资金（"非定额流动资金"）才通过中国人民银行的短期信贷解决。

改革开放开始之后，原来由国家无偿拨付国营企业固定资金和定额流动资金的办法有了改变。首先，1983 年 6 月，国务院做出决定，国有企业发展所需要的流动资金不足部分逐步从国家无偿拨付改为从银行贷款供应。其次，自 1985 年开始，国家预算内基本建设投资也全部由拨款改为贷款，以体现资金"有偿使用"，进而实现对基本建设投资的货币监督，政府预算的份额占企业投资的比例越来越低，银行信贷的份额占企业投资的比例则越来越高。国家预算拨款占国有企业固定资产投资比例，由改革开放初期的约占 2/3，到 80 年代中期仅占 1/4。①

---

① 参见《中国统计年鉴》，中国统计出版社 1985 年版，第 23 页。

与此同时，个别企业也开始通过证券市场融资来获得资金。而民营经济也从20世纪80年代初期开始逐渐发展起来，由于它们无法从政府那里得到财政拨款，所以企业的营运资金的不足部分完全依赖自行融资来解决。

（二）金融工具的增加和资本市场的草创

在计划经济体制下，现金和存款是主要的金融资产。改革开放以后，随着家庭储蓄和企业储蓄在社会储蓄总额份额的增加，产生了对新的融资工具的需要。中国人民银行顺应了这种需求，1980—1985年，各专业银行陆续开办商业票据贴现。1986年中国人民银行开始办理对专业银行的再贴现业务，并允许商业银行进入市场转让。1981年起财政部恢复发行国债。1987年和1988年分别开放企业债券和国库券交易市场。1990年和1991年上海和深圳证券交易所先后成立，开始了集中的股票交易，并于1993年和1994年分别开办国债、期货交易业务。

（三）金融机构组织系统的变化

中国的银行改革，是从改变苏联式的单一银行制开始的。1979年，根据国务院的决定，恢复了中国农业银行、中国银行，重新组建了中国人民建设银行成为办理固定资产投资贷款的专业银行。1983年，国务院决定原来由中国人民银行办理的工商信贷和城市储蓄业务，由新成立的中国工商银行来承担。

除全国性的专业银行外，中国还开始建立多种形式的银行和非银行金融机构。70年代末期，农村信用社开始广泛恢复。1980年中国人民保险公司恢复了它业已中断20年的国内保险业务，后来设立了公司制的中国平安保险公司。1984年以后，地方银行、信托投资公司以及租赁公司等非银行金融机构也开始建立。1987年，还建立了以上海为基地的交通银行和附属于中国国际信托投资公司的中信实业银行这两个全国性的股份制商业银行。

（四）中央银行宏观经济管理方式的变化

随着商业性金融机构从中央银行逐步分立出来，中国人民银行也开始改变对银行资金实行"统存统贷"的旧管理体制。1979年改为"统一计划、分级管理、存贷挂钩、差额控制"。1981年再改为"统一计划、分级管理、存贷挂钩、差额包干"，1985年又进一步改为"统一计划、划分资金、实贷实存、相互融通"的管理办法，由专业银行的省分行在计划规定的额度内向同级人民银行分行借款，然后逐级下拨给自己的基层行；各基层行将分到的资金存入当地人民银行，逐步使用。银行同业之间、上下级之间、商业银行与中央银行之间进行借贷。同年，取消了对专业银行只能服务于指定部门国有企业的限制，开始建立一个竞争性的以市场为基础的金融体系。

80年代末期，中国金融体系受到中央银行严格的行政控制，带有明显的金融压制的特征。当时官方利率经常处在实际负利率的状态之下，资本资源难以通过市场得到有效配置，而是由行政计划决定其分配。在这种条件下，很难保证经济有效率的增长和宏观经济的稳定。相反，国民经济经常出现"大起大落"的波动。因此，进一步的金融改革势在必行。

二　20世纪90年代后的金融体制改革

1993—1994年爆发的又一轮高通货膨胀，暴露了中国以银行为核心的金融体制存在的严重问题，促使中国政府对金融体制进行深层次的改革。

（一）1994年改革前中国金融体制存在的问题

20世纪90年代初期，中国金融体制的实际功能离市场经济的要求差得很远。主要问题是：

第一，中国人民银行不仅组织机构和财务制度不合理，还出现了职能不清、调控手段陈旧、无法有效地行使稳定货币的基本职能的情况。

（1）中国人民银行职能不明确而且缺乏独立性。1986年的《中华人民共和国银行管理条例》规定：中央银行、专业银行和其他金融机构的金融活动，都应当以发展经济、稳定货币、提高社会经济效益为目标。这样就使中央银行的货币政策具有支持增长和稳定货币的双重目标。而这双重目标之间是存在内在冲突的。银行在实际操作中往往根据政府的要求把"发展经济",即支持增长目标放在首要位置上,用扩展性的货币政策支持经济增长,导致通货膨胀和经济波动。

(2)中国人民银行按行政区划层层设置分支机构,实行"两级宏观调控",使中央银行分支机构经常受到地方政府影响。这既不利于确立中央银行的权威性,又破坏了货币政策的统一性,妨碍对货币供应量的总量控制。

(3)中国人民银行把行政性的贷款额度控制作为实现货币政策目标的主要手段,在操作中漏洞很多。在外部的"倒逼机制"和银行系统内部的利益驱动下,宏观经济调控的效果很不理想。

(4)中国人民银行分支机构实行的利润留成制度刺激货币的过量发行;而且,这些分支机构还兴办了不少营利性企业。这种做法与中央银行的性质不相吻合,只能使人民银行形成内生的货币扩张机制。

第二,专业银行政企职责不分,商业性金融业务与政策性金融业务不分。其信贷活动受到中央银行的种种行政约束,缺乏作为商业银行所必要的独立性。

(1)专业银行既具有商业性职能,又要承担政策性的贷款业务,目标混乱,职责不清。一方面政策性任务缺乏必要的资金保证;另一方面经营性风险和亏损又被政策性任务掩盖起来。

(2)专业银行有利益驱动的信贷扩张机制,却没有相应的风险约束机制。一方面计划内贷款缺乏资金来源;另一方面又以同业拆借、同业往来等形式增发贷款。一方面官方规定的利率通常很低,在大多数年份实际利率呈负值;另一方面合法市场上资金紧缺,黑市和灰市上资金价格(利率)畸高,巨大的利差导致金融界不正之风盛行,利差收入大量流失,货币供应难以得到有效控制。

(3)虽然经济界和经济学界对专业银行综合性和多功能化发展

的呼声很高，但政府尚未放松分业管理的表示。与此同时，分业管理制度又很不完备，导致信贷资金通过所谓"表外业务"（资产负债表外的信贷活动）大量流向黑市和灰市。

第三，市场秩序混乱，发展畸形。

（1）市场准入缺乏明确的规定，或者虽然有规定，但管理不严，常常发生不具备进入市场资格的投资者进入了该市场的情况。例如，许多工商企业可以进入金融业同业拆借市场，使拆借市场失去本来意义，变成银行之外的信贷市场，导致贷款期限过长、利率过高等问题。

（2）国债市场缺乏金融系统的支持，没有形成财政与金融密切配合的国债市场运行机制。

（二）1994 年以后金融体制改革的进展

党的十四大确立了社会主义市场经济体制的方向以后，银行体系改革的第一位任务是将中国人民银行组建成名副其实的中央银行。

1. 建立中央银行制度

1995 年 3 月 18 日，八届全国人民代表大会第三次会议通过了《中华人民共和国中国人民银行法》，至此，中国人民银行作为中央银行以法律形式被确定下来。根据《中国人民银行法》的规定，中国人民银行是中华人民共和国的中央银行，国家拥有其全部资本。中国人民银行在国务院的领导下，依法独立履行职责，制定和实施货币政策，并对金融业实施监督管理，不受地方政府、各级政府部门、社会团体和个人的干涉。中国人民银行相当于国务院其他部委，和地方政府具有明显的独立性。财政不得向中国人民银行透支；中国人民银行不得直接认购政府债券，不得向各级政府贷款，不得包销政府债券。中国人民银行的性质决定了其特殊地位。

围绕着建立中央银行制度这一目标采取了以下措施：

（1）我国的货币政策调控实现了由多级调控向一级调控转变。1998 年年末，我国在 9 个中心市组建了中国人民银行大区分行，取消了中国人民银行按行政区划设置的 31 个省级分行，以便能够避免地方政府对中央银行执行货币政策和金融监管可能的干扰。同时，我国 1997 年还组建了货币政策委员会，成为货币政策决策过程中的咨询议事机构，以提高货币政策决策的科学性，

（2）确立了以间接调控手段为主的金融调控体系。1995 年全国人民代表大会审议通过的《中国人民银行法》明确指出，稳定币值并促进经济增长是中国人民银行货币政策的目标。由信贷资金规模向货币供应量的转化成为中国人民银行调控的中介目标。在 1994 年，中国人民银行制定了货币供应量统计监测指标，以便定期向社会公布。此外，对货币政策工具的改革也在稳步进行。其措施有：一是从 1995 年起开始办理再贴现业务。二是 1996 年 4 月开始试行公开市场业务。三是对信贷管理体制改革的步伐加快，从 1998 年起不再限制国有商业银行贷款规模，而是推行资产负债比例管理与风险管理的间接调控。四是改革利率形成机制，1996 年 1 月全国统一的同业拆借市场建立；6 月 1 日起同业拆借利率放开经营；2000 年9 月，中国人民银行推行新的外币利率管理体制；2001—2002 年，允许城市商业银行、农村信用社扩大存贷款利率浮动范围。

2. 商业银行和其他金融机构的改革

商业银行是指以经营存放款、办理转账结算为主要业务，以利润为主要经营目标的金融企业，是以其全部法人财产独立承担民事责任的企业法人。商业银行作为中国银行业的主体，也是银行改革的重点。

中国国有商业银行的前身是国家的四大专业银行，即中国工商银行、中国农业银行、中国银行和中国建设银行。专业银行这一术语在我国具有双重含义：一是指按服务对象划分，每个银行只是专门经营某种领域的信用业务，如工商银行主要经办城市的工商信贷业务；农业银行主要经办农村的信用业务；建设银行主要经办中长期投资信贷业务；中国银行主要经办外汇业务。这是适应计划经济条件下的分工而形成的。二是相对于中央银行而言，专业银行从其

业务性质上看，以经营存放款和结算为主要业务，以利润为主要经营目标，即通常意义上的商业银行。1995 年 5 月颁布的《中华人民共和国商业银行法》，从法律上确认原四大专业银行的性质为国有独资商业银行，在银行称谓上实现了同国际惯例的接轨。然而，专业银行向商业银行的转变是一个较长的过程，名称的改变并不意味着原专业银行经营机制转换的任务已经完成。影响这一进程的关键因素是专业银行能否真正实现从现行的计划经济运行机制向商业银行经营机制的转换。

这一时期的主要改革措施有以下几个方面：

（1）在原有四大国家专业银行的基础上，我国组建了国有独资商业银行，依据 1995 年《中华人民共和国商业银行法》的要求，四大国有独资商业银行着手分业经营，取消了它们的信托投资业务。经过对国有独资商业银行的分支机构的调整，收回了分支机构未经总行授权独自开展信贷活动的权力。督促所有商业银行必须实行现代化的资产负债比例管理和开展内部风险控制，实行审慎的会计原则，普及贷款五级分类方法。

（2）新组建了非国有独资的股份制银行，以加强银行业之间的良性的竞争，1993 年以前，恢复重建了交通银行，新组建了中信实业银行、广东发展银行、中国招商银行、华夏银行、中国光大银行、上海浦东发展银行、深圳发展银行、福建兴业银行、中国投资银行，1995 年银行业新成立了以民营经济为服务对象的中国民生银行和面向海南经济特区的海南发展银行两家商业银行。之后，原归属于首都钢铁公司的华夏银行经过改组成为独立的公司制银行，中国光大银行成为第一家吸引外国金融机构股份的商业银行。许多商业银行股本结构不完全相同，像交通银行、上海浦东发展银行的资本金中，财政入股占相当比例；其他商业银行主要吸引企业法人入股，也有个别银行如深圳发展银行属上市公司，有一些个人股份。从总体看，股份制商业银行股本以企业法人和财政入股为主，股份制商业银行按照商业银行机制运作，服务比较灵活，业务发展很快，是发展前景十分广阔的商业银行。

此外，各地城市信用社开始合并组建为城市商业银行。城市商业银行的前身是城市合作银行。城市合作银行是在对城市信用社清产核资的基础上，通过吸收地方财政及企业入股组建而成的银行。因此，也属于股份制银行。中国原有5000家城市信用社，有相当多城市信用社已失去合作性质，实际已办成小商业银行。为规避风险，形成规模，1995年，国务院决定，在城市信用社基础上组建城市合作银行。其服务领域是：依照商业银行经营原则，为发展地方经济服务，为中小企业发展服务。1998年各地城市合作银行一律更名为"商业银行股份有限公司"，简称"某市商业银行"。截至2000年，全国共有88家城市商业银行挂牌营业。从整体来看，城市商业银行发展速度很快，抵御风险能力有所增强。

（3）成立了三家政策性银行。政策性银行，一般是指由政府设立，以贯彻国家产业政策和区域发展政策为目的，不以营利为目标的金融机构。建立政策性银行的目的是实现政策性银行与商业银行分离，以解决中国人民银行和国家专业银行身兼两职的问题，割断政策性贷款与基础货币的直接联系，确保中国人民银行调控基础货币的主动性。1994年3月、7月、11月，中国先后组建了国家开发银行、中国进出口信贷银行和中国农业发展银行三家政策性银行，直属国务院领导，主要承担原来由中国人民银行和专业银行承担的大量政策性贷款任务。

政策性银行与商业银行相比，其特点：一是任务特殊。政策性银行经营时主要考虑国家的整体利益、社会效益，着重于贯彻政府政策意图，有自己特定的服务领域。二是经营目标特殊。政策性银行不与商业性金融机构进行业务竞争，不以营利为目标，一旦出现亏损，一般由财政弥补。但政策性银行的资金不等于财政资金，政策性银行也必须坚持银行管理的基本原则，力争保本微利。三是融资原则特殊。政策性银行有自己特定的融资途径，其主要资金来源是财政拨款、发行政策性金融债券。其资本金多由政府财政拨付。

它不吸收居民储蓄存款。四是政策性银行一般不普遍设立分支机构，其业务一般由商业银行代理。

（4）允许外资银行进入。1982 年，香港南洋商业银行在深圳开办了第一家营业性机构——深圳分行。1985 年，中国首家中外合资金融机构——厦门国际银行获准成立。进入 20 世纪 90 年代后，随着金融业的对外开放，来华外资金融机构在数量和业务上都得到迅速发展。中国加入世界贸易组织以来，外资银行已经成为中国银行业中一支重要力量。截至 2004 年 3 月，共有 19 个国家和地区的 62 家银行在华设立了 195 家营业性机构，其中 88 家已获准经营人民币业务。此外，外资银行还在中国设立了 213 家代表处。在华外资银行的资产总额已经达到 536 亿美元，约占中国银行业金融机构资产总额的 1.6%。值得指出的是，外资银行的人民币业务发展迅速，人民币资产总额已达 785 亿元，近几年来每年均以两位数的速度快速增长。

（5）中央银行在对商业银行体系进行改革的同时，也对非银行金融机构进行了改革。除上述各类银行外，中国还有大量的非银行金融机构。凡从事金融业务活动，又不称为银行的机构，均被称为非银行金融机构。中国的非银行金融机构，包括保险公司、信托投资公司、财务公司、证券公司、信用合作社、邮政储蓄机构等。改革后，非银行金融机构在中国有较快发展。因为随着市场经济的发展，多种所有制、多种经营方式、多种市场与流通渠道，需要多种金融机构与其相适应，以满足各种筹资者和投资者的不同要求。

3. 外汇管理体制改革

改革开放以前，中国采取出口全部按官定汇率强制结汇、用汇由集中计划统一分配的外汇管理体制，本币汇率严重高估。1979 年以后逐步放宽了外汇管制，打破统收统支的制度，实行官方汇率和市场汇率并行的双轨制，同时为了鼓励企业出口创汇，实行外汇留成上缴的制度。

1994 年，中国政府决定改革外汇管理体制。这一年的 1 月 1 日开始，我国对境内机构经常项目下的外汇收支采取银行结汇售汇制度。对境内机构经常项目外汇收入，除国家规定准许保留的外汇外，都需及时调回境内，按照市场汇率卖给银行。经常项目的外汇支付取消计划和审批制度，境内机构可以凭有效商业票据和进口许可证，按照银行间外汇市场汇率用人民币向银行购买外汇。完善银行间外汇市场，改革汇率形成机制，原有的外汇牌价和调剂价被合二为一，推行一定管理的浮动汇率制。以此为基础，1996年下半年开始外资企业被纳入银行结售汇体系，比原来的计划提前实行经常项目下人民币可兑换。中国于当年12月1日宣布正式接受国际货币基金组织协定第8款的规定，即包括避免限制经常性支付，避免施行歧视性货币措施等多项作为IMF会员国的义务。外汇管理体制改革对于1994年以后中国对外经济关系的迅速发展和国际收支状况的进一步改善起了重要作用。

4. 建立和完善金融监管体系

银行、证券和保险三部分构成了现代金融的复杂体系，它们的特点不尽相同，因此，银行、证券和保险三部分所承担的监管要求也不同。由于我国目前的金融发展水平、金融监管能力有限和三业分业经营的现状等原因，中国政府决定对三个行业采取分业监管，而不是混业经营。2003年8月6日，在国务院常务会议上，《中华人民共和国中国人民银行法修正案（草案）》《中华人民共和国商业银行法修正案（草案）》和《中华人民共和国银行业监督管理法（草案）》经审议获得原则通过。三部法律草案的制定，可以说是对中央银行和银监会职责进行了明确的划分。

1993年6月，中国人民银行将证券市场的监管职能分离出来，组建了专门从事证券监管事务的中国证券监督管理委员会（以下简称中国证监会）。

1998年11月，中国人民银行把对保险业务、保险机构和保险市场的监管职能交由新组建的中国保险业监督管理委员会（以下简称保监会）承担。

2003 年 3 月，中国人民银行把对商业银行的业务监督职能交由新组建的中国银行业监督管理委员会（以下简称银监会）行使。2003 年 4 月 28 日，中国银行业监督管理委员会正式挂牌。银监会是国务院的直属单位，统一监督管理银行、金融资产管理公司、信托投资公司及其他存款类金融机构。银监会的成立，使中国人民银行的监管职能分离出来。根据职权，银监会下设 15 个部门，其中，银行监管一部主要承担对国有商业银行及资产管理公司等的监管工作。银行监管二部主要承担对股份制商业银行、城市商业银行的监管工作。银行监管三部主要承担对政策性银行、邮政储蓄机构以及外资银行等的监管工作。非银行金融机构监管部主要承担对非银行金融机构（证券、期货和保险类除外）的监管工作。合作金融机构监管部主要承担对农村和城市存款类合作金融机构的监管工作。到 2003 年 10 月，在银监会统一部署和要求下，银监会组建了数十个省级派出机构，开始对商业银行经营活动进行监管。中国银行业监督管理委员会对设在地方的派出机构实行垂直管理，银监局将按照中国银行业监督管理委员会的授权，统一监督管理辖内商业银行、金融资产管理公司、信托投资公司及其他存款类金融机构，推动银行业的合法、稳健运行。

至此，银行、证券和保险三足鼎立的分业监管格局基本形成。

第二节 深化金融体制改革与创新的展望

针对金融体制改革面临的诸多矛盾，今后深化金融体制改革的指导思想是：深入贯彻落实科学发展观和建立健全社会主义市场经济体制，按照市场化取向继续加大对金融体制的改革力度，科学区分和协调改革发展稳定的关系，科学区分和协调金融体制改革与其他领域改革的关系，继续推进金融企业改革，调整金融市场结构，完善金融调控机制和金融监管体制，尽快确立与社会主义市场经济相适应的现代金融体系。

一　实现金融主体多元化，深化金融企业改革

我们知道，提高金融业的市场化程度是金融体制改革的关键，而要提高金融业的市场化程度，就要推动金融机构多样化和金融主体多元化，允许优良民间资本参与金融市场，使优秀的民间资本参与国有大型金融机构难以顾及的地区和客户领域。我国自从加入世界贸易组织后，一方面，积极引进外资；另一方面，在保证监管到位和资本金充裕的基础上，推动新设各种所有制金融企业，逐步推进金融主体多元化；同时，适应国际经济发展的需要，由分业经营过渡到混业经营，支持银行、保险和证券在业务上的融合和交叉，努力打造适应市场经济发展的新型金融机构模式。

加大金融企业产权制度改革的力度，努力建设资本充足、管理科学、运营良好、服务和效益突出的现代金融企业是深化金融企业改革的关键。今后金融体制改革应主要做好以下工作：（1）要深化股份制商业银行改革，构建比较完善的商业银行公司治理结构；（2）加快政策性银行改革的步伐，完成政策性银行向符合市场经济需要、财务上可持续、有竞争力的开发性金融机构的转变；（3）进一步推进国有独资银行实行股份制改造，组建符合国际金融产业惯例的银行治理结构，完善银行内部管理体制，形成风险管理体制，推进资本金补充制度建设；（4）加大保险体制改革的力度，形成专业性保险公司、综合性保险集团以及保险中介机构有机结合的多元化保险机构体系；（5）努力完善农村金融服务体系，加快农村信用社改革的步伐。此外，还要加强对证券、基金管理公司的监管，建立管理科学的公司治理结构；支持社会资金参与中小金融机构的重组改造。

二　完善金融市场结构

（一）完善间接融资市场结构

首先，要深化国有银行商业化改革，推进利率市场化，以便形成有良好信用关系的信贷市场，为完善中长期信贷市场提供有利条件。

其次，稳步建设多种所有制的银行，使银行业的集中度适度降低，为中小企业融资创造便利条件。

（二）努力建立完善的资本市场

建立多层次的资本市场，包括既要组建纵向层次化的主板市场与创业板市场，又要组建横向层次化股票市场、债券市场与衍生金融产品市场；既要实现场内市场与场外市场并存的深度化，又要实现全国性市场与区域性市场相辅相成的广度化。一方面，我们要继续推进股票市场的建设；另一方面，要加快完善企业债券市场，实现资本市场的均衡发展。

（三）积极推动货币市场的建立与完善

首先，要鼓励各种民间资本进入货币市场，实现货币市场主体的多元化，支持货币市场创新，形成货币市场良好的做市制度。

其次，积极推动票据市场建设，形成全国统一的国债市场。扩大货币市场基金规模，使货币市场体系更加完善。

最后，增加同业拆借市场交易主体，使他们能够真正以独立实体的地位参与市场交易，这里，无论是国有商业银行法人机构，还是省级、地市级分行，或是地方性银行如城市合作银行等均允许参与市场交易。

三 改革金融调控机制

我们要充分利用各种货币政策工具，形成货币政策的良好传导机制，推进公开市场操作，发挥中央银行在宏观调控和维护金融体系稳定中更大的作用，以体现中央银行的独立性和权威性。

一方面，我们要通过利率调控机制对货币供应量实行数量型的间接调控。另一方面，还要进一步推进以数量调节为主要手段的货币信贷调控转向价格调节方式，努力实现利率市场化，使利率在资金配置过程中真正起基础性作用。赋予中央银行真正的利率制定权和调整权，增强中央银行的独立性是利率市场化的决定因素。利率市场化改革的指导思想应是依据先贷款、后存款，先外币、后本币，先农村、后城市，先长期、大额，后短期、小额的顺序，真正赋予金融机构对利率决定的自主权。

"主动性、可控性和渐进性"是稳步推进汇率改革的主要原则。要完善现行结售汇制度，使强制性结售汇制度逐步转变为意愿性结售汇制度。要形成政府退出机制，扭转外汇市场由政府独家控制的局面。进一步增加外汇交易规模，完善外汇市场。推进汇率改革的主要指导思想，是遵循"先资本市场、后货币市场，先资本流入、后资本流出，先股票市场、后中长期债券市场，先直接投资、后证券投资"的原则，首先要推进人民币经常项目的自由兑换，其次要实现人民币资本项目可自由兑换。

探索建立存款保险制度。实行存款保险制度不仅可以保护存款人的利益，提高银行的吸储能力和负债的安全性，又可以对金融机构实施有效的监管，并能聚集巨额的保险基金，在出现风险时，对金融机构实施救助，把损失或危害降到最低限度，达到维护金融运行和金融市场整体稳定的目的。

四 改革金融监管体制

从国内外金融体制综合经营发展趋势及我国金融业发展现状出发，我们认为，处在后金融危机时期，我国还需实行分业监管模式，但我国已经形成了较完善的现行金融监管体制，还要确立更加科学、有效的对综合经营活动的监管制度。建立科学、有效的监管制度，可从以下几个方面着手实施：

（一）既要完善银行、证券、保险监管机构之间协调、配合和信息共享机制，又要完善这些监管机构同中央银行与财政部门的协调、配合和信息共享机制

要实现我国现行分业监管体制的完善，确立有效的协调机制，需要做出以下的制度安排：一是安排银行、证券、保险监管机构的管理层面交叉参加对方理事会；二是在银行、证券、保险监管机构的管理层面组建监管协调委员会；三是我国目前已建立起金融监管

联席会议制度，我们要利用已建立的上述优势，定期、不定期地针对监管中出现的一些重大问题出面协调，通过多渠道收集有利于监管的信息，增进各监管机构之间的信息交流。

（二）创新监管理念

我们一定要确立功能性监管理念，及时对金融风险做出预测和判断，防止重复和交叉检查，增强管理效率。因为金融控股公司打破了分业经营的界限，使不同监管部门之间的监管难以准确实施。同时，在当前的金融监管中还应当树立激励监管的理念，积极鼓励金融机构监管的创新，支持金融产品的创新。

（三）改革监管方式

要努力从以合规监管为主的方式过渡到合规监管和风险监管的有机结合的方式，实现从一次性监管为主过渡到持续性监管为主，实现从具体业务监管为主过渡到法人治理结构和内控有效性监管为主。

（四）完善金融监管的法律法规体系

首先，修改现行的金融监管，如《证券法》《保险法》《商业银行法》等，使我国完善的混业经营有充分的法律依据。

其次，要针对我国金融实践中新出现的金融现象，着手起草相应的法律法规对其提供规范，如对我国新出现的"金融控股公司"，目前，我国还没有专门的法律法规予以规范，因此，要在立法中界定金融控股公司的法律地位、经营范围、风险控制、监管方法等。

（五）完善金融风险评价体系

通过科学的测算指标，改善金融风险预警系统，严密控制各金融体系、各金融行业以及各金融机构的风险指标，及时提供金融风险预报，使风险不致被扩大，预防风险蔓延，改善各经济区域内金融风险分类系统，区别对待金融风险程度不同的金融区域和金融机构，金融风险程度不同的金融机构，对其采取的监管方式也不同。

（六）逐步统一我国的金融监管体系

根据"分业经营、分业监管"的原则，我们要分阶段完成由多元化监管到一元化监管的转变，实现由机构监管到功能监管的转变。具体措施有：

首先，形成"部分混业经营、分业监管"的功能型监管。即把信托监管职能从银行监管委员会中分离出来，组建独立的信托监管委员会。这样一来，金融业务监管体系更加完整，包括对银行、信托、证券和保险四个行业实行全面的监管，构成金融监管机构有机统一下的功能型监管。

其次，形成"混业经营、混业监管"的独具特色的功能型监管。建立严格的监管法律、法规和监管体系，确立适应混业经营要求的统一的金融监管体系，实现跨行业、跨市场的全面金融监管。即在原监管协调委员会的基础上设立国家金融监督管理局，主要承担金融监管工作，下面的机构由银行监督管理局、信托监督管理局、证券监督管理局和保险监督管理局组成，这些机构由国家金融监督管理局统一领导，承担各项金融行业具体监管工作。

第八章　对外开放与外贸体制改革问题

　　自 1978 年中国实行改革开放以来，中国与世界各国之间的经济联系日益加强，并逐步成为国际经济贸易大国。尤其是加入世界贸易组织之后，中国逐步融入国际主流经济体系，中国的经济发展与世界经济运行状况关联度提高，中国对世界经济产生越来越重要的影响，中国的对外贸易快速增长，在吸收外商直接投资、借用国际贷款方面成绩显著。同时随着对外开放的深入，中国企业还根据自身的能力，到国外投资开办合营和独资企业，扩大国际经济技术交流和国际化经营。发展多边、双边经贸关系，开展各种形式的对外经济技术合作，为中国对外开放事业营造了良好的外部环境和发展空间。目前，中国几乎与世界上所有的国家和地区建立了贸易往来，在全球 140 多个国家开展直接投资和跨国经营业务，作为亚太经济合作组织和世界贸易组织成员，与区域性组织建立了不同层次的对话机制。

　　自 1978 年以来，我国对外开放取得了举世瞩目的重大成就，但是，它也遇到了传统计划经济体制的干扰。传统计划经济体制的一大弊端就是只立足于国内市场和国内资源，否定商品经济和市场经济的存在，根据计划经济的理论进行经济建设，这势必会制约对外开放的进程。所以，改革原有的计划经济体制，特别是高度集中的涉外经济体制是我们推进对外开放的首要任务，我们要处理好经济体制改革与对外开放两者之间的关系。因为中国市场化取向改革具有渐进性改革的特征，所以，我国的对外开放也就体现了阶段性特点。从改革开放 30 多年来的历程中，我们可以看出，一方面，由于对外开放步伐的不断加快，推动了各方面体制改革的历史进程；另一方面，无论是对计划体制、投资体制、价格体制，还是对财税体制、对外经济贸易体制等方面卓有成效的改革，均对促进中国对外开放事业的发展起到了重要作用。

第一节　中国对外开放的历程和成就

新中国成立后，中国谋求发展对外经济贸易关系的努力遭受挫折，从而在高度集中的计划经济体制下走上了封闭起来搞建设的道路。自 1978 年以来，在市场取向的改革中，中国政府持续推进对外开放，并全面参加经济全球化，通过引进外资、扩大对外贸易、兴办经济特区等一系列措施，取得了巨大的发展成就，并于 2001 年成为世界贸易组织的成员。

一　传统体制下的对外经济关系

新中国成立后，由于帝国主义的经济封锁，中国不得不暂时采取一边倒的政策，寻求与苏联发展外贸关系。与此同时，也没有放弃打破帝国主义国家的经济封锁，同他们发生贸易往来。

1949 年 12 月 16 日，毛泽东抵达莫斯科开始了第一次访苏联，在听取当时住苏联大使王稼祥汇报的情况后，给中央发出电报，指明：在准备对苏联签署贸易条约时应从统筹全局的观点出发，苏联当然是第一位的，但同时要准备和波兰、捷克、民主德国、英国、日本、美国等国做生意，其范围和数量要有一个大概的计算。①

1950 年 2 月，毛泽东率中国代表团在莫斯科与苏联政府谈判期间，签订了苏联给予中国贷款 3 亿元的协定。随后又同苏联签订了创办联合公司包括中苏民运航空股份公司、中苏石油股份公司等三

---

① 《建国以来毛泽东文稿》第一册，中央文献出版社 1987 年版，第 197 页。

个合资企业的经济协定。同年 4 月 5 日，《人民日报》发表社论指出："不独是苏联，就是和其他新民主主义国家，以至某些资本主义国家不独开办三个合股公司，就是开办其他适当的合股公司以至实行某些事业的租让，在事实上有时也还是需要的。"①

虽然这个时期，在政治上中国选择倒向苏联的"一边倒"政策，但在经济上，依然希望同其他资本主义国家进行合作。1954 年 8 月，毛泽东在会见以艾德礼为团长的英国工党代表团时曾说过：我们这类国家，如中国和苏联，主要靠国内市场，而不是国外市场。这并不是说不要国外联系，不做生意。不，需要联系，需要做生意，不要孤立。② 1952—1955 年，通过"民间先行、以民促官"的方式使中国与日本先后签订三个民间贸易协定，打开了中日经济交往的渠道。"一五"时期，共引进外资 36.4 亿美元，还同 54 个亚洲国家和地区建立了外贸关系，初步打开了新中国对外开放的局面。

1956 年在《论十大关系》中毛泽东专门就中国和外国的关系问题作了比较全面的论述，阐述了中国对外开放的客观依据、对象、内容和方针原则。他首先指出：我们提出向外国学习的口号，我想是提得对的。接着分析了中国对外开放的客观依据，认为中国之所以需要向外国学习，是因为每个民族都有它的长处，既然这样的话，那么我们的方针是：一切民族、一切国家的长处都要学，政治、经济、科学、技术、文学、艺术的一切真正好的东西都要学。并且指出，在学习的过程中必须坚持一定的方针原则，必须有分析有批判地学，不能盲目地学，不能一切照抄，机械搬用。他们的短处、缺点，当然不要学。③ 在《论十大关系》发表后，中国开始积极与美国接触，努力发展与美国的经贸关系。试图打开与美国贸易的大门，但是，由于美国的经济封锁而失败。

① 《人民日报》1950 年 4 月 5 日第 1 版。
② 《毛泽东文集》第六卷，人民出版社 1999 年版，第 340 页。
③ 《毛泽东文集》第七卷，人民出版社 1999 年版，第 41 页。

20 世纪 50 年代末到 60 年代末，国际环境发生了很大的变化。一方面，中美关系已经严重恶化，未发现改善的迹象，反而更加严重。西方资本主义国家特别是美国对中国率先发起了封锁禁运，它们将中国向西方资本主义世界开放的大门就这样关上了。另一方面，中苏关系逐渐恶化。1960 年，苏联单方面撤回在华的全部专家，又逼中国还债，使中国经济发展面临巨大的困难。国际共产主义运动内部也发生了严重分歧，国际上出现了反华逆流。这种环境对于中国开展对外经济贸易关系是极其不利的。1957 年，国内出现了一股反右倾潮流，认为学习西方就是崇洋媚外，就是卖国贼，这种思潮极大地影响了中国向资本主义学习的思想，同样也影响了资本主义国家的私人资本到中国进行投资，中国在实行高度集权的计划经济下进入了封闭起来搞建设的阶段。在 1963 年 4 月 20 日，中苏签订中国提前偿还 1960 年贸易业务中对苏联欠款的议定书。1964 年，中国提前全部还清对苏联的欠款之后，引以为戒，对于吸收和利用外资的问题开始失去了兴趣，而更多的是强调自力更生。

"文化大革命"开始之后，推行"以阶级斗争为纲"的错误方针。由于害怕资本主义的"瘟疫"入侵，而对国外的产品、技术、管理经验层层设防和限制，利用外资和对外投资几乎处于禁区。

20 世纪 70 年代初，随着中美、中日关系正常化，以及中国恢复在联合国的合法席位，西方终止了对中国实行的经济封锁和禁运政策，中国对外贸易也获得了发展。1972 年，中国恢复了中断的成套设备和新技术的引进工作，1973 年从国外进口了一批 43 亿美元的技术先进的成套设备和单机。

纵观新中国成立后尤其是 1956 年高度集中的计划经济体制确立以后，受经济体制和国际环境的双重影响，无法正常开展对外经济贸易关系，基本处于封闭的状态。虽然在第一个五年计划时期我国曾经与当时的苏联、东欧等社会主义国家进行了较大规模的经济合作，但这种合作与在经济全球化和市场化基础上的对外开放有本质的差别。关起门来搞建设，虽然在当时也取得了巨大的成就，但与世界发达国家的差距却在不断扩大，长期脱离世界经济发展的轨道，不利于社会主义经济发展和现代化。

二 对外开放基本方针的提出和完善

所谓对外开放，是指国家放弃闭关自守的政策，放开或者取消各种对外交往的限制，积极参与经济全球化的进程。对外开放既包括发展对外贸易，也包括鼓励外国资本、技术等生产要素流入中国；既包括"请进来"，也包括"走出去"；既包括资源的国际配置，也包括经济体制与国际接轨。

1978 年，中国实行改革开放，走上了新的经济建设之路。1987 年，中共十三大报告确立了一个中心、两个基本点为基本内容的党在社会主义初级阶段基本路线，党的基本路线的重要内容之一就是实行对外开放。

1984 年，《中共中央关于经济体制改革的决定》明确提出"把对外开放作为长期的基本国策"。为此，"必须继续放宽政策，按照既要调动各方面的积极性，又要实行统一对外的原则改革外贸体制，积极扩大对外经济技术交流和合作的规模，努力办好经济特区，进一步开放沿海港口城市"。同时提出"利用外资，吸引外商来我国举办合资经营企业、合作经营企业和独资企业"，"充分利用国内和国外两种资源，开拓国内和国外两个市场"。[①] 1987 年党的十三大又明确提出："进一步扩大对外开放的广度和深度，不断发展对外经济技术交流与合作。"从这一时期到 20 世纪 90 年代初期，中国对外开放有了长足进展，全方位多层次的对外开放格局已初步形成。1992 年，党的十四大提出了扩大对外开放的主要目标和任务：（1）拓宽对外开放的范围，构建多层次、宽领域、全方位的对外开放的格局。（2）扩大利用外资的范围，实行更加机动的政策；改善投资环境，创造更便利的条件和更完备的法律保障，积极创新引进外商投资机制。（3）踊跃参与国际市场竞争，使对外贸易向多

[①] 《中共中央关于经济体制改革的决定》，人民出版社 1984 年版，第 34 页。

元化发展，推进外向型经济发展，积极扩大我国企业的对外投资和跨国经营。在随后不久的《中共中央关于建立社会主义市场经济体制若干问题的决定》中，又重申了"坚定不移地实行对外开放政策，加快对外开放步伐"，"积极参与国际竞争与国际经济合作，发挥我国经济的比较优势，发展开放型经济"。同时，提出了对外贸易体制改革的具体目标和任务，并要求"完善投资环境和管理办法，增加引进外资规模，扩大投资领域，进一步放宽国内市场"。针对对外开放中，特别是利用外资中存在的某些问题，明确规定了"创造条件对外商投资企业实行国民待遇，依法完善对外商投资企业的管理"。① 党的十五大继续坚持把对外开放作为"一项长期的基本国策"，提出了"努力提高对外开放水平"的重要任务，并要求"完善全方位、多层次、宽领域的对外开放格局，发展开放型经济"，"积极合理有效地利用外资"，"正确处理对外开放同独立自主、自力更生的关系，维护国家经济安全"。党的十六大提出"坚持'引进来'和'走出去'相结合，全面提高对外开放水平。适应经济全球化和进入世界贸易组织的新形势，在更大范围、更广领域和更高层次上参与国际经济技术合作和竞争，充分利用国际国内两个市场，优化资源配置，拓宽发展空间，以开放促改革促发展。"十六届三中全会提出"深化涉外经济体制改革，全面提高对外开放水平"，并从三个方面阐明了这一方针："完善对外开放的制度保障"，"更好地发挥外资的作用"，"增强参与国际合作和竞争的能力"。十六届五中全会通过的关于国民经济和社会发展的第十一个五年规划进一步阐述了实施"互利共赢"的开放战略。

三　对外开放的历程和成就

从 1978 年起，中国的对外开放大体经历了三个阶段：从 1978 年改革开放后，到 20 世纪 90 年代初是中国对外开放的第一阶段，

---

① 《中共中央关于建立社会主义市场经济体制若干问题的决定》，人民出版社 1993 年版，第 25—26 页。

在这个阶段，建立沿海经济开放地带成为全国开放的重点；第二阶段是从 1992 年邓小平南方谈话到 20 世纪末，是中国改革开放事业全面发展全面推进阶段；第三阶段是以加入世界贸易组织为契机，我国的对外开放在 21 世纪进入了一个崭新阶段，是我国全面参加经济全球化的阶段。

（一）沿海经济开放地带外向型经济的迅速发展

中国的改革是从农村开始的，而中国的对外开放则是从沿海地区开始的。1979 年 7 月，国务院批准处于沿海地带的广东省和福建省在对外经济活动中率先实行与其他地区不同的规定和灵活的处理方式。1980 年 9 月，国家又进一步设立了深圳、珠海、汕头、厦门四个经济特区。在改革开放初期的具体经济条件下，经济特区实行的特殊政策的内容是：（1）经济特区可以在社会主义公有制为主导的、多种经济成分并存的情况下，让外商投资企业所占比重超过内地的外商投资企业；（2）经济特区实行在国家宏观经济指导下，以市场机制为主的经济运行体制；（3）给予到经济特区投资的外商投资企业比内地更多的优惠待遇；（4）给予经济特区政府相当于省级的经济管理权限，属于中央统一管理的外事、边防、公安、海关、金融、外汇等一系列专门经济和行政业务等，可以由国务院主管部门结合经济特区实际情况，制定专项管理办法；（5）中央政府对经济特区建设实行政策倾斜。

1984 年 4 月，中央政府在肯定改革开放前五年的经济成就，特别是总结了对两省实行特殊政策和建立经济特区的经验的基础上，决定进一步扩大对外开放的步伐，将上海、天津、大连等 14 个城市确定为沿海开放城市，使这些城市开展对外贸易、给予外商投资企业的优惠待遇等方面有更大的自主权，创造吸引外商投资的有利经济条件。1985 年 2 月，中央又将珠江三角洲、长江三角洲以及闽南厦门、漳州、泉州三角地区的 51 个市、县开辟为沿海经济开放区。1988 年 4 月，中央决定举办海南经济特区的决定。至此，我国的对外开放区域从沿海个别地区和少数城市，扩展到了共有 293 个市县、

2.8 亿人口、42.6 万平方千米面积的广大沿海地区。

（二）开放事业全面推进

1990 年 4 月，中央决定开发和开放上海浦东新区，显示了中国进一步推进改革开放的巨大决心。上海是中国最大的工商业中心和口岸，具有雄厚的工业实力和科学技术基础，浦东新区的开发和开放会对上海产业结构调整，增强中心城市的综合服务能力，进而使上海成为国际性的经济、贸易、金融、航运中心，带动长江整个流域的经济发展发挥关键性的作用。开发开放浦东是中央政府改革开放中的又一重大的、具有全局意义的战略决策，不但对上海经济的发展起到至关重要的作用，对整个长江流域，以至全国的经济发展也将产生重大影响。

1992 年春，邓小平同志视察南方并发表重要谈话，强调指出，必须抓紧有利时机，加快改革开放步伐，力争国民经济更好更快地上一个新台阶。随后，中国政府做出了一系列重大决定和出台了众多措施，在全国范围内推进对外开放，形成了中国改革开放的又一高潮。（1）开放长江中上游的芜湖、九江、黄石、武汉、岳阳、重庆 6 个沿江城市，形成了沿江开放格局；（2）开放吉林的珲春，黑龙江的绥芬河、黑河，内蒙古的二连浩特、满洲里，新疆的伊宁、博乐、塔城，云南的瑞丽、畹町、河口，广西的凭祥、东兴等 13 个沿边城市，成为我国沿边疆开放的排头兵；（3）同意大连、广州、青岛、张家港、宁波、福州、厦门、汕头、海口建立保税区；新办一批经济技术开发区，拓宽了外商投资领域；（4）为了逐步形成符合世界贸易组织规则、适应社会主义市场经济体制发展的新型外贸体制，要继续加大对外贸易体制改革的力度，整合对外贸易经济合作政策，增加法规和政策的透明度。特别是在执行"九五"规划期间，再次使部分出口商品退税率提高；进一步下放了外贸进出口经营权，先是允许国有大中型生产企业、商业企业和科研院所对其进出口经营权采取登记备案制，接着批准达到一定标准的私营生产企业也享有了进出口经营权；起草并出台了《指导外商投资方向暂行规定》和《外商投资产业指导目录》；对外商投资企业采取低税收优惠政策，对国家鼓励投资的行业、地区也给予了一系列优惠政策。

至此，我国对外开放已经扩大到全国各地和国民经济的众多领域，出现了先沿海、后沿江、再沿线、沿边、内地等多层次、宽领域、全方位开放的新局面。

（三）加入世界贸易组织的新阶段

早在中国改革开放之初的 1987 年，中国就曾向世界贸易组织的前身即关税与贸易总协定（以下简称关贸总协定）提出重返关贸总协定的申请。经过了 15 年的努力，中国终于在 2001 年 11 月 11 日在卡塔尔的多哈签署了中国加入世界贸易组织的协议，并在 2001 年 12 月 11 日正式成为世界贸易组织成员。

世界贸易组织作为一个多边的国际经济组织，以市场经济体制为基础，以促进世界范围的贸易自由化、全球经济和福利的增长为宗旨，通过货物贸易总协定、服务贸易总协定、与贸易有关的知识产权协定，以及其他一些协定管理和协调成员方的活动。世界贸易组织的原则、规则和各项协定组成一个完整的多边贸易法律体系，这一体系对世界贸易的运行和发展起着重要的规范作用。加入世界贸易组织是我国面对世界多极化、经济全球化和科学技术突飞猛进的国际形势，从国内进一步改革开放和发展的需要出发，做出的战略选择。

我国加入世界贸易组织的权利和义务在加入世界贸易组织法律文件中得到了具体体现。这些法律文件是多边和双边谈判的结果。中国加入议定书和中国工作组报告书的谈判和起草过程是多边谈判，而申请加入方与世界贸易组织成员方之间的市场准入谈判是双边谈判。多边谈判重点解决了我国遵守世界贸易组织的基本原则和要求、享受具体的发展中成员的权利、世界贸易组织成员逐步取消对华歧视性贸易限制和措施、我国根据世界贸易组织要求进一步改革外贸体制、调整与贸易有关的投资措施等内容；双边谈判重点解决了逐步降低关税、逐步取消进口限制、逐步放开服务贸易等市场准入内容。

加入世界贸易组织，标志着中国改革开放进入一个崭新的阶段，新一轮对外开放拉开大幕，对外开放也呈现出新的格局：加入世界贸易组织不仅使中国改革开放的领域扩大和加深，而且使中国从原来的自主单边开放变成中国和世界贸易组织成员方之间的相互开放，从中国按政府政策实行改革开放到按照世界贸易组织的规则开放的阶段。

加入世界贸易组织后，我国可以享受多边谈判的成果；可以通过开放自身市场，扩大吸引外资，并获得进入其他成员方市场的机会；可以通过多边争端解决机制，公正、平等地解决贸易争端，可以推动经济体制改革。世界贸易组织遵循的基本原则，如非歧视、透明度、公平竞争、开放市场等，都是建立在市场经济基础上的。根据这些原则，各方在谈判中确立了各种具体规则。遵守这些基本原则和具体规则，可以有力地推动我国社会主义市场经济体制建设。

第二节　中国的对外开放：从政策性开放到制度性开放的转变

自 1978 年中国实行改革开放以来，全方位、多层次、宽领域的对外开放格局已经基本形成。加入世界贸易组织以后，中国对外开放的广度和深度进一步扩展，特别是十六届三中全会提出："完善对外开放的制度保障……按照市场经济和世界贸易组织规则的要求，加快内外贸一体化进程。形成稳定、透明的涉外经济管理体制，创造公平和可预见的法制环境，确保各类企业在对外经济贸易活动中的自主权和平等地位。"显示着中国对外开放思想和对外开放政策的巨大转变和发展，由政策推动开放逐步过渡到建立与世界贸易组织接轨的制度开放，通过优良的制度环境将对外开放推向新的阶段。

一 政策性开放：对外开放的起点

（一）政策性开放：现实与理论的选择

1978 年开始，中国的对外开放主要是通过一系列的开放性政策来促进对外开放的渐进式推进，这种开放可以称为"政策性开放"。在当时的中国，这种对外开放模式的选择是行之有效的，有其现实与理论基础。

对外开放初期，长期的传统计划经济体制和闭关锁国的思想在经济决策上仍然相当严重，缺乏建立开放性经济体制的基础和法制条件。因此，党和国家制定的重大政策就成为破除"坚冰"、实现由封闭型经济向开放型经济转变的主要手段。政府政策的科学性和合理性的程度，决定着对外开放的发展进程。同时，由于中国企业参与国际竞争的能力和经验不足，企业在走向国际市场和应对国际竞争的过程中竞争能力弱，需要政府"保驾护航"。因此，政府成了对外开放的直接组织者与推动者。

"政策性开放模式"的实行，是由国家政策的特殊功能决定的。由于政策是国家或者政党为了实现一定历史时期的路线和任务而制定的国家机关或者政党组织的行为准则，因此它具有导向、控制、协调和象征功能，从而决定政策在实施过程中和实施的目的导向上具有一些特殊效应。如政策的例外效应，在改革初期，当社会主流舆论工具还在讨论经济特区是姓"资"还是姓"社"时，可以将经济特区作为一种例外，边讨论边进行特区试验，总结经验推广，以免贻误开放的时机和不利于开放的进行；政策的特殊激励效应，通过政策调整利益分配格局来激励个人、企业、地方的积极性，同时，也吸引外方投资者的积极性，以实现宏观政策的整体目的。

"政策性开放模式"的运用是区域经济发展理论的创新运用。中国在对外开放中采取的是一种逐步推进战略，区域经济发展中的增长极理论与辐射理论，不仅包含了经济空间中一定地理范围相联系的经济变量之间的结构关系，而且包含了经济现象的区位关系。它强调增长极的空间特征，认为这种以空间单元作增长极的中心地对区域经济发展具有带动作用。20 世纪 80 年代，中国开始的区域经济发展战略由内地转向沿海地区，使东部沿海地区获得了"城市增长极"为特征的迅速发展。而经济辐射理论是指经济发展水平和现代化程度相对较高的地区与经济发展较落后的地区进行资本、人才、技术、市场等要素的流动和转移，以及思想观念、思维方式、生活习惯等方面的传播，以现代化的思想观念、思维方式、生活习惯替代与现代化相悖的旧习惯势力，从而进一步提高经济资源配置的效率。这一理论的创新运用能较好地阐释中国的沿江、沿海开放城市、开放地带以及中心城市开放地区的设立。

"政策性开放模式"的运用是邓小平理论的伟大创新与运用。20 世纪 80 年代以来，邓小平关于"什么是社会主义，怎样建设社会主义"、"三个有利于标准"、"一部分地区有条件先发展起来，一部分地区发展慢点，最终达到共同富裕"等理论创新，解决了长期以来困扰人们的体制障碍与观念障碍，加快了政策性对外开放的步伐。

（二）政策性开放实践走出了一条有中国特色的开放之路

1. 经济特区政策

经济特区在世界上存在已有 450 多年的历史，1547 年，意大利的里窝那自由港是世界上最早的经济特区。中国的对外开放是以建立经济特区为开放"窗口"而开始的。1979 年 7 月 15 日，中共中央、国务院批转了广东、福建两省省委的报告，决定在深圳、珠海、汕头和厦门试办特区（后来叫经济特区），1988 年通过关于设立海南省和建立海南岛经济特区的决定。这些特区以国际自由港的特殊地位，采用一些特殊政策和优惠政策，如利润分成、财政包干甚至到关税、一定程度的立法权归地方控制等。这些特殊政策和优惠政策的实施，使 1998 年五个特区的对外贸易额占全国对外贸易总额的 12%；其中，外商投资企业进出口额合计达 235.4 亿美元，占全国外商投资企业进出口额的 14.9%，占五个特区的对外贸易总额的 60.4%。

2. 开放城市政策

沿海开放城市是以我国建立经济特区的经验和进一步开放的新形势下开辟的沿海对外城市。1984 年，中共中央、国务院以中发〔1984〕13 号文批转了《沿海部分城市座谈会纪要》，决定进一步开放沿海 14 个城市，文件对这些城市 10 个方面的政策和措施做了规定，成为这些城市对外开放工作的实施纲领。其中，具有历史性意义的措施之一就是："这些城市，有些可以划定一个有明确地域界限的区域，兴办经济技术开发区。"文件并对经济技术开发区的任务、要求、发展方向、优惠政策、支持措施、审批程序、加强监管及注意事项等都做了原则规定。此后，国务院有关部门包括计划、财政、税收、工商、海关、公安、外事等，相继对经济技术开发区的优惠政策和管理措施做出了具体执行规定。比如，海关总署为贯彻中央〔1984〕13 号文件，发出《关于对十四个沿海港口开放城市的若干优惠政策》。其中，包括对经济技术开发区的进出口免税规定。这些优惠政策的实施，使这些城市的经济得到快速发展。1998 年，14 个沿海开放城市的进出口额合计达 885 亿美元，占全国对外贸易总额的 27.3%。

3. 沿海经济开放区政策

为进一步扩大对外开放地域，1985 年 2 月 18 日，中共中央、国务院批转了《长江、珠江三角洲和闽南厦漳泉三角地区座谈会纪要》，决定在长江三角洲、珠江三角洲和闽东南三角地区开辟沿海经济开放区，以后又开辟了环渤海（辽东半岛和胶东半岛）经济开放区、将沿海 140 个市县划入开放区、设立上海浦东经济技术开发区等，这些沿海经济开放区的开辟与设立，极大地促进了沿海地区外向型经济的发展。

4. 吸引外资政策

社会主义建设需要大量的资金，因此吸引外资、利用外资是中国实行对外开放、发展中外经济合作的一项重要内容。为鼓励外商投资，中国给予外资企业"超国民待遇"，如在涉外税法中设置的一系列税收减免。按照《外商投资企业与外国企业所得税法》，外商投资企业只要是设在经济特区，就减按15%的税率征收企业所得税；要是设在沿海经济开放区和经济特区、经济技术开发区所在城市的老市区，就减按24%的税率征收企业所得税。此外，对于生产性外商投资企业，只要其经营期在10年以上的，除了享受上述的优惠待遇之外，还可以从开始获利的年度起适用"二免三减半"的税收减免政策等。因此，这些优惠政策的实施，大大提高了我国在吸引外资方面所取得的成就。1979—1982年，中国实际利用FDI为11.66亿美元，2000年为407.15亿美元，2007年为748亿美元。1984—2007年，中国实际利用FDI年均增长率为27.55%，增长较快的年份为20世纪80年代中期和90年代初期。

（三）政策性开放的局限

30多年来，具有中国特色的政策性开放，把中国经济从原来的封闭性经济逐渐转变成外向型经济，使商品出口额从1978年的97.5亿美元、占世界总额的比重为0.75%、居世界第32位，发展到2007年的商品出口额为12180亿美元、占世界总额的比重超过8%、居世界第3位；从过去一个落后的发展缓慢的大国变成今天这样一个欣欣向荣、充满活力的国家，对我国的经济发展起到了重要的推动作用。但是，政策性开放因其开放政策的特殊性，具有不可避免的局限性。

1. 体制封闭性与政策开放性之间的矛盾

由于开放政策是一种体制外的改革，在地区和所有制性质等各个方面都限于特定范围和特定对象，因而必然与原有体制存在矛盾。例如，国有企业与外商独资、合资企业的不平等竞争地位，特区、开发区与其他一般地区的不平等地位等，事实上都说明了体制整体的封闭性与政策局部开放性之间的摩擦。

2. 开放政策下的不平衡

一是对内部地区不平衡。在开放的试验地区和其他各地区之间，在区域推进战略下的各地区之间，发展处于不平等的地位。例如，由于政府税收的不一致，外资和国内资源就必然向更优惠的地区流动，造成地区发展的差距。中国沿海与内地本来的自然条件是在历史上形成的，而政策开放却又在制度上扩大了这种差距。

二是对不同国家或地区的不平衡。作为非多边贸易体制成员国，中国的对外经贸主要通过双边条约和协定进行。受双边关系和其他因素影响，对不同国家和地区的经贸政策会有所区别，如对中国港、澳、台地区与美国、欧盟的不同贸易政策。

三是对本国企业与非本国企业产品的差别。引进外资，又在某种程度上限制外资企业产品与本国企业产品竞争，以保护本国企业。

3. 对外开放与对内约束

由于各种因素的相互制约，对内改革在向深度推进时，一再遇到障碍。与此相比，政策性开放由于走体制外变革的道路，相对来说较为容易一些，政策本身可以激励开放。但是，在开放过程中，国内落后的体制却对开放形成了体制约束，使扩大开放的种种努力受到限制。例如，行政管理体制与市场化的开放不相适应，影响了开放政策的实施、效应和开放的扩大。在有些情况下则走向另一面，即人为主观的开放行为导致开放的种种不规范行为，如各地竞相推出对招商引资的优惠政策。

4. 政策缺乏稳定性和可预见性

对外开放是一个动态过程，因而对外开放的政策也是一个不断探索、发展的过程，缺乏稳定性与可预见性。同时，我国的对外开放没有现成模式可以借鉴，是"摸着石头过河"的开放方式，当发现某些方式不切实际时必然需要改进甚至取消，不可避免地会出现政策的不稳定性与易变性。如在地区开放的推进方面，20 世纪 80 年代主要是沿海城市，90 年代则扩展到内陆地区；在开放的领域方面，金融、电信等领域到 20 世纪 90 年代又有所改变；关税政策和汇率政策也在不时地调整等。

二 制度性开放：与国际接轨的选择

从封闭到开放，从经济特区到全方位对外开放，从狭小范围的开放到众多领域、宽泛的开放，从非多边贸易到多边贸易、世界贸易组织成员，这是中国 30 年来对外开放的伟大历程。可是，加入世界贸易组织后，随着中国对外开放广度和深度的进一步扩展，政策性开放已不能适应新形势的要求，必须要将政策性开放逐步转变为在法律框架下的制度性开放，与国际接轨，扩大我国对外开放的成果。

（一）加入世界贸易组织：制度性开放的契机

制度性开放，就是以制度创新为扩大对外开放的主要推动力，以全面的和相对稳定的法律制度为对外开放的行为规范和激励机制，使对外开放的推进更具有稳定性和可预见性。世界贸易组织作为当今最大的全球多边经济贸易组织，其前身是关贸总协定，它不仅是经济全球化的基本载体，有"经济联合国"之称，而且极大地推进了国际贸易体系的法制化和规范化，是经济全球化进程的制度化的标志。因此，加入世界贸易组织，就意味着步入法制化、制度化的对外开放轨道。

申请加入世界贸易组织，意味着承诺制度化开放。中国加入世界贸易组织的漫长过程和艰苦谈判，实质上是世界贸易组织成员要求中国遵守贸易规则与要求中国改革制度的反映。世界贸易组织以倡导贸易自由实现世界经济发展为基本准则，为实现这一基本准则，在其历史发展中不断致力于消除各种非关税壁垒和压制各种不公平贸易行为。根据世界贸易组织的原则，各种不公平贸易行为主要来自政府的各种做法，以提高本国企业的国际竞争力，从而实现发展和扶持本国企业。这种政府行为在任何国家中都是存在的，但在中国，这类政府行为却有其特殊的原因，即除我们落后的产业发展水平需要保护之外，还来自中国现行体制的基本特点，即政府与企业的密切关系。这种关系既说明制度是不开放的，也说明开放是非制度性的。因此，加入世界贸易组织，就意味着中国政府要规范开放行为，实现开放的制度化。

加入世界贸易组织，推动我国经济体制与国际接轨。经过30多年的改革开放，中国由传统的计划经济不断地向社会主义市场经济转型，到目前的市场经济体制的逐步确立。在这一进程中，目前正处于攻坚阶段，许多深层次内在矛盾久拖不决，国内又缺乏足够的力量来冲破僵局，必须借助于外力的推动。而世界贸易组织是以市场经济为基础的整套多边规则，通过加入世界贸易组织引入具有较强约束力的市场经济行为准则，将外在压力变为内在的推动力，会加速推进我国市场经济体制的建立和完善。因此，加入世界贸易组织与我国建立市场经济的改革目标是一致的，推动我国经济体制与国际接轨。

世界贸易组织的基本原则是成员方多边贸易的行为规范。世界贸易组织建立的法律体系是执行和管理多边贸易体制的保障，贯穿这一体系的基本法律原则是多边贸易体制得以形成和发展的依据。这些原则构成了多边贸易体系的核心，即公平贸易原则、关税减让原则、透明度原则、非歧视原则、一般取消数量限制原则。

（二）制度性开放：机遇与挑战并存

制度性开放以其规范的、可预见的制度，可以降低交易成本，加强成员国的对外贸易和对外经济交往，但由于政府调控手段将受到限制、企业执行规则的适应性过程和规则本身的局限性，使得在向制度性开放转换过程中充满机遇与挑战。

制度性开放使中国的对外开放具有制度保证。政策性开放依靠政府政策的推动，依靠政策的科学性与合理性，而当权力发生变形时，政策的科学性与连续性难以得到保障，如面对外来冲击时的政府保护措施、招商引资中的恶性竞争等。因此，后发展国家经过一段时期的政策性开放一般会转向制度性开放。在世界贸易组织的贸易规则下，通过制度规定对外开放，保障对外开放的稳定发展。

制度性开放所遵循的共同游戏规则为中国经济真正融入世界经济体系提供了通道。政策性开放使中国按照有别于国际通行的规则进行对外经济交往，增加了交往主体的制度成本，妨碍中国进一步融入世界经济体系。加入世界贸易组织，实施制度性开放，使中国与世界各国有了相同或相似的经贸规则与制度环境，会产生生产方式与生产环境的趋同，加快中国参与国际分工与经济全球化的进程。

在转换过程中，因违规引发的贸易纠纷会增加。在政策性开放向制度性开放转换过程中，由于政府、企业有一个转变、适应的过程，因此，在没有完全转换的过程中，会发生违规行为。而在世界贸易组织多边规则下，一成员方的违规将会引发与多个成员方的贸易纠纷、一成员方对某一成员方的违规起诉或报复会引起相类似行为的其他成员起诉或报复，因此，贸易纠纷可能会增加，从而影响国家利益。

政府调控经济的手段和权力将受到限制。政策性开放通过政府提供灵活的、适时的、优惠的开放政策推动开放，因而，政府对开放过程存在较多的干预与参与，对经济的开放过程有较多的调控权力。而世界贸易组织所倡导的是自由贸易、自由竞争，淡化政府干预，因而政府的某些调控手段会受到限制，如关税保护与减让。

制度、规则本身的局限性使中国受到不公平待遇。尽管世界贸易组织倡导公正、公平的贸易机制和贸易环境，但由于各国经济发展的不平衡与国际关系的复杂性，使中国等发展中国家会受到不公平待遇。

（三）制度性开放：制度是重要的

制度是制度性开放的灵魂，制度性开放的一切运作都要以世界贸易组织的贸易规则为依据。因此，制定制度、遵守制度、用好制度是重要的。

制定制度。制度性开放，要有可以遵循的制度。世界贸易组织只为各成员方提供一个规范其贸易行为和协调贸易关系的法律规则框架，但是这一框架不能代替各成员方的国内贸易立法和规章制度所产生的规范约束作用。因此，中国应以世界贸易组织规则为重要参照，制定本国的贸易政策法规、制度。

遵守制度。遵守制度是世界贸易组织对其成员的要求，也是中国政府做出的承诺。遵守制度，首先要树立制度意识，加强自律，抛开短期的、个体的利益得失；其次要了解制度，世界贸易组织规则是一个庞大、完整、严谨的法律体系，内容复杂，涉及21个领域共45个协议和10多个附件协议，只有认真了解、熟悉，才能做到心中有制度，避免违反制度。

用好制度。世界贸易组织规则既是约束成员方行为的规范，又为成员方处理纠纷、发展贸易提供了制度保证。因此，在发展对外贸易与对外经济交往时要用好制度，善用制度，要让制度为我所用，而不是受制度束缚之累。

第三节　中国对外贸易体制改革与政策的调整

一　中国对外贸易体制的改革

对外贸易体制是指对外贸易的组织形式、机构设置、管理权限、经营分工和利益分配等方面的制度。它是经济体制的重要组成部分，同国民经济体制的其他组成部分有着密切联系。外贸体制要随着经济条件的变化做出相应的调整和改革，以适应形势发展的要求，更好地发挥对外贸易对国民经济的重要促进作用。

十一届三中全会的召开，标志着我国从此步入一个新的历史发展时期，原有的国民经济体制和外贸体制已经不能适应新的形势。随着经济体制改革措施的逐步出台，外贸体制改革也陆续展开，从放权、让利、分散到推行外贸承包制和放开经营以及1994年以来按照社会主义市场经济体制的要求逐步建立对外经济贸易新体制，取得突破性的进展。我国外贸体制改革的目标是建立符合社会主义市场经济体制和国际贸易规范的新体制。

（一）努力形成以间接手段为主的外贸宏观调控体系

首先，进一步加大外贸管理体制的改革力度。一是停止执行指令性计划，国家将部分被限制进出口的商品采取配额和许可证管理，这成为中国对外贸易管理体制改革的重要内容之一。二是国家再一次完善了进出口商品经营办法，删去了一些主动配额和许可证管理进出口商品品种。

其次，使对外贸易法制化的步伐逐步加快。第一，1994 年 5 月 2 日，八届全国人大常委会七次会议通过并颁布的《中华人民共和国对外贸易法》开始实施，说明了中国对外贸易管理与经营步入了法制化制度化的"快车道"。第二，1997 年 3 月 25 日，国务院又制定并颁布了《中华人民共和国反倾销和反补贴条例》，这是中国开始确立与国际通行规则接轨的反倾销反补贴机制的标志。

最后，继续运用好经济调控手段，例如，汇率改革制度，继续调整关税，建立健全外贸企业自负盈亏机制，改革出口退税制度；制定有利于外贸出口发展的信贷政策。国家组建进出口银行，负责向资本货物出口企业发放信贷予以支持。

（二）深化外贸经营体制改革

目前，全国共有各类外经贸企业 23000 多家。从 1999 年 1 月 1 日起，凡符合《关于赋予私营生产企业和科研院所进出口经营权的暂行规定》的私营生产企业和科研院所可从事进出口贸易，并享有与国有企业和科研院所同等的待遇。扩大生产企业外贸经营权登记备案制范围，并通过试点逐步过渡到完全的登记备案制。

（三）深化外贸协调服务机制改革

首先，建立健全针对外贸经营活动的社会监督和服务体系，充分利用外贸学会、外贸协会的信息服务功能，为外贸企业提供方便条件。

其次，设立必要的法律、会计、审计事务所等中介服务机构，一方面使企业获得法律、会计、审计服务，另一方面使企业经营纳入社会的监督之下。

最后，完善外经贸信息网络系统，特别是借助国际互联网的平台将广州交易会的相关信息输送到全世界，促进了在外贸领域推广电脑网络化技术的步伐。

（四）全面贯彻促进贸易发展的措施

我国政府十分注意发挥在境内外举办出口商品展览会的作用，并在比较发达的地区设立贸易中心和分拨中心，以便宣传中国的企业和名牌产品，促进市场多元化战略的实施。如华东出口商品交易会、天津出口商品交易会、大连出口商品交易会、昆明出口商品交易会，已成为我国宣传和介绍中国的企业和名牌产品的重要媒介。自1978年党的十一届三中全会以来，中国对外贸易体制发生的根本变化，使中国在参与世界经贸活动中掌握了更大的主动权，为中国对外经济贸易在21世纪仍然保持持续、快速、健康的发展奠定了基础。

二　中国对外贸易政策的调整

在当今世界经济中，一国的对外贸易政策在该国的经济增长和经济发展中起着重要作用。它是一国总的经济政策的组成部分，是为该国经济基础和对外贸易政策服务的。各国的对外贸易政策因各自的经济体制、经济发展水平及其产品在国际市场上的竞争能力而有所不同，并且随着其经济实力的变化而不断变化。

中国的对外贸易政策从新中国成立至今，大致经历两个大的发展阶段：第一阶段从新中国成立到1978年，根据当时的国内外条件，我国执行的是国家管制的封闭性保护贸易政策。这种封闭性保护贸易政策对于当时的排除"禁运""封锁"，顶住外国的经济压力起过积极的作用，但同时也带来许多副作用。第二阶段是从1978年十一届三中全会开始，随着中国实施改革开放，我国调整外贸政策，转变为国家调控下的开放型保护贸易政策。目前，我国已经成为世界贸易组织的正式成员，我国经济在更高的程度和更大的范围内融入世界贸易体系，外贸政策也将更趋于开放、自由。

1978 年改革开放以后我国对对外贸易政策做出了许多重要的调整，调整后的对外贸易政策体系主要由进出口管理政策、外汇管理政策和海关管理政策三部分组成。

进出口管理是指以国家法律、法令和政策规定为依据，从国家的宏观经济利益以及对内和对外政策需要出发，对进出口贸易活动实施领导、控制和调节，它是当代国际贸易中的普遍现象。我国的进出口管理，是国家通过制定有关法律、法规，运用经济手段和采取必要的行政手段进行的，是我国对外贸易方针政策的实施和体现。我国的进出口管理政策，随着国内外形势的发展和变化，不断地发展、完善。我国的进出口管理政策由对外贸易经营的管理政策、进出口许可证、进出口货物配额管理政策、进出口商品检验管理政策、进出口信贷政策以及出口货物退税政策六部分构成。

外汇管理是国家对外汇活动进行政府干预的行为。目前，世界上大多数国家均实行不同形式、不同程度的外汇管理。外汇管理的含义是，国家指定或授权某个机构对本国境内的一切外汇活动实行管理，即通过政府颁布的有关法律，规范、约束外汇活动的政府行为。这里的外汇活动主要指外汇的收入、外汇的支出、外汇的移动与进出境、外汇的买卖、外汇市场的活动及汇率的调整与制定。一个国家实行外汇管理的主要目的是维护国际收支平衡，促进国内经济稳定、持续发展，维护本币的稳定与本币在国内市场的地位。外汇管理的对象与范围一般指居民，即居住在本国的本国法人与自然人，也包括居住在本国的外国企业与外国人，但一般不含外国政府设置在本国的领事馆和联合国及国际机构设置在本国的机构和人员。

新中国成立后就确立了自己的外汇管理政策，改革开放之后对这一制度又不断地进行改革和调整，并将原有的计划经济下的汇率机制逐步转型为以市场供求为基础的、单一的、有管理的浮动汇率制。

海关管理是一个国家通过法律、法规对进出口过境的货物、运输工具、货币、金银、证券及旅客行李进行监督检查、征收关税并执行查禁走私任务的国家行政管理机关。它代表国家行使监督管理职权，是建立在一定经济基础之上的上层建筑。海关的基本职能是：进出关境监管、征收关税和其他税、费，稽查走私，编制海关统计，办理其他海关业务。海关通过这些职能的履行，达到实施国家法律、维护进出关境秩序、保证国家税收、打击违法犯罪行为、保证国家利益的目的。因此，海关管理也是中国货物进出口管理环节中的重要组成部分。

第四节　进一步提高对外开放水平的思路与展望

从某种意义上说，经济全球化是一把"双刃剑"，不仅是不可避免的挑战，又是可以利用的机遇。目前，我国必须从中国的实际出发，继续贯彻执行改革开放的重要决策，充分利用我们的比较优势，卧薪尝胆，积极思考，沉着应对，努力选择科学的、准确的应对策略和措施。

一　采取切实措施，维护国家经济安全

在今后相当长的一段时期内，增强综合国力一直是我国迫在眉睫的首要任务。一方面我们要加快对外开放的步伐，拓宽对外开放的领域，减少对外依赖程度；另一方面我们还要提高对金融风险的科学预测能力，积极防范金融风险。我国应建立有效的自主创新体制，包括技术创新的激励机制、技术扩散机制、技术研发投入的风险机制以及学习和引进机制等，充分利用世界现有的知识和技术存量，逐步迈向自主创新的目标。要把发展的立足点放在独立自主自力更生的基点上。与此同时，努力学习吸收国外先进的科学技术，培育战略新兴产业和高新技术产业，扭转长期以来形成不合理的国

际产业分工结构。

二 加快经济结构调整，在对外开放中增强企业竞争力

随着经济全球化进程加快和科学技术日新月异，国与国间的经济竞争归根结底是企业间的竞争，是企业技术和名优产品创新能力的竞争。根据我国目前的经济状况，应重点对经济结构进行调整与改革。对产业结构的调整既要围绕提高国家竞争力这个中心来优化我国的产业结构，又要根据比较利益原则，在全国范围内实现产业的梯度配置与转移。随着经济全球化进程的加快，国内市场日趋国际化，我国要进一步加大国有经济的战略调整力度，推进产权制度改革，积极吸引境内外各类投资者参与国有企业改制改组，推动优势企业跨地区、跨行业进行战略重组，促进大企业、大集团发展。同时，进一步落实企业的投资主体地位和投资自主权，规范政府投资行为，健全政府投资决策责任机制。要充分利用金融全球化的机遇，积极拓宽筹融资渠道，通过多种形式搭建政府信用、银行信用与社会资本相结合的平台，鼓励和引导外资以独资、参股、合作、联营、特许经营等方式进行投资建设。

三 创造适应对外开放要求的体制环境

首先，加快外贸体制改革的步伐。继续废止和调整各种不平等的政策规定，使各类企业拥有自主从事对外贸易经营活动的权利。保障企业平等竞争，自主经营。

其次，逐步取消政府对企业微观经营活动的直接干预，主要用经济和法律的手段进行调控，使企业真正成为市场经济的竞争主体，努力造就一个公开、公平、公正、有序的市场经济氛围。

再次，强化我国涉外经济法律、法规的立法，使涉外经济活动有法可依。继续推进保障对外开放和经济安全相关法律的立法工作，加大依法行政的力度，以法律规范各种涉外经济行为和活动。

最后，发挥行业协会的功能和作用。壮大商业协会组织，以行规制度引导出口企业合法经营，并把商业协会组织培育成为向我国外贸企业提供国外市场、生产、销售和价格等信息的主要渠道。

四 努力转变外贸增长方式

面对未来对外开放的新阶段，要做到努力转变外贸增长方式，其关键就在于既要保持外贸数量的增长，又要注重质的提升，使我国由贸易大国转变为贸易强国。

首先，继续调整进出口商品结构，以落实产业结构调整政策，形成贸易政策与产业政策的有机统一。

其次，运用好促进贸易平衡的各项具体政策，一方面要避免出现政策落实不到位的情况；另一方面又要避免出现政策调整超出企业承受能力的情况，要支持企业扩大出口规模，实现对外贸易的平衡发展。

再次，大力推进服务贸易，出台并运用好承接国际服务外包的各项政策措施，特别是加强对服务外包业的支持力度，促进服务贸易发展整体水平的提高，使服务贸易和货物贸易协同发展。

最后，巩固和提高我国劳动密集型产品的市场比重，增加高附加值产品出口和深加工的份额，推动大型和成套设备的出口。

五 广泛开展区域经济合作

按照"立足周边、面向全球"的原则，统筹考虑，稳步推进，逐步建立包括更多国家和地区的对外经济贸易合作区。

第一，要形成有利于对外经贸发展的良好环境，加强并推动与主要贸易伙伴的经济贸易合作，加快自由贸易区建设的步伐。

第二，支持并扩大与发达国家的技术转让、研发等方面的国际合作，引进国外先进技术和要素资本发展自己。

第三，继续扩大与周边国家和地区的经济合作，逐步实现与周边地区的利益融合，通过与各类区域和次区域的经济合作，增加我国在周边地区经济和政治事务的影响力、渗透力。

第九章 行政管理体制改革问题

政府在改革进程中扮演着重要而特殊的角色，它既是改革的主导者，又是改革的对象。经过 30 多年的改革实践，改革逐渐聚焦于政府本身。政府能否成功转型，能否建立起适应现代市场经济的公共服务型政府，已成为深化改革和完善社会主义市场经济体制的核心。本章将要讨论的：一是阐明政府职能转型是当前深化经济体制改革的核心；二是总结与回顾政府转型和行政管理体制改革所取得的进展；三是分析政府转型过程中存在的问题；四是如何加快建设公共服务型政府。

第一节 政府转型和行政管理体制改革取得的进展

一 政府对经济的行政控制逐步弱化

改革开放 30 多年来，在经济市场化的同时，政府转型也在沿着渐进之路向前推进。从整体情况看，政府对经济的行政控制是逐步弱化的。计划经济下政府及其官员拥有无限的资源动员和配置能力，随着经济市场化的推进，政府的这种控制力呈逐步弱化趋势。

政府对经济的行政控制主要是通过国有企业、税收和各类管制来实现的。国有经济一直被认为是国家实现经济控制的标志。因此，国有经济比重的下降也标志着政府对经济控制的弱化。改革伊始的 1978 年，国有企业在工业总产值中的比重为 77.6%，而到

2006 年，情况基本倒了过来。在规模以上工业企业的增加值中，非国有企业的比重为 82.6%（含国有控股企业）。其中，股份制企业 50.1%、三资企业 28.2%、集体企业 3.2%、股份合作企业 1.1%。扣除国有控股企业的份额后，非国有企业的比重为 64.4%。国有及国有控股企业的比重为 35.6%，国有经济在国民经济中已经降到了约 1/3。[①] 非公有经济已经在许多经济领域中，特别是在工业、建筑业、国内贸易、公路运输、餐饮服务业等部门中，占据了主导地位。但在电信、金融、保险等现代服务业领域，非国有企业的发展还是相当有限的。2006 年年底，国资委明确提出，军工、电网电力、石油石化、电信、煤炭、民航、航运七大行业将由国有经济控制。国有经济对基础性和支柱性产业中的重要骨干企业仍保持较强控制力，包括装备制造、汽车、电子信息、建筑、钢铁、有色金属、化工、勘察设计、科技等。

政府通过正式税收渠道控制资源的能力总体上被弱化了。1978 年，财政收入占 GDP 的比重达 31.1%。随后，由于财政分权化改革以及政府与社会利益分配格局的变化，这一比重持续下降，1995 年时下降到 10.3%。1994 年，分税制改革以后，政府通过财政收入渠道支配资源的能力有所强化，2006 年，财政收入占 GDP 的比重提高到 18.4%，但仍远远低于改革之初的水平。财政收入比重的下降在一定程度上反映出市场配置资源的份额总体上呈上升趋势。

从行政审批制度上看，从 1998 年开始，全国许多地方相继开展了行政审批制度改革。2001 年，国务院对全面推进这项改革作出部署，成立了行政审批制度改革工作领导小组，并在监察部设立办公室，具体承担领导小组的日常工作。新一届政府成立以来，国务院始终把行政审批制度改革作为政府工作的一项重要内容来部署，国务院 68 个具有行政审批职能的部门和单位，它们原来负责审批的项

---

① 王晓齐：《我国国有经济分布特点及结构问题》，《经济研究参考》2006 年第 23 期。

目数共有 3605 项。2002 年 10 月、2003 年 2 月和 2004 年 5 月，国务院分三批取消和调整了 1795 项审批项目，对涉及 9 部法律的 11 项审批项目提出了取消和调整的建议。2004 年 8 月，十届全国人大常委会第十一次会议通过上述 9 部法律的修正案。至此，国务院各部门共取消和调整审批项目 1806 项，占总数的 50.1%。①

在放松行政审批和管制的同时，政府在市场法制建设上也取得了相当大的进展，初步建立了与现代市场经济要求相适应的法律法规体系和政府监管框架，相继出台了《反不正当竞争法》《关于制止低价倾销行为的规定》《商品市场登记管理办法》《拍卖市场管理办法》《连锁店经营管理规范》《零售业态分类规范意见》《生活必需品市场供应应急预案》《直销管理条例》《生猪屠宰管理条例》等一系列法律法规和政府部门规章，逐步形成依法治市、鼓励竞争、适应市场经济运行要求的法律体系框架，促进了市场的规范化发展。

二 政府间关系调整

政府间关系状况主要取决于政府间事权和财权的配置，以及政府官员的任命和考核制度。新中国成立后，我国建立了高度集中的计划经济体制。与此相适应，政府间关系呈现出高度集权的特征，中央政府通过指令性计划网络控制地方政府的行为，地方政府则没有决定权，只是中央计划的被动执行者。改革开放以来，政府间关系演变的主要方向是分权化，但官员的任命和考核仍保持集权特色。

政府间分权主要体现在财政分权和事权下放上。政府间财权的重新配置经历了"分灶吃饭""划分税种、核定收支、分级包干""财政包干"和"分税制"几个阶段。随着财政分权的推进，地方政府能够支配的财力（包括预算内财力、预算外财力和非预算财

---

① 《全国行政审批制度改革取得重要进展和明显的成效》，http：//www.gov.cn/jrzg/2007－06/20/content_654347。

力）大幅度增加。在地方政府可支配财力增加的同时，其所承担的支出责任也随之增加，除要承担教育、医疗、养老、基础设施等基本公共品的提供外，还承担了大量的经济建设职能。地方政府支出责任的增加可以从财政支出中中央与地方比重的变化看出。1978年，在财政总支出中，中央政府占 47.4%，地方政府占 52.6%；2006 年，中央的比重降到 24.7%，地方政府的比重提高到了 75.3%。政府间分权的好处是刺激了地方政府发展经济的积极性，形成了地方政府在 GDP 增长率、招商引资以及基础设施建设等方面相互竞争的局面，从而使地方政府成为整体经济增长的强大驱动力。对于中国靠经济分权激发政府间竞争从而推动经济长期持续增长的做法，中外学者做了大量研究。

在实行经济分权的同时，政府官员的任命和考核仍沿用传统的集权体制。地方政府的主要官员仍然由上一级政府任命，民众的意见很难产生直接影响，而上级政府对地方官员的政绩考核主要以GDP 增长率为标准。基于 GDP 考核的晋升锦标赛激励地方官员为快速经济增长而努力，但同时也带来了一些负效应，这些负效应将构成中国长期可持续发展的障碍因素。

三　政府机构改革

中国改革奉行渐进之路，这种渐进性也体现在政府机构改革上，那就是在尽量保持大框架不变的情况下，逐步实现政府机构的调整和职能转换。

我国政府机构是在新中国成立初期建立并逐步发展完善的。在第一个五年计划时期，政府机构设置学习"苏联模式"，以高度集中的计划经济为前提和基础，以部门管理为主要特点。此后几经反复，1981 年年底，国务院设部门 100 个，数量达到新中国成立以来之最。1982 年，开始进行改革开放以来的首次政府机构改革，主要内容是撤并机构、裁减人员。1982 年年底，国务院机构调整为 61个，但此后又呈增加趋势。1986 年年底，国务院机构增至 86 个。1988 年第二次机构改革，国务院机构调整为 67 个，此后又增至 86

个。这一时期的机构改革经历了"精简—膨胀"的反复。原因在于，这一阶段的机构改革侧重于机构数量的裁并，而不是政府职能的转换，计划经济体制下的政府职能仍被保留。与此同时，为适应市场经济发展的需要，又必须设立一些新的政府机构。如企业下放，只是改变了企业的隶属关系，主管部门仍然存在，而为了加强对个体工商户的管理，成立了工商行政管理局。

1993 年、1994 年第三次、第四次机构改革是在明确提出建立社会主义市场经济体制的新形势下进行的。这一时期，国务院机构改革有了新的进展。其最主要的表现就是大多数专业部委被撤销。这也标志着苏联式的计划管理模式在政府机构设置层面上被正式打破。同时，随着宏观调控任务的日益紧迫，政府机构改革的另一个措施是强化宏观管理部门和执法监管部门，从而促进了政府职能从微观管理向宏观管理和市场监管的转变。例如，作为计划经济时期最重要的部门，国家计划委员会的职能从原来制订详细计划转变为宏观调控。此外，这一时期的机构改革还调整了部门的职责权限，使政府对企业的管理从直接管理为主转变为间接管理为主，与市场经济运行更加合拍。配合机构改革，国务院进行了机构裁减，推行公务员制度，使人事录用、考核等管理开始走向正规化。

2003 年，新一轮机构改革开始展开。这轮机构改革的主要措施包括以下几个方面：一是进一步完善宏观调控体系，将国家计委改组为国家发展和改革委员会，履行经济规划、体制改革、宏观调控、区域发展等一系列综合性的宏观管理职能。二是深化国有资产管理体制改革，设立国有资产监督管理委员会，代表国家履行国有资产所有者职责，负责国有资产的保值和增值。三是成立商务部，把原来分散在几个部委、局的流通领域管理职能进行整合。四是为适应银行业发展的需要，完善金融监管体制，设立了中国银行业监督管理委员会，负责拟订银行业政策法规，监管金融市场运行，依法查处违法违规行为等。五是为加强食品安全和安全生产监管体制建设，组建国家食品药品监督管理局，关注民生已经在政府机构设置上得到了体现。经过这一轮改革，国务院组成部门（含国务院办公厅）共设置为 29 个。这一轮改革的主要特点是，没有把着眼点放在机构数量和人员规模上，而是通过机构改革强化政府的宏观调控职能和市场监管职能，适应经济市场化、加入世界贸易组织和经济全球化的新形势。

2007 年，十七大召开标志着新一轮政府机构改革的开始，改革的着力点将放在"加大机构整合力度，探索实行职能有机统一的大部门体制，健全部门间协调配合机构"上，以解决机构重叠、职责交叉、政出多门、监管真空、相互推诿等问题。

由于政府体系垂直的特点，地方政府改革在大方向上仍然是中央机构改革的延伸，对于中央机构的变动，地方政府一般会作出相应的调整，设立对口部门。不过，由于分权化改革的特点，一些地方政府也在适当的范围内主动推动机构改革，并创造了一些经验。如深圳市自 1992 年获得地方立法权后，其行政改革在许多领域走在了前面，2001 年，实行了党政职能分开和精简市级机关。[①] 2004 年，颁布了《深圳市深化行政管理体制改革试点方案》，把市政府工作部门调整为 34 个，突出社会管理和公共服务机构的职能。

第二节　政府转型和行政管理体制改革的基本经验

一　完善市场经济体制的核心是建立公共服务型政府

在不同的改革时期，改革的侧重点是不一样的。改革初期，价格改革处于中心位置，通过价格改革来理顺经济利益关系，提高价格信号在资源配置中的作用；随着改革由农村向城市推进，所有制

---

① 张文峰：《政府机构改革模式探索深圳顺德的经验比较》，《广西民族学院学报》2002 年第 1 期。

改革成为改革的中心环节，以构造社会主义市场经济的主体和形成多种所有制共同发展、彼此竞争的局面。经过 30 多年的改革，社会主义市场经济体制的基本框架已初步形成，下一步改革的基本任务是完善市场经济体制，而完善市场经济体制的核心是实现政府转型，建立公共服务型政府。

转型国家的经验表明，以建立市场经济为目标的经济转型中，最重要的任务是建立市场经济的支持性制度。[①] 现代市场经济体制的基本要素包括自主经营、自负盈亏的微观经济主体，开放有序、公平竞争的市场体系，科学有效的宏观经济调控，充足、公平的公共物品供给。而市场经济的支持性制度就是确保以上各要素能够正常运行、彼此配合的一整套制度。在建立市场支持性制度的过程中，政府起着关键性作用。政府在这方面的作用具体体现为以下几个方面：（1）形成自主的微观经济主体，需要有符合市场经济原则的产权制度；（2）形成高效有序的市场体系，需要有维护公平竞争、保障信息透明的法律体系与监管体制；（3）确保宏观经济稳定运行，需要有稳健的宏观经济政策；（4）公共物品充分而公平的供给，需要政府承担基本责任。在市场经济国家里，这些市场支持性制度已经存在，但对转型经济国家来说，这些制度有待建立。在建立市场支持性制度上，政府责无旁贷。"只有通过政府这只看得见的手来建立和维护制度基础，才能使参与者保持信心、自由交易，市场才能繁荣。"[②] 奉行"休克疗法"的国家之所以出现"转型衰退"，就在于它们在迅速打破原有政府职能的同时，没有着力建立市场经济的支持性制度，而只是简单地认为，只要政府退出，市场就能自然而然地迅速发展起来。

---

① 胡家勇、陈健：《转型经济理论述评》，《中南财经政法大学学报》2003 年第 1 期。

② 拉古拉迈·拉詹、路易·吉津加莱斯：《从资本家手中拯救资本主义》，中信出版社 2004 年版，第 35 页。

二 建立市场支持性制度是行政管理体制改革的重要内容

目前，我国需要尽快建立的市场支持性制度主要包括以下几个方面。

（一）产权保护制度以及与之相适应的司法制度

产权保护之所以重要，就在于它能为各类经济主体提供适当而持久的激励，而这种激励是推动市场机制运转的最原始动力。亚当·斯密早就把产权保护视为政府的三项核心职能之一。[①] 从现实看，30 年来，我国经济的快速成长使各类财产以几何级数增长，建立切实有效的产权保护制度日益紧迫。从资产形成上看，1995—2006 年，我国全社会每年的固定资产投资额由 20019.3 亿元增至109998.2 亿元，平均每年递增 16.7%；其中，国有经济单位的投资由 10898.2 亿元增加到 32963.4 亿元，平均每年递增 10.6%，非国有单位的投资由 9121.1 亿元增加到 77034.8 亿元，平均每年递增21.4%。从资产存量上看，2006 年，全国工业企业资产达291214.51 亿元，其中内资企业资产 214105.86 亿元，港、澳、台商投资企业资产 27290.67 亿元，外商投资企业资产 49817.98 亿元。在内资企业资产中，国有企业资产 48941.61 亿元，非国有企业资产165164.25 亿元。以上只是社会总资产的一部分，如果把各类有形资产和无形资产以及以物权形式存在的资产包括进来，当前我国的社会资产总量是异常庞大的。建立切实有效的产权保护制度就能形成最基本的经济激励结构，促进社会资产和社会财富的不断涌流。但我国的产权保护状况还不能令人满意，无论是国有资产还是非国有资产，由于缺乏充分而有效的保护，经常受到侵占和掠夺。

（二）开放和高效的市场体系

这部分内容主要包括三个方面：拆除行政性和非行政性市场准入障碍，消除各类垄断；增加信息的流动性和准确性，为各类市场

---

① 亚当·斯密：《国民财富的性质和原因的研究》下卷，商务印书馆 2009 年版，第280—281 页。

主体的决策提供科学的依据和公平的机会；加强市场监管，规范各类市场主体的行为。

（三）有效的公共品供给制度

确定与我国经济社会发展水平相适应的公共品供给水平，并确保各类经济主体和公众平等地享受到所需要的公共服务。

以政府职能转型为主要内容的行政管理体制改革是深化经济体制改革的核心，还在于目前经济运行和经济体制中出现的一些问题常常与政府职能缺位、错位以及政府治理本身存在的问题密切相关。例如，市场的扭曲、生产要素和产品不能自由流动以及由此而引起的腐败，都与政府介入经济过深、微观干预过多，而又对干预结果不负责有关。这些问题都只能通过政府本身的改革来解决。

在实现政府转型的过程中，我们始终面临着一个两难的问题：为了确保市场经济的有效运转和良好的社会秩序，必须赋予政府足够大的权力。从这种意义上讲，我们需要一个强政府。但如果政府权力过于强大，往往会出现"有形之手"压抑"无形之手"、"政府失灵"替代"市场失灵"的问题。构建公共服务型政府的关键就在于把握这两者之间的平衡，形成"有形之手"与"无形之手"相互配合、相互促进格局。

第三节　行政管理体制改革过程中存在的问题与深化改革的对策

一　政府转型与行政管理体制改革过程中存在的问题

与经济领域改革相比，我国的政府转型是滞后的。这一方面反映出中国改革的渐进性特征，同时也反映出政府在改革过程中的特殊地位。由于处于核心与强势地位，特别是在计划经济时期曾被赋予无所不在的职能和无所不包的权力，除非政府本身有强烈的改革意愿，或者面临较大的外部压力（如要满足加入世界贸易组织的要求），否则政府职能转型和行政管理体制变革就会受到政府部门自身利益的干扰。

（一）政府越位与缺位

中共中央在《关于完善社会主义市场经济体制若干问题的决定》中指出，在社会主义市场经济条件下，政府的职能是"经济调节、市场监管、社会管理、公共服务"。① 改革开放 30 年来，政府职能沿着这一方向逐渐演变，但总体来讲，我国政府职能还没有落在与现代市场经济和政府机构能力相吻合的合理区域内，主要表现在，政府插手了许多本应由居民、企业和社会解决的事务，而自己的一些职能，甚至核心职能，却没有得到认真、有效的履行。

在市场经济条件下，投资和融资活动应由企业自主进行，企业同时承担由此所产生的风险。只有这样，资源才能在不同行业、不同项目间迅速流动，市场机制才能有效发挥资源配置的功能。但企业（不仅是国有企业，还有非国有企业）的投资融资自主权一直没有得到切实落实，投融资项目要经过政府部门的层层审批。由于审批事项过多、审批时间过长、审批程序不规范，乃至审批过程中的故意拖延，导致企业开业成本过高，失去许多市场机会。

我国的审批制度是在计划经济时代形成的，被当作行政配置资源的一种手段。政府审批的初衷是良好的，如避免重复建设、调整产业结构、减少投资的盲目性和资源的浪费、缩小地区差距、保护环境等。但是，由于受到信息能力等方面的限制，再加上审批容易诱发"寻租"和腐败，良好的初衷并没有完全变成现实，重复建设、产业结构雷同、环境污染、地区差距等问题并没有得到有效解决，反而窒息了企业的活力和市场适应性。

在西方市场经济国家，审批制度也是一种普遍采用的行政管理方式，但与我国不同。这主要表现为以下几个方面：一是政府审批

---

① 中共中央文献研究室编：《十六大以来重要文献选编》（上），中央文献出版社2005 年版，第 95 页。

比较规范，审批要有法律和政策依据，并受到法律的严格限制和约束，审批中的自由处置空间也比较小；二是政府审批的范围比我国小得多，审批事项很少；三是审批的作用较小，审批仅仅是一种辅助性的管理方式，政府管理主要依靠经济手段和法律手段，审批在管理中不起主要作用。

由于政府在项目审批、银行信贷、土地批租、财政资金扶持等方面决定企业的生存状况，企业便不得不在政府身上耗费大量的财力和精力。世界银行曾对我国120个城市的投资环境进行了调查，调查显示，其中，投资环境最好的12个城市中，企业管理人员每年花在与政府部门打交道的时间为36天，占全年的近10%，招待费占销售收入的0.7%；而在投资环境最差的12个城市中，企业管理人员每年花在与政府部门打交道的时间为87天，占全年的23.8%，招待费占销售收入的1.9%。这些时间和金钱方面的代价可以视为政府过深介入微观经济活动给企业带来的额外成本。

适应市场经济发展的需要，要彻底改革现有的行政审批制度，缩小审批的范围、减少审批的环节、缩短审批的时间。对于企业的投融资项目，除环保和规划等涉及外部性的事项需要继续进行审批外，应采取项目登记制。政府没有必要过多地考虑投融资风险甚至重复建设问题，而应把这些问题交给市场机制去解决，风险自负，自我约束。

在政府过多地把精力和财力投在自己职能领域以外的事务的同时，自己的职能，甚至核心职能却没有得到有效履行，出现"缺位"现象。提供法律秩序、保护社会安全是一致公认的政府的最基本职能，但这一职能的履行目前尚不尽如人意。以法律秩序为例，改革开放以来我国的立法工作取得了令人瞩目的成就，适应市场经济的法律框架已经基本构建起来。但是，司法工作落后于立法工作，有法不依、执法不严、司法腐败等现象普遍存在。人情案、关系案、地方保护主义层出不穷，企业等经济主体缺乏良好的法治环境和清晰的预期。由于法律缺乏应有的威严，导致整个社会信用水平下降，交易成本上升，产权甚至生命安全得不到应有的保证。

政府缺位的另一个重要表现是，教育、医疗和社会保障等基本公共服务的提供水平不能适应社会需要，且分布极不均衡，导致"上学难、上学贵""看病难、看病贵"和社会保障覆盖面窄等社会反映强烈的问题。

市场监管不力也是政府缺位的一个重要表现，导致交易欺诈行为普遍存在，市场秩序混乱。2005 年的"苏丹红事件"，以及最近一系列食品和药品安全事件暴露出政府监管方面存在的问题。"苏丹红事件"的要害之处在于，它不是由中国政府监管部门发现的，而是由英国的食品部门发现的。对中国政府的监管部门来讲，并不存在技术上不能解决的问题，监管不足主要是因为监管体制安排上存在缺陷。微观监管能力是衡量政府能力的一个标准。西方目前正在经历监管改革的浪潮。加拿大提出精明监管，主张行动少一些，行动好一些。经济合作与发展组织（OECD）的监管改革注重监管的可靠性、公正与透明、公共服务性、针对性和有效性。

（二）政府控制过多资源

改革开放以来，政府通过税收和正规收费所控制的资源份额明显下降了，但这并不意味着政府实际支配的资源量相应减少了。政府通过其他途径仍支配着大量资源，特别是民间资源。政府控制过多资源，使政府难以从微观经济活动，特别是一般性资本形成活动中退出，还为腐败和"寻租"提供了肥沃的土壤。

政府控制着庞大的国有资产存量，并借助国有资本间接控制着大量的非国有资本。通过国有企业改制和"抓大放小"，相当数量的国有资本退出了竞争性领域，甚至经济领域，但在垄断部门和一些竞争性领域中的部分优质企业里国有资本仍占主导地位。在许多股份公司，包括上市公司中，国有股处于控股地位，通过股份公司的治理结构，国有资本控制着非国有资本。2004 年，全部工业企业资产总计 240706.77 亿元，其中国有企业资产 44694.46 亿元，有限责任公司资产 60663.84 亿元，股份有限公司资产 26635.07 亿元。

后三者可以看作是政府控制的资产，占全部工业企业资产的 54.8%。

预算外收入是政府控制资源的一条重要渠道。目前，预算内收入占 GDP 的比例无论与改革前相比，还是与西方发达国家相比，都很低。1997 年，西方主要发达国家政府收入（主要是税收收入）占 GDP 的比例平均为 43.5%。经济自由度较高的美国，政府收入占 GDP 的比例也达到了 32.1%。① 而 2006 年，我国财政收入占 GDP 的比例只有 18.3%，最低的 1995 年只有 11.7%。但我国政府实际支配的收入远远超出这一水平，其中预算外收入和非预算收入扮演着重要角色。1978 年，预算外收入为 347.11 亿元，与财政收入的比例是 30.65%，占当年 GDP 的 9.5%。2005 年，预算外收入 5544.16 亿元，与财政收入的比例是 17.5%，占当年 GDP 的 3.0%。预算外财政收入主要为地方政府所有。1997 年后，地方政府预算外收入占预算外总收入的比例一直在 90% 以上，2005 年为 92.7%。

目前，预算外收入的主要来源是行政事业性收费和土地出让金收入。2005 年，行政性收费 3858.19 亿元，占当年预算外收入的 69.6%。随着工业化和城镇化的加速，土地价格迅速上涨，而政府控制着土地的实际产权，土地越来越成为政府的一个重要收入渠道。政府可以通过征用、拆迁等办法以很低的成本拿到土地，再卖给房地产商进行各种开发活动，获取巨额土地转让金收入。土地出让金已成为许多地方政府，特别是城市政府和经济发达地区政府的"第二财政"。2006 年，土地转让金估计达 7000 亿元。② 在土地财政的背后，是原土地使用者利益的损失。土地纠纷已成为近几年来干群矛盾中最突出的问题之一。

---

① 维托·丹齐、卢德格尔·舒克内希特：《20 世纪的公共支出》，商务印书馆 2005 年版，第 67 页。

② 陈晓：《土地出让金审计锁定 10 大重点城市》，《21 世纪经济报道》2007 年 5 月 15 日第 3 版。

　　政府支配民间资源的一种重要形式是政府对金融资源的控制。改革开放以来，我国居民收入快速增长，这些收入中的非消费部分最终会形成社会资本，它所对应的资源是民间资源，非政府所有。但这一块资源的实际配置却受政府的控制，成为政府实际支配资源的一部分。原因在于，这部分收入的绝大部分都流向了国有银行和资本市场，而这两个领域是政府控制程度最高的，其中的绝大部分资源都流向了国有企业。

　　除以上渠道和途径外，政府还利用其他手段来控制民间资源。行政管制和审批是常见的形式，它实际左右着民间资源的流向和分布领域。而且，管制和审批还赋予了相应政府部门乱收费的权力。2004 年，工商、质监、城管、消防、交通等政府部门年收费达 9367.67 亿元，加上检察院和法院所收的 356 亿元，共计高达 9723.67 亿元。全国工商联的有关调查也发现，繁重的政府收费已使中国个体私营企业的成本不断提高。更重要的是，由于行政收费合法性的主要依据是行政规章和地方规章，于是行政部门从各自利益出发，利用行政立法权给自己创设收费权，致使行政收费花样翻新。

　　（三）政府腐败问题

　　腐败对于经济增长和社会公平的危害是没有多少争议的。目前，中国的腐败与体制转型这个大背景密切相关。它可以分为三大类型：一是由政府各种管制及行政审批导致的腐败。由于政府涉足微观经济活动过深，审批、管制和检查事项繁多，耗时过长，一些经济主体往往不得不采取行贿的办法来绕过行政关卡，或尽快"通关"。过多而不合理的管制是腐败的"温床"。二是为获取政府控制的各类资源，包括国有资产（包括国有自然资源）、预算内财政资源、预算外财政资源、金融资源和公共服务而诱发的腐败。由于政府支配着庞大的资源，一些经济主体便会试图利用各种手段获取这些资源，"以小钱换大钱"。政府支配的资源数量越大，就越难以监控，腐败发生的概率就越大。三是一些国有部门或者公共服务机构由于改革滞后而诱发的腐败，如基础设施部门、教育部门、医疗部门中的各种腐败。这三种类型的腐败往往是彼此交织在一起的。例如，土地交易领域中的腐败，既与土地交易需要政府审批有关，又与土地是政府控制的资源有关，二者都能带来巨额的腐败收益。

有学者测算了转型期各种腐败所造成的经济损失。[①] 据他们测算，1999—2001 年，由于贪污、贿赂、挪用公款、海关走私、垄断行业（电信、电力、银行、石油等部门）腐败，税收流失、公共机构和公共支出的腐败，公共投资腐败，资本外逃腐败，国有企业私有化、各类公共机构乱收费的腐败，金融业腐败所造成的损失占GDP 的比例高达 14.5%—14.9%。另据中国经济体制改革研究会公共政策研究中心课题组的测算[②]，2004 年，我国经济中租金规模为44787.07 亿元，占当年 GDP 的 30%，"寻租"和腐败空间是相当大的。

（四）政策失效问题

政策失效是指政策的实施没有达到预期的目的，甚至出现了背道而驰的后果。政策失效是一个普遍的现象，但在经济转型时期，由于体制没有理顺，表现得较为突出。政策失效的例子很多，如政府为了防止低水平重复建设和产业结构雷同，颁布了相关政策，设置了相关审批事项，但重复建设依然严重；为了抑制房价过快上涨和解决低收入家庭无力买房问题，政府颁布了许多抑制房价过快上涨的文件，甚至打出了"政策组合拳"，但房价上涨势头并没有得到有效抑制，一些地方的房价甚至呈现出加速上涨的态势。

政策失效的原因主要有五个：

1. 政策本身缺乏科学依据，因而难以得到真正的落实

决策者只有拥有比较充分的信息，同时顺应市场机制的内在机

---

① 王绍光、胡鞍钢、丁元竹：《经济繁荣背后的社会不稳定》，《战略与管理》2002年第 3 期。

② 中国经济体制改革研究会公共政策研究中心课题组：《46000 亿：新双轨制下的灰色收入》，《新青年·权衡》2006 年第 11 期。

理来制定政策，这样的政策才是可实施的。而目前的某些政策则是在对调控对象认识不深的情况下仓促出台的。更为重要的是，一些政策逆市场机制而动，既扭曲了市场，又没有达到预期的政策效果。例如，为了抑制商品房价格而出台的政策之所以没有完全达到预期效果，原因之一就是为此而出台的一些政策没有遵从房地产市场的供求规律，如紧缩银根、征收房地产交易税等，前两项政策导致商品房供给减少，进一步促使新房价格上涨，而后者则导致税收负担向买房者转嫁，造成买房者实际负担加重。

2. 地方政府与中央政府的博弈导致政策失效

传统观点认为，地方政府会不折不扣地执行中央的政策，这在高度集中的计划经济中可能是对的。但是，改革开放以来，中央与地方的关系除了服从之外，还有博弈。在"宏观调控""环境保护""减轻农民负担""房地产整治""建立统一市场"等方面，都可以看到地方政府与中央政府博弈的影子，结果使相关的政策打了折扣。

地方政府与中央政府博弈关系的产生源于以下两个原因：一是分权化改革使地方政府有了自己的独立利益，并且拥有实现自身利益的自由决策权和丰厚的资源。当中央政府的政策目标与地方政府的利益相一致时，中央的政策就能够得到实施；而当中央政府的政策与地方政府的利益不一致时，中央政策就不能得到切实落实。二是中央政府在考核地方政府政绩时，面临信息障碍。与中央政府相比，地方政府拥有更多的信息，地方政府会利用自己的信息优势，掩盖自己不执行上级政府政策的行为，结果使地方政府的违规行为得不到应有的惩处，降低了违反政策的成本。当许多地方政府都按上述方式行事时，就会造成大面积的违规现象，形成法不责众的局面。

3. 政策失效与部门利益的存在有关

部门利益的存在使一些减少部门利益和权力的政策得不到切实落实。对某些部门而言，凡是能巩固、谋取部门利益的政策，则积极"作为";凡是与部门利益相抵触、难以谋取部门利益的政策,则消极"不作为"。这就使得一些能维护、增进国家利益的重大决策难以出台或得不到有效执行,而一些对国家利益有消极影响的既定决策则难以取消或调整。以养路费改燃油税为例,我国正式推出开征燃油税是在 1994 年。是年,全国人大审议通过了《关于修改〈中华人民共和国公路法〉的决定》的修正案,取消了征收养路费的相关内容。但直到 2008 年 12 月全国人大才通过关于开征燃油消费税的决定,宣布将在 2009 年 1 月起征收燃油消费税。养路费作为一种行政性收费不符合收费改革的方向,取消它之所以要拖延这么长时间,其中一个重要原因就是部门利益在作怪。燃油消费税涉及的部门繁多,关系庞杂,最明显的一点就是,开征燃油消费税以后交通部门收取养路费和上路稽查的权力就没有了。

4. 利益集团的出现及其对政策形成和实施的影响是政策失灵的重要原因

市场机制在培育市场主体的过程中同时会培育既得利益集团。既得利益集团一旦形成,它就会在经济、社会和政治领域产生广泛而深远的影响。利益集团的影响层次是依次递进的,它首先影响政策的执行,继而影响政策的制定,领导人的选择乃至法律的制定。从广义上讲,前面提到的地方和部门也是利益集团,只不过支撑它们的是地区、部门的利益和权力。改革开放以来,特别是 20 世纪 90 年代中后期以来,各种利益集团迅速产生和发展起来,这些利益集团通过游说、收买、操纵新闻、操纵市场和威胁等合法和不合法手段对政策的执行乃至政策制定施加影响,使政策发生扭曲。

5. 政府运行成本过高

政府运行成本是由于政府机构本身的运转而产生的各种费用或代价的总和。从广义上讲,政府运行成本包括两部分:一部分是可见成本,指会计账目上可以反映出来的各项费用,如日常行政费用和政府机构的资本性支出;另一部分是隐性成本,指由政府行为所引起的,而由其他主体(如企业和居民)承担的支出,如腐败支出、企业招待政府工作人员的支出，甚至可以包括政府决策失误和政府不合理干预所造成的各种损失。

我国政府运行成本持续膨胀，这首先反映在政府行政开支上。1978—2006 年，行政管理费用增长 142.12 倍，平均每年增长 19.4%，行政管理费用占财政总支出的比重 1978 年仅为 4.71%，2006 年上升到 18.7%。"八五"期间，全国公车耗资 720 亿元，每年递增 27%，大大超过了 GDP 的增长速度。至 20 世纪 90 年代后期，我国约有 350 万辆公车，包括司勤人员在内耗用约 3000 亿元人民币。在职务消费中，车辆消费占单位行政经费的 90% 左右，占全部国家财政支出的 38%。出国考察和吃喝支出同样惊人，每年接待消费在 2000 亿元左右，出国费用在 2000 亿元左右，其他后勤服务消费也在 3000 亿元左右。[1]"招待费"名目模糊，包罗广泛，且支出不透明，名称不规范，难以进行有效监督。此外，不少政府机关还存在福利过多过滥的问题。根据有关机构 2004—2005 年对 11 个省、直辖市约 2.6 万名公务员进行的薪酬福利调查，多数政府机关至少设有七八项福利性补贴，一些单位的福利性补贴多达十几项、二十几项。[2]

政府运行成本过高的直接原因就是政府规模膨胀。虽然几经机构改革和部门精简，目前，政府管理体系仍然过于庞大。2004 年，公务员与 GDP 之比，美国为 2.31 人/百万美元，我国为 3.96 人/百万美元（狭义的公务员）或 8.31 人/百万美元（广义的公务员），法国为 3.46 人/百万美元，日本为 1.14 人/百万美元，英国为 0.303 人/百万美元；财政供养人员与 GDP 之比，美国为 2.31 人/百万美元，法国为 3.46 人/百万美元，日本为 1.38 人/百万美元，英国为 1.58 人/百万美元，我国为 39 人/百万美元。我国经济总量

---

① 邓聿文：《当前政府行政和职能改革的八个问题——访周天勇教授》，《学习时报》2006 年第 324 期。

② 岳公正、苏海南：《福利项目过多过滥，公务员隐形腐败挑战福利改革》，《人民论坛》2007 年第 13 期。

低于主要发达国家，人均 GDP 更是大大低于发达国家，而公务员与 GDP 的比例却大大高于发达国家。这表明，相对于我国的经济实力，公务员队伍确实太庞大了，占用的资源确实过多。①

二　加快政府转型和深化行政管理体制改革的思路和对策

政府本身的改革是完善社会主义市场经济体制的关键，基本方向是彻底转换政府职能，加快建设公共服务型政府。

（一）清晰界定政府职能

对于政府的作用，理论界用"三只手"的比喻来概括，即"无为之手""扶持之手"和"掠夺之手"。②"无为之手"的理论基础是亚当·斯密的"看不见的手"理论，认为自由竞争的市场可以带来资源的最优配置和社会福利的最大化，有了市场这只"看不见的手"，政府在多数情况下就应该充当一只"无为之手"，"小政府"就是"好政府"。"扶持之手"的理论基础是福利经济学，认为市场是有缺陷的，需要通过政府干预来加以校正，政府有必要发挥补充作用，以达到社会福利的最大化。近年来，理论界越来越注意到政府作为"掠夺之手"的作用，认为掌握国家机器的人都有自己的目标、自身的利益，因此，政府完全有可能做出有损于经济主体、居民乃至社会整体福利的事情。

结合以上"三只手"理论，可以把经济活动分为三大类：第一类是个人、企业等市场主体完全可以胜任的活动，如消费品、服务和一般生产要素的分配、竞争性领域的投资和经营、资本积累等。在这一领域，政府应当充当一只"无为之手"，让市场发挥配置资源的基础性作用。第二类是需要政府参与的活动，如某些基础设施和公共服务的提供。在这一领域，市场与政府应该彼此配合，市场发挥主导作用，政府充当一只"扶持之手"。第三类是市场主体无力或不愿从事的活动，最常见的就是纯公共品的提供。政府应该专

①　薛小和：《我国公务员规模是否适度》，《经济日报》2005 年 5 月 26 日第 3 版。
②　王一江：《国家与经济》，载《比较》第 18 期，中信出版社 2005 年版，第 58 页。

注于这类活动，为社会生产和社会福利创造基础条件。政府在市场运转良好时充当"无为之手"，在市场失灵时充当"扶持之手"，都能增进社会财富和社会福利。但当政府成为"掠夺之手"时，对社会和经济来说都是破坏性的，甚至是灾难性的。因此，防止政府成为"掠夺之手"，是建设公共服务型政府的应有之义。

在界定政府职能时，还应该考虑政府履行职能时的收益和成本。如同经济主体一样，政府活动有收益也有成本，只有当政府活动的收益超过成本，同时，相对于其他主体（包括市场主体和非营利组织），政府具有比较优势时，由政府来承担这项活动从经济角度看才是合理的。政府活动成本既包括政府行政管理费用和监督成本，也包括由此引起的腐败、官僚主义等所带来的各种潜在损失和机会成本。与政府活动成本不同，政府活动收益往往是不能精确计量的，正因为这一特点，人们往往高估了政府干预的收益，形成对政府的过高期望。

在界定政府职能时，再需要考虑的就是政府机构的能力，使政府承担的职能与它的能力相适应。政府机构的能力与政府机构的发育程度密切相关。在发达国家，市场机制、企业制度比较发达，政府机构也比较发达，它们有一套完善的公务员制度。因此，政府能够弥补的市场缺陷较多。而在发展中国家和转型国家，市场机制、企业制度不完善，政府机构也不完善，其表现为缺乏一套完善的政府公务员制度，政府机构之间的相互制衡机制远没有建立起来，还不存在通畅的渠道来收集企业、民众的有关信息，也不存在政府与民间对话的有效机制，规则缺乏透明性，政府工作人员的业务素质较低，政府可供选择的政策工具较少等。因此，在界定发展中国家和转型国家的政府职能时，会面临一个两难选择：一方面，这些国家市场不发育，经济要发展，需要政府履行更多的职能；另一方面，政府机构能力脆弱，难以承担更多的职能。面对两难困境，只能做到两点：一是奉行"短边规则"，使政府承担的职能与自身的能力相适应，把政府支配的公共资源和政府能力首先集中于政府的核心职能，以避免由于履行职能更多而导致政府失灵；二是加快培育政府能力。

在以上分析的基础上，结合我国所处的经济发展阶段，可以把政府职能分为三个层次：

第一层次：政府的核心职能，指政府提供纯公共品和一些重要准公共品的职能，包括国防、法律与秩序、产权保护、宏观经济稳定、市场监管、基础教育、保护穷人、基础医疗、基本养老、环境保护、公共基础设施。政府的核心职能形成社会、经济运行的基本框架，构成社会福利的基本要素，是任何国家的政府都必须首先履行好的职能，机构能力脆弱的政府尤其应该专注政府的核心职能。

第二层次：机构能力较强的政府在履行核心职能后，为了进一步提高整体资源配置效率和社会福利水平，可以在社会保障、基础设施建设、经济结构调整、反垄断、高科技发展、金融等信息不对称领域发挥积极作用。

第三层次：高效政府可以涉足一部分竞争性领域的活动和进行规模较大的收入再分配活动，如在竞争性领域开办国有企业、参与竞争性领域资本形成、对社会收入和财产进行较大规模的再分配以提高社会公平程度，等等。

从第一层次到第三层次的职能，对政府机构能力的要求逐步提高，而履行第三层次的职能，政府需要有很强的能力，除非特别需要，一般不可贸然行事。中国政府在界定自己的职能时，不能一味贪大求多，首先应该把第一层次的核心职能履行好，而把其他一些职能分解到个人、企业、中介组织和非营利机构。

（二）构建政府权力合理运行的经济基础

"经济基础决定上层建筑"，这是马克思主义哲学和政治经济学的基本原理。具体到构建公共服务型政府问题上，那就是，要想改变政府权力的运行机制，就必须先改变政府权力运行的经济基础。这里主要强调两点：一是要把政府控制的资源保持在适度的水平上；二是调整国有经济结构和财政支出结构，使其主要分布在政府职能领域。

1. 把政府控制的资源保持在适度的水平上

也许人们会认为，政府控制的资源越多越好，这样可以集中力量办大事。但这是计划经济的特征，与市场经济的逻辑不符。在市场经济条件下，市场是资源配置的基本工具，居民和企业是资源配置的主体，如果政府控制的资源超过了它履行应尽职能的需要，就会挤压市场的活动空间和损害经济主体的自由，出现"越位"现象，经济建设型政府也就难以转变为公共服务型政府。同时，政府控制过多资源还会诱发大面积的腐败，如果政府管理公共资源的能力有限，权力制衡机制不健全，腐败及浪费现象就会更加严重。

政府控制资源的适度水平由以下几个因素决定：（1）为政府设定的职能，赋予政府的职能越多，政府为履行职能所需要的资源就越多。这里我们想强调经济发展阶段对政府职能的影响。经济发展水平越高，社会福利的重要性就会越突出，政府用于社会福利项目的资源就会越多。这就是西方发达国家公共支出随经济发展水平而逐步提高的根本原因。我国正处于迅速工业化、城镇化和市场化阶段，在这一阶段，经济建设的任务很重，通过政府之手的收入再分配规模将会受到限制。（2）政府的公共资源管理能力，它取决于政府信息处理能力、决策能力和政府体系中的权力制衡状况。如果政府的公共资源管理能力有限，过多资源控制在政府手中，就会导致公共资源的侵占和浪费，这种侵占和浪费有时比市场配置失误的代价更大。（3）市场的发育水平和企业家队伍的整体状况。市场机制、私营企业和企业家队伍的发育水平越高，就越有可能把绝大部分经济增长和经济发展的任务交给它们，留给政府的事情就越少。不过，市场机制、私营企业和企业家队伍的发育是一个自然演进的过程，不能先等它们发育起来以后再把资源配置的任务交给它们。

目前，我国政府控制资源的总体水平超出了合理范围，应该采取措施加以降低。根据前面的分析，我国政府通过预算内途径控制资源的比例并不高，2006 年，预算内财政收入占 GDP 的 18.3%，还有待提高。因此，减少政府控制资源的着重点在以下两个方面：一是降低预算外收入，逐步建立统一、规范的政府收入体系。目前重点清理的是各级地方政府的各类基金收入和土地转让收入，规范其管理和使用。二是把民间资源的配置权真正交给市场主体，政府应该从民间资源的配置活动中彻底退出。根本措施是加速我国金融体制改革，使信贷资源的配置和资本市场的运转摆脱政府的行政控制，同时减少投资项目审批事项和审批环节，让民间资源充分自由地流动起来。

2. 调整国有资本和财政支出结构，使其基本分布在政府的职能领域

目前，我国国有资本和财政支出的分布均存在"错位"问题，即分布在竞争性领域的过多，而分布在公共领域的过少。以财政支出为例，2006 年，预算内财政支出中用于经济建设的支出仍达 26.6%，而用于社会保障的支出仅为 10.8%。因此，应该通过国有经济结构战略性调整和公共财政体制建设来实现国有资本和财政支出结构的优化，为政府职能转换奠定经济基础。

（三）构建合理的政府间关系

构建合理的政府间关系需要解决两个方面的问题：一是政府间事权和财权的配置；二是建立科学的官员任命和考核制度。

1. 政府间事权和财权的合理配置

政府间事权的配置取决于三个基本因素：第一，公共品的覆盖范围。公共品的覆盖范围越大，负责提供该公共品的政府层级就越高，因此，涉及我国利益和跨地区的公共品由中央提供，而地方性公共品则由地方政府提供。第二，比较信息优势。在其他因素相同的情况下，拥有信息优势的政府应该承担相应事权，这样会使决策更加科学合理。第三，公众参与。公众是政府决策后果的直接承受者，在决定公共品应该由哪一层级政府提供时，应考虑到是否有利于公众参与公共品的提供过程之中。

对于中央与地方的分工，哈耶克强调地方政府拥有地方信息优

势，在地方发展中更能做出科学的决策。普拉纳布·巴德汉认为，尽管中央政府比地方政府具有更加明显的规模经济和范围经济优势，其信息劣势也可以由培育代理人来解决，但地方政府仍然比中央政府更适合经营地区发展。原因是，地方政府有更强的责任感和可信承诺。

总结我国30年的改革经验，借鉴中外经济理论分析，在政府间事权划分上，分权化方向不能改变。政府间分权有以下几点好处：第一，与上一级政府相比，地方政府拥有信息上的优势，它更了解当地的情况，能更准确地把握当地民众的公共需要和经济发展现实，从而保证决策更符合当地实际。第二，与上一级政府相比，地方政府的决策更有利于当地民众的参与。地方的经济社会发展与当地人民的利益息息相关，当地民众有参与的热情。把人民的智慧吸收到地方公共决策中，能够提高决策的民主性和科学性。第三，由地方政府负责地方公共品的提供，有利于监督决策的执行效果。地方公共政策的直接受益者是当地居民，他们会从自己的受益程度来评价决策的正确性，对当地政府起到督促和监督的作用。第四，分权可以强化地区间竞争，加上适当的财税政策和科学的官员考核任命制度，能够成为促进地区经济发展和改善民生的强大动力。

国务院于1993年12月15日发布的《关于实行分税制财政管理体制的决定》提出了划分中央与地方事权的原则，即中央主要承担国家安全、外交和中央国家机关运转所需的经费、调整国民经济结构、协调地区发展、实施宏观调控所必需的支出，以及由中央直接管理的事业发展支出；地方政府主要承担本地区政权机关运转以及本地区经济和社会事业发展所需的支出。但在政府权力的实际配置过程中，常常出现有权有利的职能被收归上级政府，无权无利的职能被下放到下级政府的现象，导致责、权、利不对称的情形。要基于上述原则对政府间事权进行明确的划分，以构建明晰、稳定的政府间关系。

在明确划分事权的基础上，应该明确相应的财权。1993年，分税制改革使中央与地方的财力分配发生了重要变化，财力在各级政府间分配存在明显的向上集中的趋势，这符合分税制改革的初衷。而支出责任没有发生太大变化。当地方政府承担大量支出责任而没有稳定的、可预期的财源作为保证时，它就会采取预算外甚至非预算的方式筹资。

2006年，地方财政收入占财政总收入的47.2%，而财政支出则占财政总支出的75.3%，两者相差28.1个百分点。当财力集中在上级政府，而需要由下级政府来具体履行某些职能时，就需要规范有效的财政转移支付制度来保证下级政府得到稳定的、可靠的、充足的财力。否则，就会导致下级政府的职能缺位和无序，或者不规范的筹资行为。分税制以来，政府财力在向上集中，但与此同时并没有相应地建立起比较完善的财政转移支付制度，使政府间的财政转移支付显得很随意、不稳定和不可预期。这就在一定程度上损害了地方政府，特别是县、乡镇两级政府的职能。

在实行分税制的发达国家，都有一套比较严格、规范的财政转移支付制度。美国和德国就有比较完善和各具特色的财政转移支付制度。因此，建立科学、规范和可预期的财政转移支付制度是今后政府间财权配置的主要任务。

2. 建立科学的官员任命和考核制度

在西方市场经济国家，居民对官员的约束主要是通过选举和迁移来实现的。在我国，各级政府的主要官员基本由上一级政府任命产生，选举和迁移的约束力很弱。在这种制度下，建立一套科学的官员政绩考核制度就显得特别重要，而选择一套可度量的、能够真实反映政府官员政绩的指标体系则是其中的关键。应该改变以往以GDP为核心的考核指标体系，建立起以科学发展观为指导的政绩指标考核体系，把社会安全状况、环境质量、就业水平、生活水平，乃至居民的日常生活感受纳入官员的政绩考核中。

但是，建立一套综合的、可以量化的官员政绩考核体系是相当困难的，究其原因：一是有些指标不能量化；二是官员往往同时面临多重任务，需要多种考核指标，且不同考核指标被赋予不同权重。这样官员可能会侧重于可以量化和权重较高的指标，漠视不能量化和权重较低的指标，从而造成官员行为的扭曲。解决官员考核问题的根本之道在于，把政府公共服务对象（公众）对政府施主的满意度纳入官员的政绩考核中，让辖区内的公众意愿能够切实影响到官员的仕途，同时加大新闻媒体的监督作用。只有这样，存在的各级政府之间的策略博弈才能得以缓解，新型的政府间关系才能确立起来。

（四）建立有效的政府治理结构

按照考夫曼、卡里和索瓦多—洛瓦顿的定义，政府治理是决定一国政权运作的制度和传统，它包括：（1）政府的成立、问责、监督等的设定。（2）制定实施良好政策和提供公共服务的能力。（3）公众和政府对治理经济社会关系的制度的尊重程度。这三方面又被分解成六项综合指标：（1）政府效率，包括政策制定机构和公共服务的质量；（2）监管质量；（3）法治，包括产权保护和司法制度等；（4）腐败控制；（5）政治稳定性；（6）公众参与。这六个综合指标中的每一个又都由若干个子指标汇集而成。可见，按照这个定义，政府治理是一个广泛的概念。下面我们侧重于法治、政府效率、公众参与这三个方面提出改善政府治理的途径。

与199个国家相比，2002年，在政府治理的六项指标中，我国的"政府效能"和"政治稳定"比大多数国家略胜一筹，但"监管质量"、"法治"和"腐败控制"水平低于大多数国家，包括发展中国家，如印度。在这六项指标中，我国在"公众参与"上的表现最差，几乎排在199个国家的末位。因此，改善政府治理是建设公共服务型政府的当务之急。

法治是建立良好政府治理的基础，改善政府治理的首要任务是要用法律规范和制约政府权力，使之在法律框架内运行。根据斯蒂格利茨的分析，政府区别于经济组织的一个重要特征是，它拥有经济组织所不具备的强制力。① 这种强制力可以派生出许许多多政府权力，如征税权、收费权、征用权、命令权、禁止权。政府的强制力是一把"双刃剑"。一方面，它可以确保政府能够做市场和私人不能做的事情，从而为市场经济提供制度基础；另一方面，如果不能对这种强制力进行有效约束，它也会反过来侵害个人合法权益，甚至损害社会整体利益，助长政府成为一只"掠夺之手"。约束政府的力量有许多，如法治、选举、新闻媒体、社会舆论、非政府组织，乃至公民的自由迁徙和资本的自由流动。而在我国，法治作为约束政府的力量显得尤为重要。法律有两种类型：一种是旨在约束经济和社会行为主体的法律；另一种是旨在约束政府行为的法律。这两种类型的法律都能起到约束政府行为的作用，但作用的方式不同。旨在约束经济和社会行为主体的法律，应该数量适中和足够明晰，它在确保公民权利的同时，也就限定了政府介入经济社会生活的深度和广度以及政府的自由裁量权。旨在约束政府行为的法律，应该明确规定政府的行政程序和禁止性行为，直接起到规范政府权力运行的作用。

改革开放以来，我国的法治水平有了很大提高，但出现了某种不对称的情形：一是执法能力赶不上立法速度；二是相当于旨在约束经济社会主体行为的立法太多，旨在约束政府行为的立法太少，结果造成政府权力运行出现失控、失序和违背社会利益的现象。近年来，这种状况有所改变，2003 年 8 月颁布了《中华人民共和国行政许可法》，但执法效果还有待于观察。

政务活动信息的公开、透明和相对自由流动对于提高政府效率、方便公众参与，从而改善政府治理很重要。政务公开会把政府及其工作人员直接置于公众的监督之下，而公众的监督是一种最广泛、最持久，也是最有效的监督。政府和公共机构应积极推行政务公开，公示每个政府机构的行政权力、运转程序、相关责任，以及每

---

① 斯蒂格利茨：《政府为什么干预经济》，中国物资出版社 1998 年版，第 89 页。

一行政事项的结果，从机制上保证政府行政行为的公正性、及时性和有效性。

（五）加快公共服务领域改革

公共服务领域是政府的主要职能领域，也是目前问题很多、公众反映最为强烈的领域，主要表现是政府缺位和公共服务功能缺失。对于公共服务领域的改革，有两点值得强调：一是强化政府责任，解决政府缺位问题；二是在公共服务领域引进竞争机制的作用，提高公共服务的效率。

1. 强化政府责任，解决政府缺位问题，重点是强化政府在公共服务领域的支出责任

公共服务领域主要包括教育、医疗保健、社会保障、社会治安和基础设施服务，这些领域构成政府的基本功能领域，国有资本、财政支出和政府雇员应该主要集中在这些领域。目前，公共服务领域存在两个问题：一是公共服务总供给满足不了社会总需求；二是公共服务不均衡，经济发达地区和经济落后地区、城市和农村，公共服务的数量和质量差别很大，成为社会不公平的一个表现和根源。这两个问题的出现都是由于政府在公共服务领域里的功能缺位，没有尽到自己的支出责任。以"看病难、看病贵"为例，虽然政府屡次发文解决"药价虚高、以药养医"问题，但这一顽症始终没有被治愈。根本原因在于，政府对公立医院的拨款很少，不足以维持医院的日常运转，结果导致医疗和医药环节的过度市场化，甚至是掠夺患者的畸形市场化。

由于政府公共支出太少而导致公共服务领域过度市场化不仅是医疗领域，教育领域也存在这种现象。以北京市为例，为了缓解教育经费紧张，一部分优质初中改制为民办公助学校，收取较高学费。

解决我国公共服务总供给不足和不均衡问题的根本途径是增加政府的公共服务支出，强化政府的支出责任。为此，必须按照建设公共服务型政府的要求，彻底调整财政支出结构，减少直至停止竞

争性领域的一般性投资，把主要财力集中投向教育、医疗、社会保障、社会治安等公共领域。

2. 在公共服务领域引进竞争机制的作用，以提高公共服务的提供效率

提供公共服务是政府的责任，这是必须明确的。但是，"政府提供"和"政府生产"是两个不同的概念。在市场经济条件下，"政府提供"强调的更多的是支出责任，公共服务的"生产"则可以采取多种方式，可以是政府直接组织生产，也可以通过多种形式委托给企业、事业法人、非营利组织和社会团体生产。当消费者难以鉴别公共服务的质量时，政府生产往往可以保证公共服务的质量。有时也不尽然。如果政府生产者处于垄断地位，也会出现为了"偷懒"而降低服务质量的现象。政府生产的一个最大问题是成本较高，效率较低，这是因为政府雇员或公共机构雇员面临的激励较弱。与政府生产相反，企业生产一般效率较高，成本较低，但企业往往会以牺牲质量的方式来降低成本，这是因为企业面临的激励较强。不过，在市场经济条件下，竞争往往会遏制企业以低质量换取低成本的行为。因此，在考虑公共服务是由政府直接生产，还是借助于其他主体生产时，应该考虑质量与成本之间的权衡。但无论采取哪种生产方式，都必须引入竞争的作用，让竞争来调节质量与成本之间的均衡。

以义务教育为例，义务教育支出是政府的责任，是不能市场化的，需要由政府来直接提供。但教育领域完全可以引进竞争的作用。引进竞争的一个常用办法是实施"教育券"制度：政府向每一位学龄儿童颁发教育券，教育券代表政府所承担的义务教育费用；学生和家长手持教育券选择学校，一旦选定了学校，教育券所代表的公共教育经费就流向了所选择的学校，从而确定了公共教育经费的配置。学生选择学校的主要标准是教学质量以及学校的远近。各个学校为了争取公共教育经费，就必须提高教育质量。这样，选择和竞争的结果就是，公共教育经费流向了优质学校，而劣质学校遭

到淘汰。教育券制度既没有推脱政府的支出责任，同时引进了竞争的作用，与市场经济的大环境融为一体。

在公共服务领域引进竞争机制和市场力量的途径有多种多样：（1）可以通过招标方式采购公共服务。（2）可以拍卖公共服务的特许经营权。（3）可以签订承包合同把公共服务承包出去。（4）如果需求达到一定规模，可以由多个市场主体来提供同一种公共服务，以营造相互竞争的局面。

在公共服务领域引进竞争和市场力量的同时，要强化政府的监管责任和监管能力。对于公共服务质量和收费，必须进行强有力的政府监管。实践证明，如果不对公共服务领域的私人生产者，尤其是处于垄断地位的私人生产者加强监管，我们就会既丧失质量的保证，也得不到效率提高的好处。

第十章 社会保障制度改革问题

中国正处于经济结构变化和体制转轨的特殊过程中，迫切要求建立更加规范和完善的社会保障制度。中国在市场经济基本框架内建立社会保障体系，既要符合一般社会保障理念，又要着眼于解决转轨过程中的特殊问题。这使中国社会保障体系的建立和制度完善成为市场经济体制改革与创新过程中最为艰难的任务之一。

第一节 中国社会保障制度改革历程与成就

改革开放前，中国长期实行与计划经济体制相统一的社会保障制度，最大限度地向人民提供各种社会保障。20 世纪 80 年代初，与我国经济体制改革相适应，社会保障制度也开始改革。1986 年 3 月六届全国人大四次会议通过的《关于国民经济和社会发展的第七个五年计划》第一次界定了社会保障的概念，社会保障的改革和社会保障社会化的问题被正式载入国家发展计划。其后，中国对社会保障制度进行了一系列改革，逐步建立起与市场经济体制相适应的社会保障体系基本框架。经过 30 多年的改革，我国已经初步形成了具有中国特色的现代社会保障制度体系架构，我国的社会保障体系主要包括社会保险、社会救助、社会福利和社会优抚四个方面内容。

一　我国社会保障制度的演变及其改革历程

（一）我国社会保障制度的演变

我国目前的社会保障制度诞生于新中国成立初期特殊的历史环境、经济基础和政治制度。新中国成立以来，我国的社会保障制度一直呈现的是城乡各自为政的发展特点。自1951年政务院颁布的职工《劳动保险暂行条例》以来，中国社会保障制度便体现了城乡双轨制的发展特点。城市社会保障制度主要依靠城市工业化发展体制，即主要是沿着企业生产和分配制度的轨迹而发展变化，它基本上经历了如下四个发展阶段：第一阶段，社会劳动性保障制度（1952—1966年）。中国1952年的社会劳动保障制度，主体是企业，然而所需资金是由国家在全国范围内整合的，体现出某种社会保障性，所以有人称为"企业＋社会"保障模式。第二阶段，社会责任性企业保险制度（1967—1978年）。1967年国家规定劳动保险费不再由企业缴纳，而是从"企业营业外支出"账户中列支。因此，实行了这种保障制度后，减轻了企业的经济负担，这一阶段的保障制度其实是一种完全由国家承担的社会责任性保障。第三阶段，企业责任性保险制度（1979—1985年）。20世纪80年代的国有企业管理体制改革使国家责任性企业保险制度几近夭折，劳动保险费由企业在税前支出，原来由国家承担的社会保障资金完全落在了企业身上。第四阶段，现代模式的社会保障制度（1986年至今）。由于职工支出的保险费越来越多，加大了企业成本，终于使企业不堪重负，于是从1986年开始，国家选择一些县市进行社会统筹退休费用的试点，也就彻底颠覆了企业保障的模式。实行这种保障制度20多年来，现代社会保障制度基本上扭转了社会保障由企业主导的现象，乃至形成了由个人、企业、国家多方出资的现代社会保障模式。

我国农村社会保障模式建立在农村土地制度及农业生产和经营方式的基础之上，形成了不同于城市的保障制度，它基本历经了六个发展阶段：第一阶段，主要由家庭承担保障责任的辅之以政府、社区扶助的阶段（1950—1956 年）。该阶段大部分农村家庭获得了实质性的土地保障，个别特困户、五保户由民政部门及社区救济。第二阶段，以集体保障为主的国家救助阶段（1956—1979 年）。该阶段广大农民的基本生活支出，主要由"生产队—大队—人民公社"三级集体经济组织承担，农民获得了实实在在的集体经济保障，国家对特殊群体如孤寡残给予救助。第三阶段，以家庭保障为主的国家救助阶段（1980—1986 年）。改革开放后，集体经济组织瓦解，农民又回到家庭保障阶段。第四阶段，以家庭保障为主的社会保障试点阶段（1987—1998 年）。1987 年民政部在富裕农村地区试行农村社会养老保险制度，且得到了较快发展。第五阶段，以家庭保障为主的国家救济阶段（1999—2001 年）。在实践中，由于农村社会养老保险制度实施及方案设计存在许多问题，1999 年后该制度在全国停滞，农民又回到了家庭保障与国家救济的阶段。第六阶段，社会保险的积极探索阶段（2002 年至今）。十六大将社会保障制度纳入了建设全面小康社会的目标体系中，以此为契机，部分地方开始了农村社会养老保险的创新试点，2003 年国务院推出在全国开始建立新型农村合作医疗保险制度工作，推动了农村社会保险制度的形成。跟城市不同，农村社会保障具有以下特点：一是保险费用社会化程度较低。60 多年来，农村的社会保障标准长期保持在由政府、集体或社区救济和救助的低水平上。二是可及性差。新型农村合作医疗在政府力量的推动下，农民的可及性相对较强，但是农村社会养老保险覆盖面很小，新型农村社会养老保险仅是部分地区自行试点，尚未形成稳定而规范的统一制度，多数农民难以获得社会养老保障。三是保障制度改革相对滞后。20 年多来，由于中国农村经济转型和社会变革的演进，特别是由于工业化、城市化步伐的迅速加快。新阶段落后的农村社会保险制度是建立在传统的自然经济基础之上的，无法满足适应农村社会经济发展的需要。

（二）我国社会保障制度的改革历程

我国现代社会保障制度体系是在传统社会保障制度的基础上演

进而来的。而传统的社会保障制度是计划经济体制的产物，其单位性保障的固有缺陷已不适应经济社会发展的需要，改革势在必行。

20 世纪 80 年代中期以来，我国开始对社会保障制度进行改革。1984 年，十二届三中全会通过了《中共中央关于经济体制改革的决定》，将推进以城市为重点的整个经济体制改革作为主要任务。这是我国社会保障制度改革全面展开的标志。接着，一些地方陆续推出个人缴纳养老保险费用的新机制，试行退休费用社会统筹，以此开始了企业职工养老保险制度的改革。1986 年，我国建立了城镇失业保险制度，同年开始推出农村社会养老保险的试点地区。1992 年，十四大报告首次将建立社会主义市场经济体制作为我国经济体制改革的目标，指出社会保障制度改革是我国经济体制改革的四个环节之一。1993 年，十四届三中全会通过《中共中央关于建立社会主义市场经济体制若干问题的决定》，阐述了社会保障制度改革的目标和原则，并提出了改革的总体思路和总体框架。其中，《决定》阐述了养老、医疗保险制度改革采取社会统筹与个人账户相结合的原则。这标志着我国社会保障制度改革产生了具有里程碑意义的重大突破。此后，我国社会保障制度改革的步伐明显加快。在不断完善城镇职工养老保险的基础上，1994 年开始实施生育保险，1996 年开始实施工伤保险。1997 年，十五大报告指出，社会主义市场经济体制的中心环节之一就是建立完善的社会保障制度，要形成独立于企事业单位之外的社会保障体系，为城乡居民提供最基本的社会保障。为此，我国在 1998 年开始了城镇职工医疗保险制度改革。1998 年，中央决定采取"两个确保"措施，即确保国有企业下岗职工的基本生活、确保离退休人员的基本生活，以适应国有企业改革深化和国有经济结构战略性调整带来的需要。国家在完善养老保险制度、失业保险制度的同时，1999 年建立了城市居民最低社会保障制度。2000 年，中共十五届五中全会提出了形成独立于企事业单位之外、资金来源多元化、保障制度规范化、管理服务社会化的生活保障体系的建设目标。同年，国务院制定了完善城镇社会保障体系的试点方案，并决定在辽宁全省开展以做实基本养老保险个人账户和推进下岗职工基本生活保障向失业保险并轨为主要内容的试点。2002 年，十六大报告把社会保障作为全面建设小康社会的重要内容，号召完善与经济发展水平相适应的社会保障体系。2002 年开始建立新型农村合作医疗制度。2006 年，十六届六中全会通过了《中共中央关于构建社会主义和谐社会若干问题的决定》，指出构建社会主义和谐社会的重要目标之一，就是到 2020 年基本建立覆盖城乡居民的社会保障体系。我国社会保障体系建设进入全面完善、加快发展的新时期。2007 年，十七大报告再一次提出了社会保障制度建设的远景目标，就是到 2020 年，"覆盖城乡居民社会保障体系基本建立，人人享有基本社会保障"。为此，不少地方开始了城镇居民医疗保险制度、城镇居民养老保险制度、新型农村社会养老保险制度的探索。

二　我国社会保障制度改革取得的成就

改革开放以来，我国社会保障制度实践取得了较大的成就，主要体现在以下几个方面：

（一）社会保障基本体系框架初步形成

经过 30 多年的改革与发展初步形成了以社会保险、社会救助、社会福利及社会优抚为主要内容的具有中国特色的社会保障体系框架。其中，社会保险主要包括养老保险、医疗保险、失业保险、工伤保险及生育保险。社会救助主要包括城乡最低生活保障制度、特困户救助制度、救灾与扶贫制度。社会福利特指基本的福利服务制度，主要包括城镇"三无"人员、农村"五保"人员的供养制度、低保家庭的养老服务、孤儿和残疾人员的收养和供养制度等。社会优抚主要指对军人及家属的有关社会褒扬措施。按照保障功能来看，最为突出的成就是形成了较为完善的社会养老和医疗保障体系。目前，我国社会养老保障体系由城镇职工基本养老保险、机关事业单位基本养老保险、城镇居民基本养老保险、农村社会养老保险制度、"三无"和"五保"供养制度等组成。我国社会医疗保障体系由城镇职工基本医疗保险、城镇居民基本医疗保险、新型农村合作医疗制度、大病医疗救助制度等组成。这些基本确保了城乡居民的基本生存和生活的需要。

（二）政策法规日趋规范，基金监管能力增强

社会保障法制建设的步伐明显加快，有关政策法规日趋规范。近几年来，国务院陆续颁布《企业职工生育保险试行办法》（1994）、《失业保险条例》（1999）、《城市最低生活保障条例》（1999）、《社会保险费征缴暂行条例》（1999）、《工伤保险条例》（2003），重新修订发布《五保供养工作条例》（2006）、《军人抚恤优待条例》（2004）等法规。2010年，《社会保险法》已由第十一届全国人民代表大会常务委员会第十七次会议通过，并开始实施。社会保险基金监督能力逐渐增强，截至2007年年底，全国已有30个省（自治区、直辖市）成立了省级社会保障监督委员会，基金监管工作得到加强，基金管理进一步规范。

（三）政府对社会保障的支持和作用逐渐加强

近年来，政府不仅多次在重要的会议和文件中强调要加快社会保障制度建设，对社会保障制度改革给予政策支持，而且明确提出要加大对社会保障制度建设的财政投入，对社会保障制度改革给予资金支持。事实上，这几年国家财政对社会保障投入的力度不断加大，而且持续快速增长。除以往正常的财政拨款外，对最低生活保障的补贴和养老保险及其他社会保障的补贴，从1998年开始的20多亿元到现在国家财政用于社会保障的支出已经达到了7396亿元。

（四）社会保障功能开始显现

随着我国社会保障制度的逐渐完善，社会保障体系的逐渐健全，社会保障的覆盖面逐渐扩大，参保人数和基金规模逐年增加，社会保障功能开始显现。截至2011年年末，全国参加城镇职工基本养老保险人数28392万人，比上年年末增加2685万人。其中，参保职工21574万人，参保离退休人员6819万人。参加城镇基本医疗保险的人数47291万人，增加4028万人。其中，参加城镇职工基本医疗保

险人数 25226 万人，参加城镇居民基本医疗保险人数 22066 万人。参加城镇基本医疗保险的农民工 4641 万人，增加 58 万人。参加失业保险的人数 14317 万人，增加 941 万人。参加工伤保险的人数 17689 万人，增加 1528 万人，其中，参加工伤保险的农民工 6837 万人，增加 537 万人。参加生育保险的人数 13880 万人，增加 1544 万人。截至 2012 年 9 月底，2646 个县（市、区）开展了新型农村合作医疗工作，新型农村合作医疗参合率 97.5%；新型农村合作医疗基金支出总额为 1114 亿元，受益 8.4 亿人次。全国列入国家新型农村社会养老保险试点地区参保人数 32643 万人。年末全国领取失业保险金人数为 197 万人。① 此外，农村"五保户"实现了由集体供养向国家财政供养的转变；最低生活保障制度已经实现城乡居民的全覆盖；建立了义务教育实行免除学费杂费的福利性教育制度；住房问题受到关注，解决城乡居民住房困难的保障性制度安排得到强化并走向制度化。

（五）社会保障制度改革的方向逐渐明确

建立和完善社会保障制度，是中国特色社会主义伟大事业的重要组成部分，是建立和完善社会主义市场经济体制的基本前提和重要保证。党中央、国务院高度重视社会保障制度改革与发展，自改革开放以来，先后做出了一系列重大决策，为我国社会保障制度的改革和具有中国特色的社会保障制度体系的逐步建立指明了方向和目标。尤其是近年来，这些重大的决策和决定更加明确更加具体。如十六大报告将建立健全的社会保障体系纳入全面建设小康社会的目标内容，并指出，"建立健全同经济发展水平相适应的社会保障体系，是社会稳定和国家长治久安的重要保证"；十六届六中全会明确指明目标实现的时间界限为"到 2020 年"；而十七大报告不但指出了我国社会保障制度体系框架的基本内容，而且还提出了建立

---

① 国家统计局综合司：《2007 年劳动和社会保障事业发展统计公报》，2008 年 5 月 21 日，http://www.stats.gov.cn/tjsj/tjgb/qttjgb/qgqttjgb/200805/t20080521_30635.html。

和完善的战略思路。总而言之，建立健全具有中国特色的社会保障制度体系是我国当前乃至今后一段时间社会保障制度改革的方向。

第二节　进一步深化社会保障制度
改革与创新的展望

一　提升社会保障基本公共服务标准，完善国民基本养老和基本医疗保障制度

（一）提升并落实包括社会保障在内的基本公共服务均等化标准

社会保障是"基本民生服务"的一个重要方面。为了形成严密而可靠的社会保障安全网，首先，我们要继续制定适合我国国情且城乡一体的最低生活保障、基本养老保险、基本医疗保险、失业保险、工伤保险、生育保险制度，并积极促进其他社会救助、社会福利和慈善事业的发展。这就需要我们构建一个适应公共服务均等化目标的最低标准技术支持系统、数据采集系统，以及支持均等化目标的财政体制。其次，应一方面继续促进城市社会保障事业发展；另一方面积极推进农村社会保障事业发展，重点落实社会保障基本公共服务标准建设工程，使城市和乡村努力做到全面覆盖。

（二）完善政府公共服务职能，重新建立国民基本养老和基本医疗保障制度，以达到使人民满意的"老有所养"、"病有所医"的目标

在目前社会保障体系中，人民群众最关心、最直接而又最不满意的保障是养老和医疗。总的来说，首先，应以基本公共服务均等化为出发点，从社会保障的本来面目出发，重建国民基本养老和基本医疗保障，真正体现国民待遇；从补缺型基本保障向适度普惠型基本保障发展。国民基本养老和基本医疗保障的建立机制类似于各地设立最低工资标准的办法。其次，配套推进城乡社区卫生服务体系建设，基本医疗保障服务机构只限于社区卫生中心（站、所等）。

以基本医疗为例，政府提出可以保障公众基本健康的药品和诊疗项目目录，政府统一组织、采购并以尽可能低的统一价格提供给所有疾病患者。其间所发生的大部分成本由政府财政承担。

二　推动多层次社会保障体系发展，提升社会保障制度影响力

第一，要推动多层次社会保障体系的发展与完善，提升社会保障制度的影响力，形成以政府基本社会保障为主导（指国民基本养老、基本医疗保障）、发达的商业保险为核心、社会福利和社会救助为底线的多层次的社会保障体系。其中，第一个层次主要是政府通过社会保障统筹基金构建起全民的基本生存保障；第二个层次是以个人账户和企业的统筹账户建立起职工基本生活保障；第三个层次是企业年金和个人补充养老保险建立起基本生活保障。

第二，树立"低水平、多层次、广覆盖"的理念，一方面，扩大社会保障制度的覆盖面；另一方面，还要增加医疗保险方式的多样性和参保群体的可选择性。这里，既包括探索出形式多样的医疗保险模式，以便各类人群可以根据自身的实际需要和经济实力来自由选择保险类型；也包括设计医疗保险制度要把缴费水平与待遇水平紧密联系起来，用人单位和个人可以按照自身经济承受能力来决定医疗保险标准，以使之满足人们多样化的医疗保险需求。

三　改革社会保障的预算管理制度，完善社会保障稳定投入机制

第一，要按照政府的社会保障保基本、保公平和三方共同负担的原则，国家财政在社会保障基金筹集中的作用应主要表现在以下几个方面：它扮演的是组织者和管理者的角色；适度承担一部分社会保障基金的筹集，主要应该由政府承担的保障项目包括国民基本养老和基本医疗、社会救济、社会福利、优抚安置、社区服务等几项。至于社会保险基金的筹集，国家只作为支持者和后盾的角色出现，主要还是依靠企业和个人。

第二，形成公共财政支撑社会保障统筹发展的长效机制，保证财政在社会保障支出中的比重稳步提高到15%以上。目前一些地方统筹城乡社会保障发展的实践经验表明，加大财政支持力度是尽快

建立城乡统筹的社会保障制度的基本路径之一。应当形成财政支持社会保障建设的长效机制，要强化公共财政用于社会保障的支出比重，并实现在经济发展的同时，使财政实力逐步增长。

第三，要积极利用当前财政增长势头较好的机遇，进一步加大各级政府对劳动保障事业发展的投入力度，重点加大农村劳动力和被征地农民培训、促进就业、社会保障、劳动监察和劳动保障信息系统建设的投入，逐年提高社会保障支出占财政支出的比重，"十一五"、"十二五"期末分别达到15%和20%。

第四，要改革社会保障专门预算制度。逐步稳定中央财政和地方各级财政在社会保障中的支出项目。为了严格监督社会保障收支活动，我们要使缴费（税）、财政拨款、社会捐赠、国有资产转让和发行彩票等途径形成的社会保障资金进入社会保障预算资金账户。

四　规范对社会保障配套制度建设和管理，增强社会保障制度改革的成效

第一，规范与社会保障制度相关联的行政审批与行政许可制度的管理。将企业社会保障制度的执行情况与工商登记注册和企业年审等环节联系起来，如果相关企业没有建立社会保障制度，工商管理部门则不予批准企业注册或不予通过企业年审。

第二，逐步形成企业劳动保障诚信制度和管理机制。积极开展企业诚信建设和劳动监察工作，如果企业拖欠农民工工资、拒绝为农民工上社会保险，则要披露并下调企业信用等级和曝光信用缺失企业名单，并加大对违规企业的惩戒力度。

第三，加快社会保障制度改革的法制化建设。社会保障立法是社会保障制度建设最重要的手段。当前，我国加快社会保障立法具备了一定的条件。

首先，要积极推动《社会保险法》尽快通过，并制定社会保险实行全国统筹的实施细则，为保险关系区际转移提供法律支持。

其次，为加强和完善社会保障基金管理，在《全国社会保障基金管理条例》基础上，应尽快制定一部较高法律层级的行政法规或法律，进一步明确全国社保基金的性质、资金来源以及支取办法等重大问题。同时推进《企业年金条例》出台。

最后，普遍建立最低生活保障是当前制度建设的着力点，在一些地方颁布的《最低生活保障办法》和修订《城市居民最低生活保障条例》基础上，建议加快推进城乡一体的《最低生活保障法》进入立法程序。

第十一章　社会主义市场经济体制
创新的重要经验

在 60 多年来经济建设和改革历程中，我们党始终坚持高举马克思主义的伟大旗帜，坚持运用马克思主义的基本原理、观点、方法、立场，坚持解放思想，实事求是，与时俱进的思想路线，领导中国人民不断开拓创新，并经受住各种困难和风险的考验，在社会主义市场经济创新上取得了一个又一个伟大成果，积累了丰富而宝贵的经验。

第一节　理论创新领先，坚持
"四大原则"

党的十六大报告指出："创新是一个民族进步的灵魂，也是一个政党永葆生机的源泉"，"通过理论创新推动制度创新、科技创新、文化创新以及其他各方面的创新，不断在实践中探索前进，永不自满、永不懈怠，这是我们要长期坚持的治党治国之道。"① 我们党之所以能够领导中国革命、建设和改革事业不断走向胜利，最根本的就是党能够始终坚持将马克思主义同中国具体实践相结合，以马克思主义的巨大理论勇气，根据实践和时代的变化，不断总结实

---

① 《在中国共产党第十六次全国代表大会上的报告》，人民出版社 2002 年版，第 11页。

践的新经验并借鉴当代人类文明的有益成果，在理论上不断创新，充分发挥了科学理论作为社会变革先导的作用。实践证明：推进理论创新，必须坚持以下几个原则：

一 要紧密围绕两大历史课题

新中国成立以来，历史经验的总结是紧密围绕两大历史课题展开的，即什么是社会主义、怎样建设社会主义，建设什么样的党、怎样建设党。两大历史课题是我们党探索中国特色社会主义建设道路集中要解决的问题，是探索的聚焦点。只有正确解决这两大历史课题，才能真正弄清楚建设中国特色社会主义的主要矛盾和根本任务，解决走什么路特别是怎么走的问题。党的理论创新之路，主要在怎么走中国特色社会主义道路的问题上产生和发展了中国特色社会主义理论体系。

在经济建设问题上强调要用发展的办法解决前进中的问题。中共领导人多次阐明发展的至关重要性，指出当前国际竞争的实质是以经济和科技为基础的综合国力的较量。我国经济能不能加快发展，不仅是重大的经济问题，而且是重大的政治问题；阐明必须抓住发展机遇，认为21世纪头20年，对我国来说，是必须紧紧抓住并且可以大有作为的重要战略机遇期；阐明以发展为主题的战略方针；指出我们要以发展为主题，以结构调整为主线；以改革开放和科技进步为动力，以提高人民生活水平为根本出发点，全面推进经济发展和社会进步；阐明发展要有新思路；指出核心是实行经济结构战略性调整，推动两个根本性转变，转到主要依靠科技进步和提高劳动者素质上来，转到以经济效益为中心的轨道上来；阐明"扩大内需"是我国经济发展的基本立足点和长期战略方针；指出坚持"扩大内需"的方针，实质上就是坚持发展是硬道理的思想；阐明发展中要处理好的关系，既要实现速度和结构、质量、效益相统一，经济发展和人口、资源、环境相协调，又要提高人的素质，推进人的全面发展。

在改革问题上，强调要不断完善社会主义市场经济体制。在发展市场经济方面，阐明经济体制改革目标是建立社会主义市场经济体制，认为改革的核心问题是要从根本上改变束缚生产力发展的原有的经济体制，建立充满生机与活力的新经济体制；阐明社会主义市场经济体制是同社会主义基本制度结合在一起的，指出"社会主义"这几个字不能去掉，要坚持社会主义的基本制度和基本政策；阐明要使市场在国家宏观调控下对资源配置起基础性作用，指出国家宏观调控和市场机制的作用都是社会主义经济体制的本质要求，二者是统一的，是相辅相成、互相促进的；阐明要深化计划、财税、金融体制改革，指出要实施积极的财政政策、稳健的货币政策，建立稳固、平衡、强大的国家财政，确保金融安全、高效、稳健运行；阐明要建立和完善社会保障体系，指出完善的社会保障体系是社会主义市场经济体制的重要支柱，加强以失业、养老和医疗为重点的社会保障体系建设。

在稳定问题上，改革开放以来中国共产党几代领导集体都强调要正确处理改革、发展、稳定的关系。强调稳定压倒一切，指出没有稳定的环境什么都搞不成。十三届四中全会以来的 20 多年与改革开放头 10 年相比，一个明显特点就是稳定。这是党坚持和发展了邓小平关于稳定的思想。阐明改革、发展、稳定的战略性意义，指出，这是我国现代化建设棋盘上的三着紧密关联的战略性棋子，每一步棋都下好了，相互促进，就会全局皆活；阐明正确处理改革、发展和稳定三者关系的重要方针，就是抓住机遇，深化改革，扩大开放，促进发展，保持稳定；阐明改革、发展、稳定三者的内部关系，即发展是硬道理，改革是经济和社会发展的强大动力，稳定是改革和发展的前提；阐明处理改革、发展和稳定三者关系的总的原则，即要把改革的力度、发展的速度和社会可承受的程度协调统一起来；阐明处理改革、发展和稳定三者关系的结合点，即要不断改善人民生活，以使社会稳定有更牢固的基础；阐明要正确处理新形势下的人民内部矛盾，维护社会政治稳定。

从邓小平提出计划和市场都是手段，到江泽民主张确立以社会主义市场经济体制为改革目标，再到胡锦涛强调逐步深化市场经济体制改革，就是不断推进经济体制改革、不断总结历史经验，又不断使如何走中国特色社会主义道路日益明确的过程。

二　要善于汲取群众智慧

十六大报告指出："党要既善于通过提出和贯彻正确的理论路线带领群众前进，又善于从群众的实践创造和发展要求中获得前进的动力。"[①] 应当说，报告总结的这条基本经验作为党的理论创新的成果，不仅是党的领导者个人对实践的思考和总结，而且也是汲取群众智慧的结晶。中国共产党人从马克思关于"政治文明"的概念中得到启发，将物质文明看作是一棵树中"强劲的树根"，政治文明是"粗壮的树干和树枝"，精神文明则是"繁荣茂盛、充满活力和朝气的绿叶"。他们认为，既然人类过着物质、精神、政治三种生活，必然相应地有物质文明、精神文明和政治文明；从政治文明在三种文明中的作用来看，把它独立出来十分必要，任何别的文明都不能替代它，而政治文明的主要内容：一是高度民主；二是依法治国；三是政治制度建设。中国共产党历代领导人的重要研究成果反映了人类历史发展的规律，也是中国改革和现代化建设正在解决又必须进一步解决好的问题。显然是借鉴了理论工作者的研究成果，汲取了群众的智慧。

再如从源头上治理腐败问题，是深圳最早提出要进行三项制度改革，即改革行政审批制度，实行市场化运作；改革财政管理制度，加强对资金的监管；改革干部人事制度，杜绝选人用人上的不正之风。这一做法得到中共中央和国务院的肯定，并加以总结在全国推广，现已成为党加强党风廉政建设、从源头上治理腐败的重要举措。这是把地方性的好经验运用到全国，也是汲取群众智慧的表现。

---

① 《在中国共产党第十六次全国代表大会上的报告》，人民出版社 2002 年版，第12—13 页。

三 要具有宽广的世界眼光

中共历代领导集体总是善于运用宽广的世界眼光，高瞻远瞩把中国的问题放在全球的背景下来思考，因此，所总结的经验不仅时代感强，而且具有超前的指导性。

在可持续发展的问题上，世界发达国家走的是先发展后治理的路子，我国的一条基本经验则是同步进行，做到可持续发展。这一方面是由于我国工业化过程中已经造成相当严重的资源浪费和生态破坏。我国现有的600多个城市中空气符合国家一级标准的很少。我国荒漠化面积已达39.3亿亩，相当于14个广东省的面积；另一方面则是吸取了发达国家的教训。正是在吸取世界工业化历史教训的基础上，十八大以来，党中央提出，为了实现经济的持续健康快速发展，我国要走中国特色新型工业化道路、中国特色城镇化道路、中国特色自主创新道路、中国特色农业现代化道路，不仅要科技含量高、经济效益好，而且要资源消耗低、环境污染少；提出建设全面小康社会的目标之一，就是增强可持续发展能力，推动整个社会走上生产发展、生活富裕、生态良好的文明发展道路。

在扩大内需的问题上，我国实行扩大内需的方针，也是借鉴世界经济发展历史经验，特别是吸取了美国次贷危机以来国际金融风暴的教训。新一代领导集体对此做了深入调查研究和思考。迅速做出了把扩大内需作为我国经济发展的基本立足点和长期战略方针，我国才能面对国际市场日趋激烈的竞争和世界经济的复杂变化而处乱不惊，增强了抗御国际经济风险的能力；从长远看，扩大内需方针的实施也有利于开拓我国潜力十分巨大的国内市场，充分发挥我们自己人多地广的优势。

在对外关系方面，着眼于当今世界大变动的历史特点，进一步调整了20世纪80年代以来确立的独立自主的和平外交战略。在对世界主题的判断上，阐明和平与发展仍然是当今世界的两大主题，指出世界要和平，国家要发展，社会要进步，经济要繁荣，生活要提高，已成为各国人民的普遍要求。在对当今世界发展趋势的应对战略和政策上，提出包括中国在内的各国政府和人民应积极推动世界走向多极化，正确引导经济全球化，尊重世界的多样性，树立以互信、互利、平等、协作为核心的新安全观。在构建世界秩序问题上，阐明要矢志不渝地奉行独立自主的和平外交政策，坚决反对霸权主义和强权政治，在和平共处五项原则基础上建立国际政治和经济新秩序。在与世界各国的关系问题上，阐明中国发展需要长期的和平环境，提出要努力发展大国间长期稳定的友好合作关系，深化与周边国家的睦邻友好关系，加强与发展中国家的团结与合作。在外交与国力的关系上，阐明要注重以经济实力、国防实力和民族凝聚力为核心的综合国力竞争，指出中国综合国力的提高是中国外交取得一个又一个胜利的力量之源。

四　要始终坚持与时俱进理论品质

中国共产党理论创新之路在现时代的一个重要标志就是与时俱进的马克思主义理论品质，是对党 90 多年来全部历史经验的总结，它不仅是我党进行经济体制创新的集体智慧结晶，而且是我党继续领导人民进一步进行社会主义市场经济体制创新的强大思想武器。

我们党 90 多年来的历史也是党的指导思想不断与时俱进的历史。党的指导思想与时俱进，主要集中在两个主题上：一是把马克思主义引导到中国化的历史轨道上来。这是以毛泽东为核心的党的第一代中央领导集体所进行的开创性工作、做出的历史性贡献。1945 年，刘少奇在党的七大关于修改党章的报告中说，毛泽东思想"是中国的东西，又完全是马克思主义的东西"。因为毛泽东"在理论上敢于进行大胆的创造，抛弃马克思主义理论中某些已经过时的、不适合于中国具体环境的个别原理和个别结论，而代之以适合于中国历史环境的新原理和新结论，所以他能成功进行马克思主义中国化这件艰巨的事业"。[①] 毛泽东思想不仅指导中国革命取得胜利，而且开辟了马克思主义中国化的历史轨道。后一点具有更加深

---

① 《刘少奇选集》上卷，人民出版社 1981 年版，第 334、336—337 页。

远的历史意义，因为它为以后党在指导思想上的理论创新指明了方向、开辟了道路。二是党的指导思想在马克思主义中国化的轨道上的创新发展。以邓小平为核心的党的第二代中央领导集体，把马克思主义普遍原理同当代中国实际和时代特征相结合，创立了邓小平理论，从而把马克思主义中国化推进到一个新阶段。根据世纪之交国际国内形势的新变化，对党和国家工作的新要求，以江泽民为核心的党的中央领导集体，提出了"三个代表"重要思想，以胡锦涛为总书记的党中央提出了科学发展观，直到以习近平为核心的新的党中央提出了治国理政一系列新理念、新思想、新战略，极大地丰富和发展了马列主义、毛泽东思想的理论宝库，形成了系统的中国特色社会主义理论体系，把马克思主义中国化推进到一个更加崭新的阶段。党成立90多年来在指导思想上的创新发展，不断提高驾驭市场经济的执政能力，推进社会主义市场经济体制创新，从而使我党能够保持蓬勃生机和永久活力。

第二节　坚持中国特色，积极运用市场经济的优势

市场经济既有其自身规律和基本要求，又是一个受制于各国经济、政治和历史条件、在实践中不断发展的过程。我们立足于基本国情，积极研究、努力遵循市场经济的一般规律，借鉴发达市场经济国家和其他国家经济体制转轨的有益经验，尽量少走弯路。始终从中国实际出发，坚持与时俱进，不断探索社会主义和市场经济相结合的可行途径，建立起符合先进生产力发展要求的经济体制和运行机制，增强社会主义制度的活力和生机。党的领导是根本保证。

一　始终坚持党的领导

中国共产党是社会主义中国的执政党，是中国特色社会主义事业的领导核心。办好中国的事情，关键在党。"党的领导是顺利推

进改革的根本保证。"① 没有党的正确领导，就没有改革开放这一基本国策的提出和顺利实行。建成完善的社会主义市场经济体制和更具活力、更加开放的经济体系，是中国共产党新的领导集体为深化经济体制改革做出的重大战略决策，是我们党领导的我国新世纪、新阶段改革大业的重要组成部分，同样离不开党的领导。

只有坚持党的领导，才能保证市场经济同社会主义基本制度实现有机结合，才能保证经济体制改革沿着正确的方向前进，才能保证广大人民群众能够共享改革成果。从更高的角度看，我们现在进行的各项改革，无论是经济体制改革、政治体制改革还是文化体制改革，都是社会主义制度的自我完善和发展，都是在党的领导下进行的。建立社会主义市场经济体制这一目标的确立过程和初步建立社会主义市场经济体制的伟大实践都充分证明，党的领导是顺利推进改革的根本保证。正如江泽民在十六大报告中指出，邓小平同志南方谈话以后，十四大确立社会主义市场经济体制改革目标，改革开放和现代化建设进入新的阶段。在社会主义条件下发展市场经济，是前无古人的伟大创举，是中国共产党人对马克思主义发展做出的历史性贡献，体现了我们党坚持理论创新、与时俱进的巨大勇气。

坚持党的领导就必须加强和改善党的领导。要自觉适应社会主义市场经济发展的新形势，改革和完善党的领导方式和执政方式，坚持谋全局、把方向、管大事，进一步提高党驾驭市场经济的能力，使我们党在社会主义市场经济条件下不断增强阶级基础和扩大群众基础，不断增强凝聚力、吸引力和社会影响力。市场经济有它必须遵循的客观规律，只有适应市场经济规律，才能驾驭市场经济。我们党探索社会主义市场经济规律、驾驭市场经济的时间还不长，还缺少经验，尤其是市场经济的一些通行做法与党的传统理念

---

① 《中共中央关于完善社会主义市场经济体制若干问题的决定》，人民出版社 2003年版，第 41 页。

及做法之间还有一定差距，有些方面还存在深刻的矛盾。在这种情况下，能否驾驭好市场经济，既发挥它的优势，又尽可能地避免它的消极影响，是我们党当前面临的一个十分重要的课题。为此，必须在实践中不断创新我们党的工作方式和领导方式，创新领导市场经济的运行机制，找准党组织的功能定位。如果还是用过去计划经济的老办法、老手段来管理经济活动，那肯定是不行的。我们需要解决的问题和矛盾很多，面临的挑战和难题也很多。这些都有赖于我们党在实践中不断增强驾驭市场经济的能力。

此外，还要进一步提高科学判断形势的能力，应对复杂局面的能力、依法执政的能力和总揽全局的能力。这都是增强党领导市场经济能力，增强党根据时代和形势发展的变化和要求进行体制创新能力的重要途径。

二　大胆创新所有制实现形式

公有制的实质是社会成员利益的共同性，是劳动的直接交换；而市场经济的实质则是社会成员利益的隔离性，是追求交换价值的实现和增值。我们进行体制创新的目的不是单纯改变经济形式，实行市场经济不是我们的根本目的，根本目的是解决原有体制的弊端。我国原有经济体制的根本问题是，公有制的比重过大，公有制又不可避免地采取了国家所有制或政府所有制的形式，国有制或政府所有制全面地过多地进入了营利性、竞争性的产业领域。这就导致国家对经济的全面垄断，这就是所谓的计划经济。现在，我们接受了市场经济形式，但不准备改变所有制关系。其实，经济体制的根本问题或深层次问题，是作为基本经济制度的所有制关系。无论是计划经济还是市场经济，都是以一定的所有制关系和产权制度为前提和基础的。

力图通过改变公有制的实现形式（经营方式和企业组织形式）而把公有制和市场经济结合起来，是国有企业改革中的一种尝试。改变国有独资企业的组织形式，最具有典型性的就是实行股份制，或者出售企业部分国有股份。这实际上是不同所有者的资产在同一企业中的并存。在这里，国有资产的所有权是以混合型企业的形式实现的。这种实现形式的前提是多种所有制形式和多元产权主体的存在，其实质是改变国有资本在原企业中的垄断地位。不过，在国家控股的情况下，股份制不会根本改变国营企业的性质，非国有股份将在实际上成为债权。即使我们采取了公司制的全部形式（即所谓现代企业制度，包括法人财产权、法人治理结构、有限责任制度），也没有触及国有经济的根本问题。在国有股不足以控股、从而国家不能支配企业的情况下，公有制和市场经济可以结合。"公有制和市场经济结合"的实质，是降低公有制的比重，国有经济从不具有比较优势的营利性、竞争性领域中退出来，形成多种所有制形式并存、多元产权主体并存的格局，使政府所有制在竞争性领域以及单个企业中不处于支配地位。

第三节　做到"五个坚持"，锐意改革

必须坚持社会主义市场经济的改革方向；必须尊重群众的首创精神，充分发挥中央和地方两个积极性；必须正确处理改革、发展、稳定的关系，有重点、有步骤地推进改革；必须坚持协调发展理念，协调好改革进程中的各种利益关系；必须坚持"五位一体"的总体布局和"四个全面"的战略布局思想。这是我党在体制创新实践中得出的宝贵经验。

一　坚持社会主义市场经济的改革方向

坚持体制创新和制度建设，首先要认识到，我国的改革是社会主义制度的自我完善，改革必须在坚持社会主义制度的条件下加以推进，这是改革的重要理论基础和前提条件。因此，改革必须坚持党的领导，不搞多党制；必须坚持走社会主义道路，必须坚持社会主义的基本经济制度，必须坚持共同富裕的原则。只有这样，改革才能调动各个方面的积极性，才能获得绝大多数人的支持，改革的

成果才能为绝大多数人所共享。

我国将长期处于社会主义初级阶段，必须把发展生产力放在首位，为此必须改革那些不适应生产力发展的生产关系和上层建筑，这是我们坚持社会主义市场经济改革方向的重要内涵，改革必须从社会主义初级阶段的实际出发，而不能脱离这个实际。"坚持体制创新和制度建设，需要从相互递进的两个层面加以理解：首先，这是由实践到理性、从局部的习惯做法到形成社会行为规范的升华过程，只有完成这个制度化的升华过程，才能巩固改革的成果，才能不断完善社会主义市场经济体制。其次，制度化的升华过程，又必然是一个创新过程。"[①] 社会主义市场经济体制，是社会主义制度和市场经济的有机结合，这项事业前无古人。因此，制度建设的过程和体制完善的过程必然就是创新的过程。党的十一届三中全会以来，特别是党的十四大提出建立社会主义市场经济体制的目标以来，我们党已经在理论和实践方面取得了一系列重大突破，卓有成效地进行了体制创新和制度建设。我们在社会主义制度和市场经济相结合这个问题上已经找到了有效结合点，经过30多年的改革，公有制为主体、多种所有制经济共同发展的基本经济制度已经确立，统一、开放、竞争、有序的市场体系建设取得了重大进展，宏观经济调控机制逐步完善，分配制度和社会保障制度的改革逐步推进。

围绕上述改革，我们不但进行了大胆实践，而且进行了大量的制度创新，这极大地解放和发展了社会生产力。多年的改革使我们认识到，社会主义与市场经济是可以结合的，坚持社会主义方向的改革取向也是正确的，要保证改革的成果得以巩固，关键在于体制创新和制度建设，特别是要在重要结合点上进行大胆的突破和理论创新，以关键的结合点为基础，逐步巩固和发展新体制。

二　坚持尊重群众的首创精神，充分发挥中央和地方两个积极性

马克思主义的唯物史观认为，历史是人民创造的，群众是真正

---

① 《党的十六届三中全会〈决定〉学习辅导百问》，党建读物出版社2003年版，第14页。

的英雄。在马克思主义唯物史观的引导下，我们取得了社会主义革命的伟大胜利，推动了社会主义建设的蓬勃发展，也保障了我国多年来改革的成功。群众的首创精神是推动改革的原动力。一是人民群众的直接生产实践创造着新的生产方式，这些新方式是对过时生产方式的否定。无论是农业生产的联产经营承包责任制，还是国有企业改革，无论是个体、私营等非公有制经济的发展，还是对外贸易渠道的拓展和业务的创新，都是由人民群众首创，并在实践中不断发展的。二是人民群众作为先进生产力的主体，在发展过程中对生产关系的变革提出了强烈要求，推动着改革的进程。广大人民群众从切身利益出发，必然不断对生产方式、交换方式、分配方式以及相关的外部环境提出合理要求，这些利益和要求既是进一步推进体制创新的动力，也是形成创新目标、提出创新任务的重要依据。所以，从这个意义来说，进一步推进体制创新必须高度尊重人民群众的首创精神，高度重视群众提出的改革要求，使群众的创业和创新的积极性充分发挥。

三　坚持正确处理改革、发展、稳定的关系，有重点、有步骤地推进改革

我国实行改革开放 30 多年来，初步实现了由计划经济体制向社会主义市场经济体制的成功转变，经济社会发展取得了举世瞩目的巨大成就，政治和社会保持了稳定。其中，一条基本的经验，就是坚持正确处理改革、发展、稳定三者的关系。在 21 世纪新阶段，继续推进经济体制创新必须继续坚持这一基本经验。

我们必须从总体上把握改革、发展、稳定三者之间的内在联系。发展是硬道理，社会主义的根本任务是发展社会生产力，特别是在社会主义初级阶段，要解决社会的主要矛盾以及诸多方面的社会矛盾，关键在于发展。在当代中国，要发展就必须改革。改革是经济和社会发展的强大动力。只有通过体制创新去改革那些不适应生产力发展要求的生产关系和上层建筑，排除生产力发展的障碍，才能为经济持续快速健康发展创造条件。稳定是发展和改革的基本保

证。没有稳定的政治和社会环境，一切都无从谈起。总之，必须坚持以发展为目标、改革为动力、稳定为前提，把改革力度、发展的速度和社会可以承受的程度统一起来，在政治、社会稳定中推进改革、发展，在改革、发展中实现社会稳定，从而保证经济和社会顺利发展。

四　坚持协调发展理念，处理好改革进程中的各种利益关系

"坚持统筹兼顾，协调好改革进程中的各种利益关系，是进一步深化改革必须坚持的重要原则。"[①] 改革的目的是解放和发展生产力，改革的对象是不适应生产力发展的生产关系和上层建筑，改革的实质是对方方面面利益关系的协调。只有坚持统筹兼顾，创新经济体制，认真处理好各方面的利益关系，才能有效推进改革，加快推进全面建设小康社会的进程。

（一）统筹城乡发展

全面建设小康社会和实现现代化，难点不在城市而在农村。新阶段的经济体制创新，不仅要着眼于城市，而且要着眼于农村，着眼于促进城乡协调发展。这是社会稳定和整个国民经济持续、协调发展的基础。现在，农业占 GDP 的比重已经下降到 15% 左右，而农村人口仍占总人口的 55% 以上。农业和农村的困难在于人多地少，不容易形成规模经营，加上农业比较收益低，以及政策方面的原因，导致投资过分向工业和城市倾斜，城乡发展和居民收入差距呈继续扩大之势。目前，社会和经济发展中的许多矛盾和问题，都与此有直接或间接的关系，因此必须对农村发展和农民问题给予更多关注。实现统筹城乡发展的要求，需要解决大量的体制和政策方面的问题。

（二）统筹区域发展

改革开放以来，全国各地经济都有很大发展，但由于原有基础、

---

① 《党的十六届三中全会〈决定〉学习辅导百问》，党建读物出版社 2003 年版，第 19 页。

客观条件以及改革开放步伐和力度的不同，地区差距目前仍呈继续扩大之势。全面建设小康社会和实现现代化，难点不在东部而在中西部特别是西部经济落后地区。新阶段的经济体制创新要实现双重要求：一方面，要有利于经济发达地区继续发挥优势，保持快速发展的势头，这是今后较长时期国家经济实力增长的主要依托，也是国家支持中西部地区发展的财力物力支撑；另一方面，也要有利于经济落后地区加快发展，包括实施西部大开发战略、支持中西部地区加快改革开放、实施振兴东北等老工业基地战略。统筹区域发展是新阶段社会和经济发展的需要，也是深化改革的内在要求。

（三）统筹经济和社会发展

经济是基础，但经济增长并不等同于社会全面进步。既定的经济总量，在不同的经济体制、发展战略和政策目标下，人民实际福利和社会总体状况可以有重大差异。我们的目标是经济发展和社会全面进步。现在的情况是，随着温饱问题的解决和改革的深入，旧的矛盾解决了，新的矛盾又产生了，经济发展中的社会问题日益凸显出来。统筹经济和社会发展，切实地关注和解决诸如失业、贫困、教育、医疗、公共卫生以及社会公正和反腐败等社会问题，才能保证经济持续发展，在经济发展基础上实现社会全面进步，达到全面建设小康社会和实现现代化的目标。

（四）统筹人与自然和谐发展

随着近代大工业的发展，人类对自然资源开发利用的手段日益发达，规模空前扩大。这给人类带来巨大的福祉，但过分的、不适当的开发利用也造成资源浪费和生态环境破坏的严重后果。世界范围环境保护运动的兴起，绿色经济、循环经济和无公害产业的发展，可持续发展观念的确立，都是人类觉醒的表现。我国正处于工业化中期阶段，人均资源占有量相对较少，环境承载力弱，经济高速增长对资源和环境的压力与日俱增，生态环境恶化的趋势至今尚未根本扭转，矛盾非常突出。改善生态环境，合理开发和利用资源，促进人与自然和谐，才能走上生产发展、生活富裕、生态良好的文明发展道路。改革要有利于达到发展经济和保护环境的双重目标，促进人与自然和谐发展。

（五）统筹国内发展和对外开放

现在是在对外开放环境中谋发展，对外开放要服务于国内发展和改革，国内发展和改革要考虑国际环境。加入世界贸易组织后的经济体制创新，面临着双重任务：一方面，要使我国社会主义市场经济的运行适应国际市场经济的普遍规则；另一方面，我们要积极参与国际经济贸易规则的订立、修订和完善进程，努力争取使之符合我国的利益。国际经济贸易规则是不同国家利益矛盾妥协的产物，并不是天经地义和一成不变的。我们不是简单地同国际规则"接轨"，而是在对外开放中实现国内经济体制同国际经济运行规则的相互协调。这里存在复杂的矛盾和较量。

五　坚持"五位一体"的总体布局和"四个全面"的战略布局思想

在坚持以经济建设为中心的前提下，要坚持全面协调可持续发展的思路，全面落实经济建设、政治建设、文化建设、社会建设、生态文明建设"五位一体"的总体布局，坚持和完善社会主义初级阶段基本经济制度，推动经济持续健康发展，建设社会主义市场经济、社会主义民主政治、社会主义先进文化、社会主义和谐社会、社会主义生态文明。"四个全面"战略布局是一个整体，它既包括战略目标，又包括战略举措。其中，全面建成小康社会是战略目标，全面深化改革、全面依法治国、全面从严治党是战略举措。到2020 年全面建成小康社会，是实现中华民族伟大复兴的中国梦的"关键一步"；全面深化改革是全面建成小康社会的动力源泉，是实现中国梦的"关键一招"；全面依法治国是全面深化改革的法制保障和全面建成小康社会的重要基石；全面深化改革、全面依法治国如鸟之两翼、车之双轮，推动着全面建成小康社会目标的实现；全面从严治党则是全面建成小康社会、全面深化改革、全面依法治国的必然要求和根本保证。在新阶段仍然必须坚持以经济建设为中心，重视经济发展，但是，同时必须把全面、协调、可持续的发展提到更重要的位置上。我们不仅要关注经济指标，而且要关注人文指标、资源指标和环境指标；不仅要增加促进经济增长的投入，而且要增加促进社会发展的投入，增加保护资源和环境的投入。要在加快经济发展的同时，大力发展科技、教育、文化、卫生、体育等社会事业。要在加快城市发展的同时，加大对农业和农村发展的支持力度，以城市繁荣带动农村发展。要在东部地区加快发展、有条件的地方率先实现全面小康和现代化的同时，积极推进西部大开发，有效发挥中部地区的综合优势，加快中西部地区发展，支持东北地区等老工业基地加快调整、改造、振兴的步伐。要进一步加强环境保护和生态建设，使经济发展与人口、资源、环境相适应，实现可持续发展。

第四节　注意克服负面效应，解决前进中的新问题

我国经济体制改革的目标是建立完善的社会主义市场经济体制，实现市场经济体制与社会主义制度的和谐统一，从而最大限度地体现社会主义制度的无比优越性。然而，市场经济是一把"双刃剑"，利弊共生，具有典型的两面性，要实现市场经济体制与社会主义制度的和谐统一，就必须最大限度地克服市场本身存在的负面效应，从而真正发挥市场在资源配置中的积极作用。

一　避免"公平与效率分离"，实现两者有机统一

公平与效率是社会经济活动的两个基本目标，也是社会主义制度始终追求的两大目标。社会主义必须而且能够实现效率与公平的统一。社会主义的本质决定了社会主义应该是效率与公平的统一，这种统一正是社会主义生产力和生产关系相协调的反映。传统计划经济体制下，我们过分夸大了社会主义生产关系和上层建筑的作

用，忽略了生产力的发展和效率的提高，在低下的生产力水平基础上去实现所谓的"公平"，由此而导致了"平均主义"的严重泛滥，物质财富严重贫乏，实际上导致了公平与效率在经济运行过程中的同时失落。

社会主义市场经济体制作为经济体制改革的目标确定以后，为效率的充分实现创造了条件。与计划相比，市场的最大优点就是能在开放竞争的条件下实现资源的最佳配置，从而创造远远超过计划经济所能实现的效率。然而，市场并不能在效率的基础上自动地实现公平。在资本主义条件下，市场的效率是建立在资本主义私人占有制的基础上的，效率的价值取向也只是为资本家谋取更多的剩余价值。这种效率越高，也就是意味着社会财富就越集中地为少数人所掌握，意味着贫富就越悬殊，可见，这种效率的实现，是以牺牲公平为代价的。在社会主义条件下，市场是建立在公有制和按劳分配的基础之上的，已从根本上为消除效率与公平之间的对立和冲突创造了客观条件。但是，我们清楚地看到，实现两者的完美统一还需要一个相当长的发展过程。按照马克思的观点，社会主义和共产主义能够实现两者在高级水平上的统一，但是，马克思所讲的社会主义是建立在发达的资本主义经济基础之上的，它所创造的劳动生产率已远远超过了资本主义社会。这就是说，只有在社会主义发展到高级阶段时，效率与公平才能实现最佳的统一。而我国目前乃至一个相当长的时期仍处于社会主义初级阶段，为了适应这一阶段生产力发展水平的需要，我们还必须长期坚持实行以公有制经济为主体、多种所有制经济共同发展的基本经济制度，在分配上也必须实行按劳分配为主体、多种分配方式相结合的分配制度，因而将不可避免地形成不同地区、不同部门、不同行业之间在收益上的差异，出现一定程度上的不均衡，但这种不均衡不是社会主义制度本身所造成的，而是由于生产力水平发展不足而造成的。因此，从生产力发展的整个进程来看，在相当长的一段时期以内，为了更好地促进生产力的发展，我们必须采取"效率优先，兼顾公平"的过渡性政策，目的是为了最终实现两者的有机统一。

二　避免"两极分化"，实现共同富裕

社会主义的经济发展要最终实现共同富裕，这是社会主义的一条根本原则。与之相反，两极分化则是资本主义经济制度下的必然产物，是资本主义社会的一个基本特征。在传统计划经济体制下，我们搞平均主义，吃"大锅饭"，结果严重违背了经济发展的客观规律，阻碍了生产力的发展，使实现共同富裕仅仅成为一种理想而难以实现。确立市场经济体制改革的目标之后，我们的发展战略就是要通过大力发展生产力，通过先富带动后富，努力防止出现两极分化，最终实现共同富裕。两极分化虽然是资本主义自由市场竞争的一种必然结果，但是，在社会主义的特定时期或阶段，仍有可能出现两极分化的现象。这是因为：首先，市场在多种所有制经济共同发展的情况下按照价值法则和竞争法则运作，一方面有力地推动了社会经济的迅速发展；另一方面又成为两极分化的催化剂，掌握着相当一部分生产资料的某些人群，其收入在市场经济条件下是呈几何级数增长的，而大部分职工的工资则是按算术级数增长，二者形成了明显的反差。其次，在经济体制转轨的过程中，新旧两种体制将长期交叉并存，体制的不完善，很容易在社会经济生活中形成许多大大小小的"真空地带"，为一部分人采用不正当手段牟取暴利提供了便利，他们通过钻体制的空子获取大量收益，由此造成一定程度上的贫富差别。由此观之，市场体制的不完善和市场本身的副作用，都可在一定程度上造成了两极分化。因此，在建立健全社会主义市场经济体制的过程中，我们应该在利用市场力量的基础上，大力加强国家的宏观调控，加快个人收入分配制度的改革，运用税收等多种经济杠杆调节收入，改进和加强对个人所得税的征管，建立健全社会主义保障制度，进一步完善市场经济的法律体系，严厉打击通过各种非法手段牟取暴利的犯罪行为，通过这些有效措施，以实现对两极分化的有效避免，为最终实现共同富裕创造条件。

三　避免"软硬失调"，实现协调发展

社会主义作为人类发展史上的一种高级社会形态，不仅要创造出远远高于资本主义的物质文明成果，还要创造出更加优越的精神文明、政治文明、生态文明成果，使这四个文明在社会主义条件下协调地发展，从根本上避免类似于资本主义社会物质文明快速增长而精神世界却极度衰落、政治极其腐败的"市场悲剧"，因此，在社会主义经济体制改革的过程中，我们要始终坚持科学发展观，促进四个文明协调发展。人类的生产活动应该是"合规律性"与"合目的性"的统一、"真"与"善"的统一。在社会主义条件下，公有制的建立，从根本上确立了劳动者在经济生活中的主人翁地位，克服了消除劳动异化的最大障碍，那么，在生产和社会活动中则更应体现出"真"与"善"、"合规律性"与"合目的性"的完美统一，实现物质文明、政治文明与精神文明、生态文明的协调发展，实现人的全面发展和社会的全面进步。在传统计划经济体制向社会主义市场经济体制的转轨过程中，由于市场改革取向的不断深入，人们容易受价值取向的直接影响，只注重抓经济建设这一"硬件"建设，而忽略精神文明、政治文明、生态文明建设。比如，在市场经济条件下，经济利益成了人们行为选择的主要取向，社会公益性精神产品的生产因为缺乏市场而大量萎缩，而社会公害性精神产品的生产却由于迎合了不少人的低级趣味而很有"市场"，造成"黄、赌、毒"的严重泛滥，严重影响了我们事业的健康协调发展。

第五节　借鉴其他国家经验

在现实生活中，实行市场经济的各个国家都有其特殊性。在各个国家的具体运作过程中，由于国情以及经济发展水平的差异和经济发展轨迹的不同而呈现出差异性和多样性，会在此基础上形成不同的市场经济模式。但市场经济作为一种以市场机制配置资源为基

本方式的经济运作系统，其基本要素和运行规律在各个国家或地区又具有同一性。因此，国外发展市场经济的许多经验是值得我们借鉴的。透析外国尤其是发达国家发展市场经济的情况，我们可以从中得到许多启示，其中最重要的就是：

一　处理好市场与政府的关系

当今世界已不存在没有国家宏观调控的所谓"完全自由"的市场经济，那种不要市场、完全由政府高度集权全面干预经济的体制也难以存在下去。无论是大国还是小国，是发达国家还是发展中国家，是社会主义国家还是资本主义国家，尽管各自对经济的调控方法、手段、程度、效果会有所不同，但是都必须将市场这只"看不见的手"与政府这只"看得见的手"结合起来，只是彼此所强调的侧重有所不同而已。

2013 年，中共十八届三中全会明确指出，要使市场在资源配置中起决定性作用和更好地发挥政府作用。我国改革开放 30 多年的实践，已充分证明了市场经济在现代经济发展中的不可替代的巨大作用。凡是市场机制作用发挥得比较好的地方，经济活力就比较强，发展态势也比较好。我国经济要优化结构，提高效益，加快发展，参与国际竞争，就必须强化市场机制的作用。但是，我们又必须看到，市场经济并不是万能的，它本身还具有缺陷和局限性，因此，在市场经济条件下，又要求政府必须对经济进行有效的宏观调控。

二　现代市场经济只能是"混合所有制经济"

无论是从理论还是从现实的角度来讲，现在我们只能建立一种"混合所有制经济"。"混合"具有两方面的含义：一是从所有制结构上来说，我们所要建立的是公有制为主体、多种所有制经济共同发展的市场经济，是在"进一步增强公有制经济活力"的同时，"大力发展国有资本、集体资本和非公有资本等参股的混合所有制经济"，以"实现投资主体多元化，使股份制成为公有制的主要实现形式"。二是在市场经济的运行机制上，应当是市场这只"看不见的手"与政府这只"看得见的手"结合起来，两种运行机制共同调节经济。我们所说的"混合经济"尽管在含义上与西方国家，甚至与苏东国家要建立的"混合经济"都有所区别，但从基本点上来说却并无两样，即要建立的都是多种所有制结合的"混合所有制"结构。事实上，在现代条件下，无论哪个国家，只要建立市场经济，就必然要求将市场这只"看不见的手"与政府这只"看得见的手"结合起来，运用两种运行机制共同地调节经济。我们在改革进程中转变政府职能，就必须在充分认识这些规律的基础上兼顾到两个方面：一方面，要减少和规范行政审批，通过制度交易成本的减少和市场作用的充分发挥，来提高整个社会的经济效率；另一方面，要不断地完善政府的经济调节、市场监管、社会管理和公共服务的职能。

三　确保企业的自主权是市场经济的基本要求

无论哪一种市场经济模式，作为微观经济主体的企业都必须是具有独立自主经营权的经济主体。这是市场经济运行在微观方面的基本要求和特征。企业在市场经济运行中应当作为灵敏而活跃的经济细胞，具有生产经营的自主权，能够自主经营、自我发展、自我约束、自负盈亏。只有在企业作为一个独立的利益主体的条件下，它才会将获取盈利、求得自身价值增值作为自己的生产经营目的，也才会将追求经济利益作为自己经营的内在动力，才会在此动因的驱使下不断地改善自己的经营管理，不断地进行技术创新，从而使自己的生产经营规模不断地扩大，市场不断地得以开拓。同时，由于市场外在的压力，也会迫使企业努力改善自己的经营管理，提高劳动生产率。美国"企业自主型"市场经济体制条件下对于企业自主地位的确立和保障，对我们很有借鉴意义。企业自主本是市场经济的题中应有之义。没有独立自主的企业，就没有市场经济。企业自主地位必须依靠相应的企业制度来保障，政府对企业实施管理或服务，乃至对整个市场经济的运作与发展，都最终有赖于企业这个微观主体，因此必须把握好。

四　建立和健全现代产权制度

不管是哪种市场经济模式，都要求建立健全与市场经济相适应的现代产权制度。高度发达的市场经济国家，之所以能够形成良性、有序的竞争环境，一个重要的原因就是这些国家经过长期的市场发育已形成了与市场经济要求相适应的产权制度，并能够随着市场经济发展而不断地得到完善，从而形成现代产权制度。绝大多数转轨型国家，在经济转轨的过程中，都面临着这样或那样的产权问题，解决得好，经济转轨可能就比较顺利，而解决得不好，就会出现国有资产流失、老百姓利益受到损害等问题，甚至造成整个社会经济的混乱现象。就我国当前情况来说，就是要依法保护各类产权，健全产权交易规则和监管制度，推动产权有序流转，保障所有市场主体的平等法律地位和发展权利。

五　保障实现经济发展与社会发展之间的良性循环

社会经济是一个充满内在矛盾的总体，体制关系的设定和宏观调控措施的运用，有时会存在矛盾和冲突。例如，在经济运行的稳定性和经济发展的高速度之间，在经济发展过程中利益差别的合理性和社会发展过程中贫富差距的不合理性之间，都会形成矛盾。德国在构建和运作"社会市场经济"体制过程中所采取的一些做法，比如稳定第一、经济社会各领域全方位的稳定和以稳定求发展，把社会因素纳入经济体制关系的范畴来处理上述这些矛盾，用社会安定保障实现经济发展与社会发展之间的良性循环，这些对我们当前在发展社会主义市场经济过程中解决好经济发展与社会合理分配的关系，都具有一定的参考价值。

第十二章　中国市场经济体制
变革的时代价值

作为中国社会主义市场经济体制改革的指导思想，中国共产党历代领导集体关于社会主义市场经济体制变革的理论，给我们带来广泛、深远的历史启示，具有深远的理论和实践意义。他们的全方位创新，不仅带来了科学社会主义实践中的一场新的伟大变革，而且对新世纪、新阶段中国社会主义市场经济体制改革具有里程碑意义，在马克思主义发展史上为我们留下了宝贵的精神财富，成为各国进行社会主义建设和世界经济发展的借鉴与参考。

第一节　建立和完善社会主义
市场经济体制

作为一项复杂的综合性工程，建立和完善社会主义市场经济体制，不是一蹴而就的，而是一个长期循序渐进的探索过程。正像中国共产党第二代领导核心邓小平所讲的那样："恐怕再有三十年的时间，我们才会在各方面形成一整套更加成熟、更加定型的制度。在这个制度下的方针、政策，也将更加定型化。"[1] 回顾并反思中国共产党人对社会主义市场经济理论与体制变革思想的认识，我们逐步理解体制改革的基本含义，加快经济体制改革的进程。

---

[1]　《邓小平文选》第三卷，人民出版社 1993 年版，第 372 页。

一 中国社会主义经济建设与体制改革的发展规律

首先，在社会主义经济建设与发展的过程中，中共中央领导集体多次强调中国现在还处在并将长期处在社会主义初级阶段，要立足于中国最大实际和最基本国情，努力贯彻实事求是的思想路线，敢于解放思想，经济建设与发展必须符合中国国情和现实。

其次，当前我们必须正视生产力不发达、不平衡的情况，看到经济运行体制和机制不健全、不完善的困难，贯彻"发展是硬道理"，运用"三个有利于"标准来判断现阶段经济建设与发展的各项标准，以我国社会生产力飞速发展的铁的事实来证实社会主义制度的优越性。

最后，中国共产党领导集体从中国国情出发，坚持以马克思主义理论为指导，坚持以发展社会主义生产力为标准，初步走出了一条独具中国特色社会主义建设道路，从而揭示了中国社会主义经济建设与发展的基本规律，并提出要坚持以一个中心，两个基本点的党在社会主义初级阶段的基本路线。

中国经济改革的目标是建立社会主义市场经济体制，这是新中国历经几十年艰苦卓绝的探索才找到的正确道路，也是对马克思主义经济学说的重大贡献。在传统的社会主义理论中，市场经济被解析为以私有制为基础的资本主义经济的代名词。将市场机制引入社会主义，关键是解决公有制与市场的兼容，苏东国家的改革实践及其学者对市场社会主义的论述，对此做出了不可磨灭的贡献，但是，在实践中却始终未能有突破性的进展。而这一历史难题，正逐渐被中国所破解，贯穿于中国经济改革的一条主线，就是将社会主义基本经济制度与市场体制相结合，这是中国经济改革的主旋律。

二 社会主义市场经济体制改革的宏观目标

1992 年年初，邓小平发表了著名的南方谈话，在他的思想指导下，党的十四大决定建立社会主义市场经济体制，从此，中国走上了社会主义市场经济的道路。目前，中国社会主义市场经济体制改革已经在党内达成一致，但还需要按照邓小平关于社会主义与市场经济的有关论述，正确把握和处理以下若干关系。

（一）推进制度建设，改革体制和机制，树立规则意识

我们知道，社会主义市场经济是法治经济，因而我们要发挥规则的作用与博弈的精神。首先，要形成社会主义市场经济法律体系，强化市场监管，增强市场机制的控制力，确立与之相匹配的社会主义市场经济伦理、道德准则。

其次，要将人治层面的改革提升到法制层面，变"走一步，看一步"的盲目心态转变为带稳定性的常态化制度，使改革实践成果得到巩固。

最后，我们只有建立健全市场经济体制和机制，中国才能真正参与世界经济大循环。

（二）充分利用市场机制，努力加强宏观调控

首先，要突出政府在市场监管中的角色，要坚持"有所为有所不为"的原则，退出由企业为主体的经济领域，使企业成为社会主义市场经济的主角，调整资源配置，增强市场中介组织参与市场竞争的新鲜活力。

其次，应该尽快形成商品市场、技术市场、金融市场、土地市场等各种生产要素市场，建立完整统一的市场体系。

再次，要继续运用好宏观调控手段，有效利用市场机制的作用，通过建立现代企业制度，减少国有企业发展的边际成本，增强全民所有的国有企业的经营效果。

最后，政府要加强宏观管理，发挥政府在保证宏观经济稳定、健康运行，解决充分就业、物价稳定等方面的不可替代的作用，防止经济出现波动带来的不利局面。

（三）把握好社会主义基本制度与经济体制的关系

首先，要发挥社会主义公有制的主体地位和国有经济的主导作用，特别是突出公有制经济在关系国计民生的特殊行业发挥作用，在其他充分竞争行业公有制经济和非公有制经济要进行公平竞争。

其次，正确认识并把握好社会主义制度与经济体制的关系，要

区分经济体制改革的实际界限，界定市场化与非市场化的范畴，降低准入门槛，强化监管。

最后，坚持以社会主义初级阶段基本经济制度为指导，认真分析和处理改革后出现的利益主体多元化现象，大力支持和积极引导非公有制经济发展。公有制经济与非公有制经济，既要看到它们有直接的经营竞争关系，又要看到它们有协作共赢的关系。要在保证两者为发展社会主义生产力发挥各自优势的条件下，使公有制企业和非公有制公平竞争，发挥市场经济与社会主义制度相结合的优势。

第二节　重新解读马克思主义政治经济学理论

在长期的社会主义建设实践中，中国共产党领导集体基于社会主义基本制度与市场经济体制相结合的基本指导思想，回答了社会主义与市场经济不能兼容的"世纪"问题，重新解读了马克思主义政治经济学理论，与邓小平所倡导的"三个有利于"的判断标准完全吻合。

一　扬弃西方市场经济理论

西方市场经济理论认为市场经济是世界上最有优势的制度，如果要实现经济效率最高、价值最大，就必须实行市场经济，他们否认公有制与市场经济是可以相容的，因而认为资本主义不能搞公有制，"在一个自由社会里能够利用的知识远远超过了最聪明的统治力的理解力。"[①] 然而，1929 年以美国股票市场大崩盘为起点的世界周期性经济危机给世界经济带来了严重的灾难，事实证明，完全

---

① ［美］詹姆斯·L. 多蒂、德威特·R. 李编：《市场经济：大师的思考》，林季红等译，江苏人民出版社 2000 年版，第 106 页。

自由化的市场经济是无法克服市场的自发性、盲目性、滞后性等缺陷的。凯恩斯虽提出资本主义国家要发挥政府干预经济的作用，然而他认为政府调控机制是不可以取代市场机制的。

中国共产党领导集体提出，我国的社会主义市场经济，是建立在以公有制为主体，多种所有制共同发展基础上的具有社会主义性质的市场经济，如果认为因要搞市场经济就必须否定社会主义的话，那就是完全错误的。社会主义基本制度与市场经济是有机统一的整体。这一点成为改革开放后的中国共产党人的共识。邓小平认为："我们要向资本主义发达国家学习先进的科学、技术、经营管理方法以及其他一切对我们有益的知识和文化，闭关自守、故步自封是愚蠢的。"① 邓小平利用、借鉴资本主义的思想，扬弃了西方经济学市场经济理论的传统观点，扩大了传统西方经济学研究领域，拓宽了西方经济学仅仅局限在资源配置制度领域的研究。这就使社会主义与市场经济及公有制与市场经济实现了有机结合，超越了西方经济学中市场经济等于资本主义、等于私有制的传统僵化观念，把经济学的发展推向了一个新的发展阶段。

二　重新解读马克思主义政治经济学理论

在传统的马克思主义政治经济学中，马克思并没有完全无视社会主义社会会存在商品经济，并且阐述了交换、商品、市场等这些市场经济的范畴。《资本论》第三卷指出："在资本主义生产方式消灭以后，但社会生产依然存在的情况下，价值决定仍会在下述意义上起支配作用：劳动时间的调节和社会劳动在各类不同生产之间的分配，最后，与此有关的簿记，将比以前任何时候都更重要。"② 承认社会主义商品生产和商品交换，是社会主义发展史上一个飞跃。斯大林也曾认识到社会主义发展阶段会长期保留商品货币关系直到它结束为止。然而，以指令性计划经济为主是苏联经济体制模式的

---

① 《邓小平文选》第三卷，人民出版社 1993 年版，第 44 页。
② 《马克思恩格斯全集》第 25 卷，人民出版社 1986 年版，第 963 页。

主要特征，而且一直是社会主义国家竞相效仿的模式。

马克思主义政治经济学传统理论是围绕社会主义公有制这个主要特征进行阐述的，其主要内容是计划生产，他先后论述了公有制的产生、性质、形式、地位和作用等。中国共产党人则坚持以生产力为标准，重构并界定政治经济学的基本概念。特别是深刻阐明了计划的重要性、必要性、可能性等社会主义市场经济的基本范畴，超越了传统政治经济学的束缚，重新界定了生产力的根本标准，那种以往在传统政治经济学中抛开生产力标准抽象地论述社会主义的探索失误的现象，遭到了中国共产党人的尖锐批评。中国共产党人注重发挥以国家宏观调控为指导下的市场在资源配置中的基础性作用，对社会主义条件下市场机制对生产关系的影响进行了深刻反思，在包括所有制实现形式、分配制度变革、经济运行体制完善等方面均提出了全新的理论观点。

三 影响世界经济发展

中国共产党几代领导集体提出的中国特色社会主义市场经济与体制变革理论，一改过去对马克思主义政治经济学理论的教条式的理解，认真思考并较好地解决了在落后的社会主义国家如何建设社会主义等一系列重大问题。由于中国经济发展长期持续地增长，中国国际地位和影响力日益增强，中国在参与世界事务过程中的作用越来越重要。具有中国特色的社会主义市场经济思想成为其他国家经济建设与发展的重要借鉴。印度学者阿嘎瓦拉认为，中国的总体发展思路，值得发展中国家借鉴，"中国的做法印证了以解决根本问题为导向的发展、平衡政府与市场的关系、处理好改革的先后次序以及循序渐进的重要性。"[①] 古巴领导人劳尔·卡斯特罗访问中国时曾表示："中国模式为榜样，改革计划经济，逐渐实行经济自由

---

① ［印］阿嘎瓦拉：《中国的崛起：威胁还是机遇》，山西人民出版社 2004 年版，第 3 页。

化。"① 朝鲜等国还曾派代表团赴中国专门了解中国的市场经济知识、学习、研究中国的股市，力图对本国经济改革有所帮助。

中国共产党领导集体在市场经济体制变革中形成的社会主义市场经济理论，突出发挥市场在国家的宏观调控下对资源配置所起的决定性作用，既重视价值规律对经济运行的市场调节作用，也重视运用国家的宏观调控作用，一方面，利用市场经济的优势；另一方面，又避免其负面作用。中国社会主义市场经济实践，摒弃了资本主义社会单向度的片面的市场调节机制。因此，必须对资本主义社会市场经济理论进行有批评的借鉴。经过中国共产党长期的实践才产生的中国特色社会主义市场经济思想告诉我们，在市场机制的作用下，要重视政府的宏观调控作用，从某种意义上说，它存在着必然性。这反映了中国共产党人认真思考了社会主义国家建设的历史经验，在影响其他社会主义国家经济建设与发展中，对世界社会主义事业和一些落后国家的发展也做出了自己的贡献。

第三节　丰富和完善了马克思主义发展史

中国共产党历代领导集体形成的社会主义市场经济与体制变革理论是马克思主义基本原理与当代实际相结合的先进理论成果，在马克思主义发展史上谱写了新篇章，丰富和发展了马克思主义社会主义经济理论，特别是中国共产党人提出的建设中国特色的社会主义道路也被看作是科学社会主义探索新的形态。

一　经济文化落后的国家如何建设社会主义

马克思主义首先是计划在生产力高度发达的社会探索科学社会

---

① 环球网综编：《劳尔·卡斯特罗小时绰号"中国人"》，http：//world. huanqiu. com/roll/2008 - 02/64281. html，2008 年 2 月 25 日。

主义，在经济落后的国家建设社会主义是马克思主义理论体系研究的新课题。社会进步与发展的重要标志之一就是经济发展水平，而无论是马克思、恩格斯，还是列宁、斯大林，或是毛泽东，都没有提出社会主义商品经济理论，计划生产一直成为社会主义国家经济建设的经济发展模式。一是因为没有驾驭过社会主义公有制经济的实践；二是对社会主义建设没有经验，在摸索中教条式地理解马克思主义对社会主义经济建设和发展的理论原则，所以，以计划为显著特征的经济探索遭遇前所未有的挫折。

中国共产党的社会主义市场经济思想很好地回答了在生产力发展水平相对落后的社会主义国家如何进行社会主义建设的世纪难题，从起初社会主义有计划的商品经济转变到社会主义市场经济，从根本上颠覆了长期束缚中国生产力发展的经济体制，强调了市场在资源配置中的基础性作用，无论是在社会主义所有制，还是在分配问题、经济运行体制等方面均取得了进展，在坚持社会主义公有制前提下，强化社会主义公有制经济对社会主义经济探索的主导作用，并且积极探索公有制经济实现形式的多样化，全面深化政治、文化、社会体制改革。尤其是认为社会主义国家可以实行市场经济，在马克思主义发展史上首次比较全面地论述了经济文化落后的国家如何建设社会主义、如何巩固和发展社会主义等基本问题。由于社会主义市场经济体制改革所产生的全方位的挑战，再加上经济体制深刻变革、社会结构深刻变动、利益格局深刻调整、思想观念深刻变化，必将促使我们以更大决心和勇气加快经济体制改革的步伐，加强政治、文化、社会建设，开辟一条相对稳定和持续的发展路径。

二 社会主义国家如何认识资本主义

长期以来，马克思主义发展围绕社会主义与资本主义的博弈、斗争一直没有停歇。苏联领导人布哈林曾提出："过去我们认为，我们可以一举消灭市场关系。而实际情况表明，我们恰恰要通过市场关系走向社会主义。"① 社会主义国家经过一段时间探索，我们看到，马克思对计划经济体制的设想有一个前提，即只能是处在物质极大丰富的生产力高度发达社会，然而我国新阶段社会主义实践与生产力高度发达相比还有很长的距离。仅仅认为建立了社会主义公有制，而没有解决生产力发展的"瓶颈"，社会物质财富不够丰富，仅仅认为坚持社会主义方向，就能解决"贫穷社会主义"的现实问题，那是徒劳的。

由于资本主义国家社会政策改良，社会内部矛盾缓和，资本主义未迅速进入历史终结阶段。第一，社会主义国家和资本主义国家应相互学习、相互借鉴，社会主义取代资本主义还要有更长的时间。第二，经济全球化背景下，西方发达资本主义国家主导的经济体系对全球经济发展起支配作用，资本主义国家掌握的先进技术、管理方法对其他国家仍然有实践意义。第三，中国共产党人的社会主义市场经济体制变革思想，重新释放马克思主义的开放性，而不拘泥于马克思主义经典著作的教条式理解。不仅要利用资本主义，而且还要指导中国经济积极参与到世界经济整体进程中。

三　传统马克思主义如何向现代马克思主义转变

产生于 19 世纪欧美国家的马克思主义，坚守了以阶级斗争的方式来解决无产阶级与资产阶级矛盾的原则。社会主义在俄国取得的胜利标志着马克思主义发展史上最具有世界性意义的实践，之后形成的苏联及其探索模式成为传统马克思主义的楷模。由于俄国政治经济发展不平衡，使得传统马克思主义把立足点放在战争与革命的时代背景，也加重了对斗争形态的理论解读，社会主义建设陷入空喊口号、脱离生产力的唯心主义怪圈。在现实与理论发生矛盾时，人们不能及时转变思路，反而把原来的教条化理解上纲上线为权威。

马克思主义传统形态，是从资本主义高度发达和无产阶级革命

---

① 《布哈林文选》（上），人民出版社 1981 年版，第 441 页。

发展需要出发，要坚决展开对资产阶级批判，铲除资本主义的根基，自觉引导无产阶级由自在阶级向自为阶级转化。中国共产党领导集体从和平与发展的时代特征出发，生产力的发展被看作为经济和社会进步的第一位任务，使生产关系适应生产力的发展，并初步解决了什么是社会主义，怎样建设社会主义这一根本问题。他们提出的社会主义市场经济思想，以生产力不发达的落后国家为逻辑起点，而不是马克思主义传统观念立足的西方发达资本主义国家，这就从探索起点上实现了对马克思主义发展的新突破。

从马克思主义发展史整体进程来看，马克思和恩格斯为科学社会主义探索奠定了理论基础，中国共产党新的领导集体则从落后国家建设社会主义出发，以社会主义市场经济体制改革为核心，开辟了建设有中国特色的社会主义建设道路，初步解决了长期束缚人们思想的重大认识问题。在社会主义经济体制改革实践中，中国共产党人先后提出了社会主义本质、"三个有利于"标准、社会主义初级阶段、社会主义精神文明建设等马克思主义发展史上从未有过的新的理论观点，发展和延伸了科学社会主义的基本内涵，拓展了马克思主义发展的新境界。中国共产党历代领导集体社会主义市场经济思想注重人的发展，社会主义市场经济体制关注的不是部分人，而是整体人。突出市场在资源配置中的基础性作用，调动市场微观主体的积极性和创造性，努力促进人的自由而全面的发展，积极探索社会主义市场经济体制，马克思主义在历史形态上实现了新的飞跃，顺利从传统形态向现代形态转变，成为中国共产党人社会主义市场经济思想在马克思主义发展史上重要地位的根本原因。

参考文献

一 著作

[1]《马克思恩格斯全集》，人民出版社 1962—1974 年版。

[2]《马克思恩格斯选集》第 1—4 卷，人民出版社 1995 年版。

[3]《资本论》第一至三卷，人民出版社 1975 年版。

[4]《列宁选集》第 1—4 卷，人民出版社 1995 年版。

[5]《毛泽东选集》第一至四卷，人民出版社 1991 年版。

[6]《毛泽东选集》第五卷，人民出版社 1977 年版。

[7]《毛泽东文集》第六至七卷，人民出版社 1999 年版。

[8]《邓小平文选》第一至三卷，人民出版社 1993 年版。

[9]《江泽民文选》，人民出版社 2006 年版。

[10]《胡锦涛文选》第一、二、三卷，人民出版社 2016 年版。

[11]《习近平谈治国理政》，外文出版社 2014 年版。

[12] 习近平：《之江新语》，浙江人民出版社 2013 年版。

[13]《习近平总书记系列讲话精神学习读本》，中共中央党校出版社 2016 年版。

[14]《十八大以来重要文献汇编》，中央文献出版社 2014 年。

[15]《中共中央关于建立社会主义市场经济体制若干问题的决定》，人民出版社 1993 年版。

[16]《中共中央关于完善社会主义市场经济体制若干问题的决定》，人民出版社 2003 年版。

[17] 奥塔·锡克：《一种未来的经济体制》，中国社会科学出版社 1989 年版。

[18] W. 布鲁斯、K. 拉斯基:《从马克思到市场社会主义对经济体制的探索》,上海三联书店、上海人民出版社 1998 年版。

[19] 尤里·考斯塔:《社会主义经济体制比较》,重庆出版社 1988 年版。

[20] 亚诺什·科尔内:《矛盾与困境——关于社会主义经济和社会的研究》,中国经济出版社 1987 年版。

[21] 唐任伍:《中国经济改革 30 年》(对外开放卷),重庆大学出版社 2008 年版。

[22] 周新城:《苏联东欧国家经济体制改革的理论与实践》,光明日报出版社 1988 年版。

[23] 黄泰岩:《西方社会主义经济理论述评》,中国人民大学出版社 1991 年版。

[24] 林毅夫:《中国的奇迹:发展战略与经济改革》,上海三联书店、上海人民出版社 1999 年版。

[25] 宋则行:《转轨中的经济运行问题研究》,辽宁大学出版社 1997 年版。

[26] 张宇:《社会主义与市场经济的联姻:对一个历史性难题的思考》,经济科学出版社 1996 年版。

[27] 吴敬琏:《当代中国经济改革》,上海远东出版社 2004 年版。

[28] 卫兴华、张宇:《社会主义经济理论》,高等教育出版社 2007 年版。

[29] 蔡昉、林毅夫:《中国经济》,中国财政经济出版社 2003 年版。

[30] 斯蒂格利茨:《政府为什么干预经济》,中国物资出版社 1998 年版。

[31] 谢百三:《中国当代经济政策及其理论》,北京大学出版社 2001 年版。

[32] 吴敬琏:《现代公司与企业改革》,天津人民出版社 1994 年版。

［33］《中国统计年鉴》（2007—2015），中国统计出版社 2007—2015 年版。

［34］张琦：《中国利用外资的新战略》，经济科学出版社 2003 年版。

［35］李东阳：《国际直接投资与经济发展》，经济科学出版社 2002 年版。

［36］张维迎：《企业理论与中国企业改革》，北京大学出版社 1999 年版。

［37］青木昌彦、钱颖一：《转轨经济中的公司治理结构——内部人控制和银行的作用》，中国经济出版社 1996 年版。

［38］迟福林主编：《2007 年中国改革评估报告》，中国经济出版社 2007 年版。

［39］高尚全：《中国经济体制改革 20 年基本经验研究》，经济科学出版社 1998 年版。

［40］江小涓：《中国经济的开放与增长 1980—2005 年》，人民出版社 2007 年版。

［41］曹龙骐：《中国经济特区改革创新路径探索》，人民出版社 2005 年版。

［42］张厚义、刘文璞：《中国的私营经济与私营企业主》，知识出版社 1995 年版。

［43］财政部：《中国财政年鉴》，中国财政杂志社 1999 年版。

［44］孙开等：《财政体制改革问题研究》，经济科学出版社 2004 年版。

［45］高培勇、温来成：《市场化进程中的中国财政运行机制》，中国人民大学出版社 2001 年版。

［46］赵云旗：《中国分税制财政体制研究》，经济科学出版社 2005 年版。

［47］吕炜：《我们离公共财政有多远》，经济科学出版社 2005 年版。

［48］胡家勇：《一只灵巧的手：论政府转型》，社会科学文献出版社 2002 年版。

［49］世界银行：《变革世界中的政府》，中国财政经济出版社 1997年版。

［50］谈儒勇：《金融发展理论与中国金融发展》，中国经济出版社2000 年版。

［51］吴晓灵等：《新一轮改革中的中国金融》，天津人民出版社1998 年版。

［52］王伟光：《马克思主义中国化的最新成果——习近平治国理政思想研究》，中国社会科学出版社 2016 年版。

［53］张占斌、周跃辉：《中国特色社会主义政治经济学》，湖北教育出版社 2016 年版。

［54］本书编写组：《中国特色社会主义政治经济学十五讲》，中国人民大学出版社 2016 年版。

［55］钱颖一：《政府与法治》，载《比较》第五辑，中信出版社2003 年版。

［56］李莉：《供给侧改革引领中国经济发展新常态》，红旗出版社2016 年版。

［57］江铃编：《资本市场》，电子工业出版社 2003 年版。

［58］傅一江：《证券投资学》，中国财政经济出版社 2003 年版。

［59］万国华：《中国证券市场问题报告》，中国发展出版社 2003年版。

［60］宋晓梧：《中国社会保障体制改革与发展报告》，中国人民大学出版社 2001 年版。

［61］李文良等：《中国政府职能转变问题报告》，中国发展出版社2003 年版。

［62］桑百川：《外商直接投资下的经济制度变迁》，对外经济贸易大学出版社 2000 年版。

［63］王元龙：《外商直接投资宏观调控论》，中国人民大学出版社

1998 年版。

[64] 王绍光：《中国政府治理水平的国际比较》，载《比较》第 9
期，中信出版社 2003 年版。

[65] 侯本旗：《当代国际直接投资与中国外资策略》，中国财政经
济出版社 1999 年版。

[66] 杨灿英：《外商直接投资理论与实务》，南开大学出版社 2000
年版。

[67] 滕家国：《外商对华直接投资研究》，武汉大学出版社 2001
年版。

[68] 陈家勤：《当代国际贸易新理论》，经济科学出版社 2000
年版。

[69] 夏友富、张上塘：《中国吸收外商直接投资热点问题研究》，
中国对外经济贸易出版社 1998 年版。

[70] 田贵明：《跨国公司对外直接投资与东道国激励政策竞争》，
中国经济出版社 2003 年版。

[71] 彭有轩：《国际直接投资理论与政策研究》，中国财政经济出
版社 2003 年版。

[72] 杨柳勇等：《中国市场化进程中的利用外资研究》，中国社会
科学出版社 2002 年版。

[73] 刘李胜、邵东亚、庞锦：《外资并购国有企业——实证分析与
对策研究》，中国经济出版社 1997 年版。

[74] 联合国贸易与发展会议：《世界投资报告》，中国财政经济出
版社 2001 年版。

[75] 王列、杨雪东：《全球化与世界》，中国编译出版社 1998
年版。

[76] 胡元梓、薛晓源：《全球化与中国》，中国编译出版社 1998
年版。

[77] 桑百川：《中国市场经济理论研究》，对外经济贸易大学出版
社 2002 年版。

［78］《财经》杂志编辑部编：《转型中国》，社会科学文献出版社
2003 年版。

［79］桑百川、郑建明：《国际资本流动：新趋势与对策》，对外经
济贸易大学出版社 2003 年版。

二 报刊论文

［1］郭庆旺、贾俊雪：《地方政府行为、投资冲动与宏观经济稳
定》，《管理世界》2006 年第 5 期。

［2］中华人民共和国商务部：《中国外商投资报告》，经济管理出版
社 2003 年版。

［3］竹立家：《政府管理改革的几个切入点》，《学习时报》2006 年
第 326 期。

［4］周放生：《深化国有资产管理体制改革》，《热点研究》2002 年
第 24 期。

［5］郭春丽：《对当前国企改革存在问题的评析》，《宏观经济管
理》2007 年第 8 期。

［6］贾康：《公共财政与社会和谐》，《经济研究参考》2006 年第
45 期。

［7］胡君如：《外商直接投资的不利影响及对策》，《上海电机技术
高等专科学校学报》2002 年第 3 期。

［8］吴俊培：《论中央和地方的财政关系》，《经济研究》1994 年第
2 期。

［9］寇铁军：《我国财政体制改革的目标模式》，《财经问题研究》
1995 年第 12 期。

［10］杜跃东：《我国金融监管体制存在的问题与解决》，《理论探
讨》2007 年第 3 期。

［11］蔡放波：《公共服务市场化与政府责任》，《美中公共管理》
2004 年第 1 期。

［12］林毅夫、李志赟：《中国的国有企业与金融体制改革》，《经
济学》（季刊）2005 年第 3 期。

[13] 桑百川：《中国是否应该加入跨国购并浪潮》，《中国外资》2000 年第 11 期。

[14] 冼国明、严兵：《外商投资新趋势及其展望》，《开放导报》2003 年第 2—3 期。

[15] 姜敏：《适度调整政策加快引进外资》，《国际经济合作》2003 年第 11 期。

[16] 叶辅靖：《调整之必须——我国利用外资战略的调整背景和要点》，《国际贸易》2004 年第 1 期。

[17] 李强、韩世坤：《外资并购对中国产业发展的效应分析与风险防范对策》，《国际贸易问题》2004 年第 2 期。

[18] 钱志清：《改善投资环境与促进投资增长》，《国际经济合作》2003 年第 11 期。

[19] 卢晓平、夏峰、黄蕾：《金融改革将进入新阶段》，《金融纵横》2007 年第 4 期。

[20] 陆世敏：《新中国金融体制改革的回顾与展望》，《财经研究》1999 年第 10 期。

[21] 胡家勇、陈健：《转型经济理论述评》，《中南财经政法大学学报》2003 年第 1 期。

[22] 陈佳贵：《建立健全企业家激励与约束机制》，《光明日报》1996 年 1 月 25 日第 3 版。

[23] 常修泽：《国有企业改革的进展、方略和理论思考》，《中国经济时报》2005 年 5 月 25 日第 3 版。

[24] 侯若石：《现代公司制度的弊端与企业的社会责任》，《开放导报》2004 年第 1 期。

[25] 钟阳胜：《完善公共财政体制与建设法制财政》，《人民日报》2006 年 2 月 22 日第 3 版。

[26] 国家统计局：《中华人民共和国 2006 年国民经济和社会发展统计公报》，《人民日报》2007 年 3 月 1 日第 3 版。

[27] 于光远：《关于社会主义制度下商品生产问题的讨论》，《经

济研究》1959 年第 7 期。

[28] 骆耕漠：《论社会主义商品生产的必要性和它的"消亡"过程》，《经济研究》1956 年第 5 期。

[29] 余霖：《社会主义社会的商品》，《新建设》1965 年第 6 期。

[30] 骆耕漠：《论商品和价值》，《经济研究》1959 年第 9—10 期。

[31] 吴敬琏：《社会主义制度下的两类交换》，《经济研究》1959 年第 1 期。

[32] 朱剑农：《论我国的商品生产及其性质问题》，《理论战线》1959 年第 1 期。

[33] 喻良新：《试论社会主义社会存在商品生产的原因》，《大公报》1957 年 1 月 27 日第 3 版。

[34] 顾准：《试论社会主义制度下的商品生产和价值规律》，《经济研究》1957 年第 3 期。

[35] 孙冶方：《把计划和统计放在价值规律的基础上》，《经济研究》1956 年第 6 期。

[36] 薛暮桥：《论计划经济与价值规律》，《人民日报》1956 年 10 月 28 日第 3 版。

[37] 薛暮桥：《社会主义制度下的商品生产和价值规律》，《红旗》1959 年第 10 期。

[38] 薛暮桥：《再论计划经济与价值规律》，《计划经济》1957 年第 2 期。

后 记

　　本书是我在博士学位论文的基础上，略加修改、补充而完成的，同时也是国家社会科学基金重大项目"社会主义与市场经济深度融合研究"（2015YZD08）子课题、辽宁省马克思主义学院重大研究方向立项课题"习近平治国理政经济战略思想研究"（L15ZDA003）和东北财经大学示范马克思主义学院立项课题的最终成果。此外，在本书出版时，还增加了我在给东北财经大学研究生讲授《中国经济体制改革前沿问题研究》课程的一些内容。

　　回顾自己攻读经济学博士学位的过程，感触颇多。为了能集中精力，系统地学习一些专业知识，做到名副其实，我克服了在职学习的重重困难，抵制各种诱惑，努力抓紧各种机会学习、思考、实践，争取在每天都有一点收获和进步。每当我徜徉于知识的海洋、沉醉于思考的欢乐、探索于实践的创新时，我都感到无比的充实与满足；每当我有一点收获时，我都欣喜不已、乐此不疲。读书、思考、创作进而实践并有所得，是一种生存的快活、发展的乐趣、追求的境界。

　　在本书即将出版之际，我要首先感谢我的导师张守军教授。回想师从张老师学习和研究的难忘经历，内心充满了对恩师的无限感激之情。张老师学识渊博，治学严谨，理论功底深厚。正是在他的亲切教诲与严格指导下，我才得以系统地掌握了中国经济思想史专业知识。在我的博士学位论文写作过程中，从课题的选取到基本框架的构思及修改定稿，张老师都悉心指导，并提出了诸多建设性的指导意见。我深知自己的学术科研水平离导师的要求相去甚远，唯有企盼在日后的科研道路上加倍努力，不辜负导师的谆谆教导。

其次，我要感谢东北财经大学张凤林教授、朱成全教授，他们在我读博期间给了我许多教导和培养；感谢东北财经大学马克思主义学院领导、同事给我的学习提供许多帮助和支持；感谢同门师友张彩玲老师、孔艳老师、张金山博士、葛群老师、米永梅老师，他（她）们以各种各样的方式给予我学业上太多的支持。

最后，在本书的写作过程中，得到了中国社会科学出版社的大力支持，出版社的有关编辑以其严肃认真和高度负责的态度给予了热情的帮助，提出了许多富有建设性的意见。此外，笔者引用或参考了近几年许多国内外学者的相关著作、教材和发表的论文，在此向相关作者表示诚挚的谢意。

身处改革的攻坚阶段，深知历史赋予我们的责任和使命，我愿竭尽自己的才智，报效祖国和人民。

杨志平

2017 年 3 月